KB219670

러시아 고려인사회의 존경받는 지도자

최재형

러시아 고려인사회의
존경받는 지도자

최 재 형

반병률 지음

Цой Петр Семенович

한울
아카데미

저자의 말

4월참변 100주년, 최재형 순국 100주년

2020년은 4월참변, 경신참변, 그리고 봉오동·청산리 승전 100주년이 되는 해이다. 100년 전인 1920년, 우리 민족은 한 해 전 3·1운동으로 본격화된 독립과 자유를 위한 반제민족해방운동 전선의 한가운데에서 치열한 투쟁을 전개하고 있었다. 식민지통치체제에 대한 심각한 위협을 느낀 일본 제국주의자들은 잔혹한 폭력과 만행을 자행했고 수많은 동포를 학살했다.

이보다 앞선 3월 12~18일에 아무르강 하구 니콜라옙스크 나-아무레 항구[尼港]에서는 니항 사건(제1차)이 발생했다. 이에 대한 보복으로 일본 제국주의자들은 한인과 러시아인들을 상대로 4월참변을 일으켰다. 이후에는 봉오동전투에서의 참패에 대한 보복으로 독립군들을 후원하고 있던 서북간도지역의 한인동포 사회를 상대로 경신참변을 자행했다.

최재형 선생(러시아 이름 최 표트르 세묘노비치)은 4월참변 당시 김이직, 엄주필, 황경섭 등 연해주 우수리스크 지역의 한인 지도자들과 함께 일본군에 의해 잔인하게 희생된 애국자였다. 생전에는 물론 그 이후에도 그는 러시아 한인동포 사회에서 존경받는 대표적인 인물이었다. 오랜 세월이 흘러 2020년은 최재형 선생 순국 100주년이 되는 해이다.

이 책은 순국 100주년을 계기로 국내외에서 최재형 선생을 기리는 행사들이 다양한 형태로 진행될 것을 예상하고 참고자료로 활용될 수 있기를 기대하는 마음으로 준비한 것이다. 다른 한편으로는 고려인과 러시아인 사이에서 최재형 선생이 널리 알려지는 계기가 된, 2004년부터 현재까지 끊임없이 계속되고 있는 '최재형 선생 추모제'(2006년 이후 '4월참변 추모제'로 개칭)를 되돌아보고 중간 정리하는 기회로 삼고자 했다.

부족하나마 러시아 한인사회와 관련해 그동안 써놓은 글들 가운데서 최재형 선생의 삶을 이해하는 데 도움이 되는 것들만 모아보았다.

최재형 선생은 '노비' 출신인가?

1961년 최재형의 두 딸인 최 소피아 페트로브나(여섯째, 4녀)와 최 올가 페트로브나(일곱째, 5녀)는 부모로부터 들은 바를 토대로 최재형에 관한 회상기적 약전을 남겼다. 이 약전에서 최재형의 부친 최흥백의 신분에 관해 언급해 놓았다. 즉, 최흥백과 그 부인이 "지주에게 (얽매인) 농노적 농민(крепостными крестьянами у помещиков)"(최 소피아·최 올가, 1961, 122쪽),* "양반에 종속된 '쌍노미(цян-номи), 우리에게 (말하면) 농

---

* 이하 이 글에서 인용한 최재형의 후손들의 회상은 V. V. Tsoi, *Chkhve Dzhekhen, Tsoi Pyotr Semenovich(1860~1920)*, Moskovskaia Obshchestveenaya Organizatsiya Potomki Bortsov za

노와 비슷한 어떤 것(понашему, что-то вроде крепостого)"(최 올가, 1990, 141쪽)이라고 회상했다. 최홍백은 "농노적인 농민들의 식량 폭동을 주도해 곡식을 탈취해 굶주린 농민들에게 나누어주었다". 1869년 대흉년이 들이닥치자 최홍백은 보관하고 있던 곡식 종자들을 휴대하고 장남(최 알렉세이) 부부와 아홉 살의 최재형을 데리고 연해주 지신허 마을로 이주했다(최 소피아·최 올가, 1961, 122쪽). 새로 삶의 터전으로 잡은 지신허 마을에 안정적으로 정착한 후에야 최홍백은 다시 고향인 경원으로 돌아와 부인(최재형의 어머니)을 데리고 돌아갔다고 한다(최 올가, 1990, 142쪽).

최재형의 셋째 아들 최 발렌틴 표트로비치의 아들, 즉 최재형의 손자 최 발렌틴 발렌티노비치 역시 증조부 최홍백이 '쌍놈'이었다는 두 고모의 말에 주목했다. 본관이 청주(淸州)인 최 씨가 오래된 양반의 성(姓)이었다고 아버지(최 발렌틴)가 말한 적이 있지만, 그렇다고 최홍백이 양반이었다고 하기에는 무리라고 판단했다. 그는 또한 최재형의 자녀들이 부모에게서 들은 바를 토대로 조부 최홍백의 지주가 온성에 사는 '오(吳)'가였다는 사실을 중시해 최홍백이 가난한 소작 농민이었다고 결론지었다(최 발렌틴, 2001, 49~50쪽).

최재형의 어머니에 대해서는, 최 올가가 자신의 자서전에서 "갑분이(미인). 그녀는 노래도 잘하고 춤도 잘 추어서 귀족들을 즐겁게 하여 밥벌이를 할 수 있었다. 확실히 타고난 재능이 있고 교육이 없었기에 직업적

Nezavisimost Korei. Almatinskoe Obshchestvo Pomtomki Bortsov za Nezavisimost(Almaty: Korei Doknip, 2010)에 게재된 내용에서 발췌한 것이다. 연도는 인터뷰한 해를, 쪽수는 이 책의 쪽수를 뜻한다.

인 아티스트(藝人)가 되었다"라고 회상했다(최 올가, 1990, 142쪽). 최 발렌틴은 고모 최 올가의 이 말을 근거로 "최재형의 어머니는 확실히 '기생(ке йшя, 妓生)'이었다"라고 단정했다(최 발렌틴, 2001, 50쪽).

2004년 '최재형 선생 추모제'에서 고려인들에게 배포할 최재형 선생 약전을 준비하면서 그동안 모아두었던 한국어, 일본어, 러시아어로 된 자료들을 검토했다. 집필 당시 특별히 주의를 기울였던 문제가 최재형 선생의 출신에 관한 것이었다. 그리하여 최 소피아 페트로브나와 최 올가 페트로브나가 1961년에 함께 정리한 최재형의 약전, 그리고 최 올가가 1990년에 남긴 자서전, 손자 최 발렌틴이 언급한 내용을 면밀하게 검토했다.

그리하여 최재형의 아버지 최흥백이 "가난한 소작인으로 매우 낙천적이고 호방한 성격을 가진 인물"이었다고 결론지었다. 그리고 최재형 선생의 어머니(최흥백의 둘째 부인)에 대해서는 "재색을 겸비한 기생이었다"라고 썼다. 최 발렌틴의 주장을 받아들인 것이기는 하나 지금 되돌아보면 섣부르게 단정한 것이 아닌가 한다. 새로운 각도에서 검토할 필요가 있다고 생각한다.

최재형 자녀들의 회상과 달리, 최재형이 '종' 또는 '노(奴)'와 같은 '천출(賤出)'이라는 이야기가 널리 퍼져 있었다. 예를 들어 안중근의 하얼빈의거 후에 작성된 일제당국의 첩보자료(1909년 12월 4일 발신)에는 최재형을 "노비의 아들"이라고 보고하고 있다. 또한 이보다 후의 기록으로 1938년에 간행된 ≪삼천리≫(제10권 제1호, 1월 1일 자)에 게재된 한 기사에는 최재형을 '천노자(賤奴子)'로 기록하고 있다.

1960년 4월참변 40주년을 맞아 당시 피살된 최재형 등 네 명을 추모하기 위해 쓴 글에서 이인섭(李仁燮)은 최재형을 소개하면서 "그는 조선 함경북도 온성군 오가인 부잣집 종의 가정에 탄생해 어려서부터 조선 봉건사회 종의 가정에서 자라났다"라고 소개했다(부록1 참조).

한편 이인섭과 마찬가지로 최재형과 동시대를 살았던 백추 김규면은 자신의 회고록에서 최재형을 "농노의 아들"로 소개했다. '농노'라는 표현을 볼 때, 최재형의 딸들이 남긴 글을 참조했을 것으로 추정된다(부록2 참조).

최재형 선생의 두 딸, 소피아와 올가의 회상록을 입수한 한국의 연구자들은 최재형에 관한 논문들에서 최재형을 "노비의 아들"로 단정했다. 이 글들을 참조한 이들에 의해 이 주장은 현재까지도 정설처럼 널리 퍼져 있고, 다큐나 소설 등에서도 드라마틱한 요소를 가미해 기정사실화하고 있는 상태이다.

결론적으로 말하면, 이러한 사실적 오류는 러시아어로 쓰인 소피아와 올가, 두 딸의 회상록을 번역하고 해석하는 과정에서의 오류와 당시의 시대적 상황 등 전후 맥락에 대한 이해 부족에서 비롯되었다고 생각한다.

러시아학계에서 최재형 '노비 출신'설을 주장한 학자는 저명한 한국사학자 고 박 미하일 교수이다. 박 교수는 2000년 최재형 탄신 140주년을 기념해 모스크바에서 개최된 국제학술회의에서 발표한 논문에서 최재형이 "조선에서 가장 낮은 계급 - 노비(ноби), 즉 농노 출신이다"라고 썼다. 이는 소피아와 올가의 회상록에 표현된 "농노와 비슷한"을 단순하게 해석해 '노비(奴婢)'로 단정해 버린 결과이다. 이는 조선사회의 계급 구성에 대한 몰이해에서 비롯된 것이다. '상놈'은 '상민(常民)', 즉 양반이 평민들을 낮추어 부를 때 쓰는 용어라는 점을 간과한 것이다.

최흥백이 '노비' 신분이었다면 소피아나 올가 등 후손들이 '쌍놈'이 아닌 '종놈'으로 기억하고 있어야 마땅하다. 더구나 노비의 신분이었다면 어떻게 '최(崔)'라는 성(姓)을 가질 수 있었겠는가. 조선에서 사(私)노비가 해방되고 성을 갖게 된 것은 1894~1895년 갑오개혁에 와서의 일이다.

박 미하일 교수와 달리, 러시아의 한국사학자 고 박 보리스 교수는 2010년에 최 발렌틴과 함께 저술한 저서에서 최재형이 "빈농인 최흥백 집안에서 태어났다"라고 했다. 흥미로운 점은 박 보리스 교수가 최재형의 어머니를 "여자 노예(рабыня) 출신", 즉 비(婢)라고 한 점이다. 유감스럽게도 박 교수는 이에 대한 근거는 제시하지 않았다. 조선시대의 소위 '노비종모법(奴婢從母法)'에 따르면 최재형은 노비의 신분이었다고 할 것이다. 여기에서 최재형이 노비 출신으로 알려지게 된 근거를 찾을 수는 있지만, 최재형 부자(父子)의 신분에 관한 정확한 언급은 아니다.

최재형 선생의 별명은 '난로(페츠카)'인가?

소소한 문제일는지 모르나 최재형에 관해 전해 내려오는 이야기가 있는데, 바로 그의 별칭(애칭)에 관한 것이다. 즉, 당대의 한인들이 최재형을 "따뜻한 사람"으로 존경하는 마음에서 '난로'를 뜻하는 러시아어 '페츠카(Печка)'라는 별명으로 불렀다는 얘기이다.

한국사회에서 어느 순간부터 최재형을 조금이라고 알고 있거나 글을 쓰는 사람들 사이에서도 이 주장이 널리 퍼지게 되었고, 다큐나 신문 인터뷰 기사에서도 이것이 명백한 사실인 것처럼 인용되고 있다.

주지하다시피 최재형의 러시아 이름은 최 표트르 세묘노비치(Цой Пётр Семёнович)이다. 그의 이름 표트르(Пётр)의 애칭은 '페챠(Петя)', 또는 '페츠카(Петька)'이다. 계봉우 등 최재형의 동시대인들이 남긴 기록에 따르면, 당시 한인들은 최재형을 "최 비지깨"라고 불렀다. 최재형 역시 당시 한인들이 자신을 '비지깨'로 부르는 것을 좋아했던 것으로 보인다. 최재형은 자신이 사장이었던 ≪대동공보≫(1909년 1월 20일 자 3면)에 기고한 글에서 스스로를 '연추 최 비지깨 재형'이라고 썼다.

'비지깨'라는 별명의 유래는 다음과 같다. 한인들은 러시아인들이 최재형을 친근하게 '페츠카'라고 부르는 것을 흉내 내고자 했으나 러시아어를 정확하게 발음하기 어려워 편하게 '비지깨'라고 불렀고, 이것이 그의 별칭이 된 것이다. '비지깨'는 함경도 농민들이 '성냥'이라는 뜻의 '스피치카(спичка)'에서 차용해 만든 함경도 방언이기도 하다. 이 문제와 관련해서, 김 발레랴 우수리스크 최재형 민족학교 교장도 한국 사람들이 최재형의 별명이 '난로'라는 뜻의 '페츠카'였다고 주장하는 것은 문제가 있다고 지적한 바 있다.

오늘날 좋은 의미에서이긴 하지만 한국인들은 전후 맥락을 무시하고 가공의 의미를 부여해, 당대 한인들이 최재형을 '난로'라는 뜻의 별명으로 불렀다고 엉뚱한 설명을 만들어낸 것이다. 현재까지 아무런 근거가 없는데도 이러한 주장이 광범위하게 퍼져 있어 안타까운 실정이다.

'최재형 선생 추모제'와 손자 최 발렌틴 선생

최재형 선생은 2004년 9월 국가보훈처가 지정한 '이달의 독립운동가'로 선정되었다. 이를 계기로 러시아 연해주 우수리스크시에서 '최재형 선생 추모제'가 개최되었다.

이 책의 제1장에 수록된 글은 이 행사에 참석하는 고려인들에게 배포할 목적으로 발간된 작은 책자에 실린 약전이다. 당시 행사에 참여할 고려인과 러시아인 대부분이 한글을 알지 못할 것이라 예상하고 이들을 위해 러시아어 번역본도 첨부했다(당시 쓴 최재형 선생 약전은 현재까지 국가보훈처 공식 홈페이지에 「2004년도 9월 독립운동 최재형」으로 실려 있고 인터넷을 통해 널리 공유되고 있다). 2004년판 러시아어본은 미나라 세리쿨러바 선생(키르기스스탄)이 초고 번역을 담당했고, 2006년판은 한 발레리 세르게예비치 교수(우즈베키스탄 과학아카데미 역사연구소 교수)가 감수했다.

2004년 당시 '최재형 선생 추모제'를 기획한 것은 최재형 선생이야말로 한인 디아스포라로서, 즉 두 개의 조국(러시아와 한반도)에 충실했던 모델로서 고려인(고려사람)에게 중요한 의미를 지닌다고 판단했던 때문이다. 국내에서 추모제를 개최하기보다는 러시아 한인(고려인)들과 더불어 추모제를 연다면 그 의미가 한층 더 클 것이라는 취지에 국가보훈처도 공감하고 적극적으로 지원해 준 덕분에 추모제를 추진할 수 있었다.

그리하여 국내외에서 최초로 개최된 '최재형 선생 추모제'는 국가보훈처와 블라디보스토크 한국총영사관의 후원 및 한인이주140주년기념사업회 주관으로 우수리스크시에 위치한 '카레이스키 돔(한국인의 집)'에서

개최되었다. '최재형 선생 추모제'는 당시 우수리스크 고려인민족문화자
치회 부회장이자 ≪고려신문≫ 편집장인 김 발레랴 아리랑가무단 단장
(현 최재형 민족학교 교장)과 ≪연해주 한인신문≫ 김광섭 사장의 실무 협
조로 가능할 수 있었다.

우리는 행사의 의미를 더하기 위해 모스크바에 거주하고 있는 최재형
선생의 손자 최 발렌틴 발렌티노비치 선생을 초청했다. 필자는 러시아
원동지역을 처음으로 방문한 최 발렌틴 선생에게 지신허 마을, 하연추
마을(현재의 추카노브카 마을), 크라스키노, 포시예트, 블라디보스토크, 그
리고 우수리스크 일대 등 최재형 선생의 유적지 답사를 안내했다. 이 답
사에는 국가보훈처 오식래 선생, 1999년 '연해주신한촌기념탑'을 건립한
해외한민족연구소의 이윤기 소장과 사무국장 이창은 선생이 동행했다.

일행과 함께 최재형 선생과 관련된 유적지 곳곳을 답사하면서 최 발렌
틴 선생은 마치 어린아이처럼 기뻐하고 감격했다. 포시예트 항구 근처
바닷가에서는 옷을 벗어젖히고 바닷물 속으로 뛰어들어 동행한 사람들
을 놀라게 했다.

우수리스크 시내를 답사하면서 우리는 최재형 선생과 가족들이 거주
했던 집을 비롯한 유적들을 찾는 데 많은 시간을 할애했다. 필자는 최 발
렌틴 선생이 휴대하고 온, 키르기스스탄 비슈케크에 거주하고 있던 최재
형 선생의 여섯째 딸인 최 루드밀라 페트로브나가 2000년에 작성한 지도
와 우수리스크시 박물관에 소장된 고지도들을 참고해 최재형 선생이 일
본군에게 체포된 집(볼로다르스카야 38번지)과 그전에 거주했던 집(수하노
브카 32번지)을 찾아낼 수 있었다. 최 발렌틴 선생은 이 감격스러운 답사

과정을 정리해 ≪고려신문≫(2004년 11월 10일 자)에 기고했다.

4월참변 한·러합동추모제

2005년에는 1920년 4월참변 당시 일본군에 의해 최재형 선생과 함께 피살된 김이직, 엄주필, 황경섭 선생 네 명을 함께 추모했다.

2006년부터는 '4월참변 추모제'로 명칭을 바꿔 4월 4일 우수리스크시와 공동으로 '불멸의 불꽃 기념탑' 광장에서 추모제를 진행했고 고려인은 물론 러시아인들도 함께 참여했다. 이는 4월참변 당시에 한인들과 세르게이 라조 등 러시아인 수백 명이 함께 희생된 역사를 추모하기 위함이었다. 2006년 4월참변 추모제에는 인간문화재 고 박병천 선생께서 참석해 4월참변 추모비 앞에서 4월참변 당시 희생된 한인과 러시아인의 원혼을 달래는 진혼굿을 올렸고, 러시아와 한국의 역사학자들이 학술회의를 개최해 추모의 의미를 더했다.

2007년 4월참변 추모제에서는 주요한 행사의 하나로 우수리스크박물관에서 '4월참변 추모 사진전'을 열었다. 이 행사에는 최 발렌틴 선생을 다시 초청해 최재형 선생 등 네 명의 피살·매몰지로 추정되는 우수리스크 감옥 뒷산('왕바산재')에서 간단한 제사를 지냈다.

네 명의 피살·매몰지 추정은 한인 혁명가 이인섭 선생이 후손들의 증언들을 종합해 남긴 기록을 바탕으로 한 것이다. 최재형 선생 등의 피살·매몰 추정지 참배에는 장민석 선생(현 유니베리 대표)와 김보희(현 연세대 강사) 등이 참여했다. 최 발렌틴 선생은 2007년의 4월참변 추모제와 최재형 선생의 피살·매몰지를 방문해 제사를 올리게 된 기막힌 사연을 ≪고려신문≫(2007년 4월 11일 자)에 기고했다.

4월참변 추모제는 우수리스크 고려인민족문화자치회 등을 중심으로 주최기관, 장소, 형식을 바꿔가며 현재까지 꾸준하게 계속되고 있다. 현재 최재형 선생의 유적지로는 우수리스크의 두 고택과 블라디보스토크에서 거주했던 집(아드미랄 포키나 거리 11번지)이 온전한 모습으로 남아 있다. 블라디보스토크에서 사업하던 건물터(오케얀스카야 거리와 세묘노프스카야 거리 모퉁이)와 추카노브카(하연추) 아랫마을(下里)에는 아쉽게도 고택터만 그 위치를 확인할 수 있다.

끝으로 2019년에 개관한 최재형 선생 기념관에 관해 아쉬운 점 두 가지를 이야기하면서 글을 맺고자 한다.

2019년 한국 정부는 최재형 선생이 마지막으로 체포된 집을 개조해 최재형 선생 기념관을 개관했고, 최재형 선생의 흉상을 건립했다. 이는 매우 뜻깊은 일이다. 2019년에 대상재단의 '대학생 아시아 대장정' 답사단과 함께 이 기념관을 관람했는데, 감회보다는 안타까움과 유감스러운 마음이 들었다. 인물기념관은 기본적으로 원래의 모습을 그대로 보존해야 하는데 최재형 선생 생존 시의 모습이 그런 대로 잘 보존되어 왔던 집 내부를 헐어버림으로써 그와 가족들의 삶의 편린을 볼 수 없게 되었기 때문이다. 이는 돔 무제이(дом музей, house museum)의 기본을 무시한 것이다.

둘째로는 최재형 선생의 피살 과정을 설명하면서 최재형 선생 등을 학살한 일본 육군성의 날조된 발표 내용을 그대로 인용하고 있다는 점이다. 4월참변 후 한 달이 지난 1920년 5월 6일, 일본 육군성(陸軍省)은 4월 참변, 특히 최재형 선생 등 네 명의 최후에 관해 "이들 네 명은 모두 배일 선인단의 유력자로 4월 4일, 5일 사건에 제(際)하여도 무기를 소지하고 아군에 반항한 일 명료함으로 이 조사를 계속하던 중 4월 7일 우리 헌병 대 숙사(宿舍) 이전과 함께 압송 도중 호송자의 틈을 노려 도주하였으므 로 체포하려 한즉 그들의 저항이 심함으로 부득이 사격한 것"이라고 발 표했다. 일본 신문들은 육군성의 이 발표를 1920년 5월 6일 자로 보도했 다. 일본 육군성의 이 발표는 최재형 등 네 명에게 학살의 책임을 떠넘기 려는 주장이었는데, 당시 ≪독립신문≫(1920년 5월 15일 자)은 러시아 연 해주로부터 온 사람의 증언을 통해 일본 측의 발표를 조목조목 반박했다 (제2장 참조).

4월참변 이전 일본군의 심상치 않은 움직임을 우려해 최재형 선생의 가족들과 지인들은 최재형 선생에게 도피할 것을 권유했지만, 최재형 선 생은 일본군이 가족들에게 가할 보복의 여지를 우려해 집에서 스스로 희 생을 예상하고 스스로 체포되었다. 이는 최재형 선생의 딸들이 회상록에 서 구체적으로 기록해 놓은 사실이다.

따라서 최재형 선생 기념관에 일본 육군성의 발표 내용을 토대로 피살 과정을 설명해 놓은 것은 최재형 선생의 삶과 명예에 대한 중대한 모독 이다. 한시라도 서둘러 시정할 필요가 있다.

책의 구성

제1장의 글은 2004년 9월 러시아 연해주 우수리스크에서 국내외를 망라해 처음으로 개최된 '최재형 선생 추모제'에서 행사 참석자들에게 배포할 목적으로 쓴 최재형 약전이다(이후 새로운 자료를 참고해 수정·보완할 필요가 있으나, 원문에 충실하고자 출간 당시의 글을 거의 그대로 실었다).

제2장은 4월참변의 역사적 배경과 사건의 전개, 그리고 당시 일본군에 의해 학살된 최재형을 비롯한 네 명의 한인 지도자(최재형, 김이직, 엄주필, 황경섭)의 삶을 소개한 글이다.

제3장은 동의회의 국내 진공작전, 하얼빈의거 등 러시아지역에서 동지로 활동했던 안중근과 최재형을 비교한 글이다.

세 편의 글이 최재형 선생과 직접 관련된 글이라면, 제4장의 글은 러시아 한인이주사를 압축적으로 정리한 글이다. 제1장을 제외한 세 편의 글은 이미 다른 곳에 발표되었던 논문이지만, 해당 출판사들의 양해를 얻어 다시 게재했다.

제5장은 2019년 근현대사기념관에서 기획한 독립민주학교 특강 '최재형, 러시아 한인사회의 존경받는 지도자'의 녹취록을 정리한 것이다. 이 특강에서는 특별히 러시아 한인사회의 역사와 관련해 최재형의 삶과 활동을 소개했다.

감사와 추모의 마음을 담아

2020년 2월 15일 필자는 단국대 독립운동가요연구팀 멤버들과 함께 중앙아시아의 카자흐스탄과 우즈베키스탄 일대를 답사하고 있었다. 그러던 중 ≪문화저널21≫ 정민수 전문기자로부터 최 발렌틴 발렌티노비치 선생이 불의의 사고로 의식불명의 위독한 상태에 처해 있다는 비보를 접하게 되었다. 그로부터 얼마 후 병문안차 급거 모스크바를 방문하고 있던 안병학 한나래인터내셔날 회장(최재형기념사업회 홍보대사)으로부터 최 선생이 결국 세상을 떠나고 말았다는 슬픈 소식을 전화로 전해들었다.

2004년 추모제 당시 연해주 일대의 최재형 선생 유적을 함께 답사한 이래 최 발렌틴 선생은 언론, 저술, 학술회의, 기념행사 등을 통해 할아버지를 비롯한 애국지사들을 기리기 위한 활동을 열심히 해왔다. 필자 역시 역사학자로서 나름대로 그의 활동을 거들고자 노력했다. 그가 한국을 처음으로 방문한 1995년에 조직한 재러독립유공자후손협회를 이끌면서 굳은 사명감으로 수년에 걸쳐 간행한 『사진으로 본 러시아 한인의 항일독립운동』(한글본·러시아어본)의 제2권과 제3권의 감수를 기쁜 마음으로 맡기도 했다.

그가 한국을 방문할 때마다, 그리고 필자가 러시아를 방문할 때마다 특별한 사유가 없는 한 서로를 찾았다. 2019년 11월 한·러 수교 30주년을 기념하는 학술회의 참석차 모스크바를 방문했을 때 그를 만나 한국에서의 재회를 약속한 것이 마지막이 되고 말았다. 할아버지에 대한 제대로 된 전기를 써달라는 그의 거듭된 부탁을 들어주지 못한 것이 못내 아쉬움으로 남아 있다. 이 자그마한 글모음이 최재형이라는 거인에 대한 역사적 인식을 넓히고자 했던 두 사람이 후손과 역사학자로서 나누었던 추억에 대한 기록이자 열정으로 가득 찼던 그에 대한 추모의 징표로서 기억될 수 있었으면 한다.

끝으로 2004년 이후 최재형 선생 추모제 행사에 큰 도움을 준 김광섭 선생(생명사랑 대표), 김 발레랴 선생(우수리스크 고려인 민족학교 교장), 그리고 러시아어와 러시아 역사에 관해 귀한 자문을 해준 이완종 박사(동국대 대외교류연구원)에게 깊은 감사를 드린다. 끝으로 원고 추가에 따른 번잡한 편집을 맡아준 위례디자인의 조홍채 대표와 꼼꼼한 최종 교열작업을 해준 한울엠플러스의 신순남 선생에게 깊은 감사를 드린다.

참고로 이 책에 실린 글들의 출처를 소개하면 다음과 같다.

(1) 『최재형(崔在亨, 최 표트르 세묘노비치): 러시아 고려인사회의 존경받는 지도자』(국가보훈처, 2004, 2006).

(2) 「4월참변 당시 희생된 한인 애국지사들: 최재형, 김이직, 엄주필, 황경섭」, ≪역사문화연구≫ 26집(한국외대 역사문화연구소, 2007. 2), 255~284쪽.

(3) 「안중근과 최재형」, 『여명기 민족운동의 순교자들』(신서원, 2013), 77~119쪽.

(4) 「한국인의 러시아 이주사: 연해주로의 유랑과 중앙아시아에로의 강제이주」, ≪한국사시민강좌≫ 28집(2001), 65~89쪽.

(5) 근현대사기념관 독립시민학교 특별강좌 〈나라가 없으면 부자도 없다〉, 「최재형, 러시아 한인사회의 존경받는 지도자」(녹취록).

차 례

최재형

1896년 니콜라이 2세 대관식 (앞줄 왼쪽에서 두 번째가 최재형) ⓒ 최 발렌틴

第六十三號　　海朝報新　　隆熙 二年 四月 十七日　　大韓隆熙二年 五月 十日

히죠신문

ХЭЧЁ-СЕНМУНЪ
ВЛАДИВОСТОКЪ,
Корейская слобода
типографія ЦОИ

● 別報

◉ 同義會趣旨書
▲ 동의회 취지셔

동의회 취지서(≪해조신문≫ 1908년 5월 10일 자 1면)

최재형 약전(뒤바보, 「의병전」)(≪독립신문≫ 1920년 5월 15일 자)

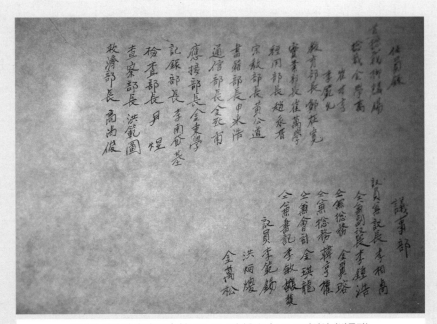

권업회 창립 당시 간부 명단(1911. 12. 17)(우수리스크 고려인역사박물관)

최재형이 애국동지대표회 지원 의연금 모집을 발기한다는 기사
(≪해조신문≫ 1908년 5월 9일 자 1면)

최재형 사장 취임을 알리는 사설(≪대동공보≫ 1909년 3월 3일 자 1면)

한인노령이주50주년기념회 통고문(1914. 3. 28) (회장 최재형, 서기 김기룡 명의)

동포의 단합을 강조한 안중근 기서(≪해조신문≫ 1908년 3월 21일 자 3면)

제1장

최재형(최 표트르 세묘노비치)
러시아 고려인사회의 존경받는 지도자

1. 러시아로의 이주와 자수성가

최재형 선생은 1860년 8월 15일 함경북도 경원(慶源)에서 둘째 아들로 태어났다. 선생의 부친 최흥백은 가난한 소작인으로 매우 낙천적이고 호방한 성격을 가진 인물이었다. 선생의 어머니는 재색을 겸비한 기생이었다. 1869년 가을 부친 최흥백은 부인을 고향에 남겨둔 채, 선생의 형과 선생만을 데리고 훈춘을 거쳐 러시아로 들어갔는데 지신허(地新墟)라는 한인 마을에 정착했다. 선생의 부친 최흥백은 러시아에 자기의 땅과 집을 마련한 후에 경원으로 돌아가 선생의 모친을 데려왔다.

선생의 가족이 이주한 지신허 마을은 1863년 겨울 함경도 국경 무산(茂山)의 최운보(崔運寶)와 경흥(慶興) 양응범(梁應範)이 13호의 한인들을 이끌고 무작정 월강해 정착해 만든 러시아 최초의 한인 마을이었다. 1869년 당시 두만강 국경의 육진(六鎭)지방은 대흉년과 기근이 휩쓸어 수많은 사람이 굶어 죽어가고 있었다. 선생의 가족이 이주했을 당시인 1869년 6월부터 12월에 이르기까지 6개월 동안에 무려 6500여 명의 함경도 농민들이 두만강을 건넜다.

지신허 마을로 이주한 2년 후인 1871년 11살의 어린 선생은 무단가출을 감행하게 된다. 얼마 전에 형 최 알렉세이와 결혼해 새로운 식구가 된 형수의 미움과 차별 때문이었다. 가출을 약속했던 두 명의 친구는 두려움으로 도중에 포기하고 돌아가버리고, 혼자 남은 선생이 한참을 무작정 걷다가 정신을 잃고 쓰러졌다. 해변에 굶주림과 피로로 탈진해 쓰러져 있던 어린 선생을 구조한 사람은 러시아 배의 선원들이었다.

이들은 선생을 자기들의 배로 데려갔다. 선장과 부인은 선생을 정성껏 보살펴주었고, 선원으로 심부름하며 일할 수 있게 허락했다. 이들 부부는 대부(代父)와 대모(代母)가 되어 선생이 러시아 정교식의 세례를 받을 수 있게 해주었다. 선생의 러시아 이름과 부칭(父稱)인 표트르 세묘노비치는 선장의 이름을 따른 것이었다. 이후 러시아 사료에서 선생은 표트르 세묘노비치 최라는 이름으로 기록되었다.

가출은 어린 선생에게 예상치 못했던 엄청난 행운이 되었다. 선장의 부인은 어린 선생에게 러시아어는 물론, 러시아 고전문학 등 다양한 분야의 지식을 가르쳐주었다. 정식으로 중등 이상의 학교를 다닌 적 없는 선생이 깊은 소양과 폭넓은 안목을 갖게 된 것은 전적으로 선원 시절 선장 부인의 가르침 덕분이었다. 선생은 블라디보스토크에서 페테르부르크를 두 번 왕복하는 등 여러 나라의 문물을 접할 수 있는 귀중한 경험을 했다. 더욱이 선생은 소년 선원으로서 힘든 노동을 통해 굳은 의지와 인내심을 키울 수 있었다. 6년 동안의 선원 생활은 선생에게 그야말로 훌륭한 대학의 구실을 했던 것이다.

1878년 상선이 블라디보스토크로 돌아왔을 때, 선장은 선생을 자신의 친구가 경영하는 상사(商社)에 소개해 주었다. 이로써 선생은 선원 생활과는 아주 다른 비즈니스 세계를 경험하게 되었다. 선생은 상법을 공부

하고 사업상의 러시아어를 습득했으며 나름의 인간관계를 넓히는 등 상
인으로서의 독립적인 생활을 했다.

3년간의 상사 생활을 마치고 10년 만에 선생은 1881년 부친 최홍백 등
가족들을 찾았다. 그동안에 가족들은 이미 지신허 마을을 떠나 인근의 연
추(煙秋, 러시아어로 얀치허)로 다시 이주해 살고 있었다. 농사꾼인 부친은
익숙한 농사를 짓고 있었지만 변변찮은 농기구나 가축조차 없었다. 선생
은 그동안 모은 돈으로 말, 젖소, 닭 등을 구입했고 새로 집을 지었다.

선생은 연추로 돌아온 1년 후인 1882년 결혼했는데 선생의 나이 22세
였다. 첫 번째 부인은 세 명의 아이(아들 하나, 딸 둘)를 낳았고 네 번째 아
이를 낳다가 아이와 함께 사망했다. 선생은 1897년 김 엘레나 페트로브
나(1880~1952)와 재혼을 했는데, 인근의 러시아군영이 있던 노보키옙스
크에 상점을 갖고 있던 김 표트르 알렉산드로비치의 딸이었다. 선생은
두 번째 부인과의 사이에서 여덟 명의 아이(아들 셋, 딸 다섯)를 가졌다.

연추로 돌아온 지 몇 달 후, 러시아 정부는 당시 블라디보스토크에서
라즈돌리노예, 자나드로브카, 바라바시, 슬라뱐카, 노보키옙스크를 거쳐
두만강 하구 국경지대인 크라스노예 셀로(鹿屯島)에 이르는 군용도로 건
설을 시작했다. 당시 주변 한인 마을의 한인 농민들은 부역에 동원되었
고, 러시아는 장졸과 임금을 제공했다. 당시 러시아 연해주지역에서 러
시아어를 자유롭게 구사할 수 있는 유일한 한인이던 선생은 도로 건설을
담당하는 철도도로건설국의 통역[通譯, 당시는 통사(通辭)라 했다]으로 선
발되었다. 노보키옙스크 주둔 러시아 경무관(警務官)은 선생에게 영군
(營軍) 300명을 데리고 노보키옙스크에서 바라바시에 이르는 도로를 개

축하게 했다.

선생은 러시아 관리들과 부역에 동원된 한인들 간에 중재자 역할을 했는데, 특히 불행하고 차별받는 처지에 있음에도 러시아어를 몰라 불평불만을 해소할 수 없었던 한인들의 입장을 대변해 주었다. 이 때문에 당시한인들 사이에서 선생의 인기는 대단했다. 한인들은 선생을 러시아 이름인 '최 표트르'의 애칭 '최 페츠카(Tsoi Pet'ka)'를 부르기 쉽게 '최 비지깨'라고 불렀다('비지깨'는 러시아어로 '성냥'을 뜻하는 스피치카(спичка)에서 차용한 함경도 방언이다). 부역을 끝내고 집으로 돌아간 한인 노동자들의 입을 통해 선생의 이름이 한인들 사이에 널리 알려지게 되었다. 그리하여한인사회에서 선생은 '최 비지깨'라는 이름으로 오랫동안 많은 사람의 존경을 받았다.

선생은 또한 러시아 관리들로부터 돈독한 신뢰를 얻었고, 러시아 정부는 1888년 '도로 건설에서 노고와 열성을 보여주었다'라며 선생에게 은급훈장을 수여했다. 선생이 러시아 정부로부터 받은 첫 번째 훈장이었다. 한인들 가운데 가장 선진적인 사고방식을 갖고 있던 선생은 서양식의 집을 짓고 화원을 꾸몄는데, 이 역시 한인으로서는 최초의 일이었다.

2. 최초의 연추면 도헌

이에 앞서 러시아는 1884년 조로수호통상조약(朝露修好通商條約)을 맺어 조선과 외교관계를 수립해 국경 통과를 법적으로 통제하기 시작했고,

1888년에는 '조로육로통상장정(朝露陸路通商章程)'을 맺어 국경지대에서의 무역에 관한 협약을 체결했다. 1890년대에 들어와 러시아 정부는 한인 이주민들을 세 가지 범주로 나눈 후, 1884년 이전에 이주해 온 한인들에게는 러시아 국적을 부여하고, 이후 이주한 한인들은 2년의 유예기간을 주고 여권을 소지하도록 했다. 거주 한인은 일정한 액수의 수수료를 지불하고 거주권을 발부받아야 했다. 러시아 정부는 1892년 마침내 1884년 이전에 이주한 한인들에게는 러시아 국적을 부여함과 동시에 1가호당 15데샤친의 국유지를 임대 분배했다.

이에 앞서 점증하는 한인 이주민들을 관리하기 위해 1880년대 후반부터 러시아 당국은 도헌(都憲) 사헌(社憲)제를 도입해 자치제를 허용했다. 당시 각 마을[社]은 촌장인 노야(老爺)를 주민들이 직접 선출했다. 노야는 세금 징수, 행정명령의 전달, 사소한 법적 분쟁의 재판, 경찰 사무 등을 담당했다. 러시아 정부는 연해주 남부 러시아, 중국, 조선의 국경 지역에 위치한 몇 개의 한인 마을을 합해 연추를 면(面, 러시아어로는 '볼로스치'로, 한국의 면보다 훨씬 넓은 행정구역) 소재지로 한 연추면을 설정하고, 책임자인 도헌이 행정을 관장케 했다. 도노야(都老爺)라 불리기도 한 도헌은 행정담당자로서 면의회(面議會)의 의장을 겸했으며, 3년마다 면의회에서 선출했다. 도헌의 역할은 면민(面民) 간의 분쟁이나 농민과 지주 간의 분쟁을 조정하고 한인학교를 유지하는 것이었다. 면 소재지 연추에는 경찰서가 있었고, 아지미면에 그 분서를 두었으며, 기타 주요한 촌락에는 경찰관주재소를 배치했다.

1893년 선생은 한인으로서는 최초로 면장(面長)에 해당하는 도헌에 선

출되었다. 한인들이 국적을 취득하기 전인 1880년대 후반 이래 연추 도
헌에는 러시아인들이 선임되었으나, 1892년 이후 한인들이 국적을 취득
할 수 있게 되면서 한인인 선생을 도헌으로 선출한 것이다. 이는 선생이
그만큼 러시아 정부의 두터운 신뢰를 얻고 있었고, 한인사회에서의 지도
력을 인정받고 있었음을 의미한다. 도헌에 선임된 같은 해 선생은 두 번
째의 은메달 훈장(綬章, 스타니슬라브)을 수여받았다. 다음 해 선생은 제1
차 전(全) 러시아 면장대회에 참가하기 위해 페테르부르크에 가서 알렉
산더 3세의 연설을 들었다. 전국적 차원에서 선생이 한인 지도자로서 가
진 첫 번째 공식활동이었다. 2년 후인 1896년 선생은 니콜라이 2세의 대
관식에 참석하기 위해 다시 페테르부르크와 모스크바를 방문했다.

연추 도헌으로서 선생이 중점을 둔 사업은 한인 자녀들을 위한 교육이
었다. 통역으로 있으면서 선생은 어린아이들을 위한 학교 설립에 힘썼
다. 이미 1880년대에 연추의 용평과 추풍에는 러시아학교가 설립되어
있었다. 연추에 처음으로 러시아학교가 설립된 것은 1883년이었다. 도
헌에 취임하기 전인 1891년 선생은 연추 마을(하연추, 추카노브카)에 정교
학교를 창립했는데, 이는 아이들에게 철저한 러시아식 교육을 실시하기
위해서였다. 니콜라옙스코예 소학교라 불린 이 정교학교는 한인 마을에
세워진 대표적인 러시아식 한인학교였다. 선생은 가난한 학생들을 위해
연추 니콜라옙스코예 소학교에 2000루블의 장학금을 내는 등 열성으로
학교 운영을 후원했다.

연추 니콜라옙스코예 소학교의 많은 졸업생은 상급학교에 진학했다.
선생의 장학금을 받고 사범학교에서 공부할 수 있었던 이들 졸업생은 모

교의 교사로 와서 활동했다. 졸업생 가운데에는 사관학교를 졸업하고 러시아군 장교로서 러시아를 위해 공헌을 남긴 자도 적지 않았다. 러시아 정부는 선생의 이러한 공헌을 인정해 1902년 교회 헌당식이 거행되었을 때 선생에게 금메달 훈장(綬章, 스타니슬라브)을 수여했다. 연추 니콜라옙스코예 소학교는 1899년 하바롭스크에서 개최된 박람회에서 교육 부문에서 동메달의 장려상을 받는 등 연해주 내 최우수 러시아소학교라는 평가를 받았다. 선생은 평생 러시아 정부로부터 금메달 훈장 1개, 은메달 훈장 4개를 수여받았다. 그만큼 러시아 정부는 그가 러시아 사회에 끼친 공로를 높이 인정했다.

선생은 또한 교회와 학교 건물 외에 교사와 사제를 위한 건물도 지었다. 연추 마을 입구에 세워진 이들 건물은 매우 견고하고 넓게 지은 벽돌 건물로, 이 건물에 대해서는 1894년에 이곳을 방문한 영국의 여행가 이사벨라 버드 비숍(Isabella Bird Bishop)이나 1904년 서울에서부터 블라디보스토크를 경유해 이곳에 온 흐리산프의 여행기에 잘 소개되어 있다. 특히 흐리산프는 여성을 위한 학교가 설립되어 있고 여성이 정교회에 적극적으로 참여하고 있는 등 진보적이며 개혁적인 선생의 지도력에 크게 감동했다고 썼다. 1895년에는 선생의 주선으로 1875년에 최봉준이 개척한 한인 마을 향산사(香山社)에 러시아정교회와 학교가 설립되었다. 선생은 연추에 우신학교(又新學校)를 설립하고 교장으로서 학교 운영을 담당했다.

선생은 촌락마다 러시아정교회와 한인소학교가 하나씩은 있어야 한다고 생각했다. 이를 위해 선생은 교회와 학교의 설립에 필요한 자금을 모집했다. 다행히 한인들은 선생의 자금 모집에 적극적으로 호응했다. 1890년대 말 연해주지역의 32개 한인 마을에 있던 러시아소학교들은 한인 농민들의 주도로 설립된 것인데 이 과정에서 선생이 지도력을 발휘했다.

도헌 시절 선생은 자신의 봉급 3000원을 전부 은행에 맡기고 그 이자로 매년 한 명을 페테르부르크 등 러시아 도시의 학교로 유학을 보냈다. 선생의 장학금으로 러시아 각지 도시의 사범학교나 사관학교로 유학을 가서 고등교육을 받은 40여 명의 청년들 가운데는 김 아파나시, 김 미하일, 한명세, 오하묵, 최고려, 박 일리야 등 후일 저명한 사회적·정치적 지도자로 성장한 인물들이 많다.

선생의 교육사업이 가능했던 것은 그가 유능한 사업가로서 재력을 가졌기 때문이었다. 선생은 연추의 러시아군대에 소고기를 납품하는 청부업자였다. 또한 슬라뱐카에서는 러시아 병영 건축에 필요한 관급(官給)의 벽돌제조공장을 경영했다. 이처럼 선생은 러시아군대와 계약을 체결해 소고기와 건축자재 등을 공급하며 부를 축적했다. 선생은 또한 블라디보스토크와 연추에서 가옥임대업을 하고 있었다.

선생은 한인사회에서 교육과 실업 활동을 장기적으로 지원하는 데 필요한 물질적 기반을 확충하기 위해 재력 있는 한인 사업가들과 의기투합했다. 1898년 선생의 뜻에 동조해 의형제를 결의한 인물들은 한 엘리세이 루키치(한익성)와 그의 동생 한 바실리 루키치, 김 표트르 니콜라예비치, 최 니콜라이 루키치(최봉준) 등이었다. 특히 최 니콜라이 루키치는 선생으로부터 자금을 빌려 사업을 시작한 인물로, 1900년 의화단사건,

1904~1905년 러일전쟁 당시 러시아군대에 소고기를 납품해 재산을 모았다. 이들은 각자의 회사 간에 사업상의 자매관계를 맺어 상호 협력하며 한인사회가 필요로 하는 경비를 마련했다.

3. 항일의병투쟁의 지도자

선생은 떠나온 조국의 운명이 기울어지는 것을 안타까워했다. 특히 조국 강토가 러일전쟁의 전장이 되어 주권이 유린되고 있는 현실을 걱정했다. 선생은 러일전쟁으로 일본군이 한인들이 거주하고 있는 남부 우수리 지역을 공격할 것을 우려해 노보키옙스크에 살고 있던 가족들을 블라디보스토크로 이주시켰다. 선생은 전쟁이 끝나자 일본 동경으로 건너갔다. 일본의 한반도 정책을 직접 파악하기 위해서였다. 일설에는 선생이 일본으로 간 것은 당시 일본에 체류하고 있던 박영효(朴泳孝)와 기맥이 통해 그와 상의하기 위한 것이었다고 한다.

6개월 만에 연추로 돌아온 선생은 곧바로 항일투쟁을 위한 의병조직에 나섰다. 헤이그에서 이준(李儁) 선생이 사망했다는 소식은 노령 한인들의 애국심과 분노를 고조시켰다. 선생은 전(前) 간도관리사(間島管理使) 이범윤(李範允)과 노보키옙스크에 의병본부를 설치했다. 1908년 봄에는 자금과 의병 모집을 목적으로 비밀결사를 조직해 이미 87명의 회원을 확보하고 있던 안중근(安重根), 김기룡(金基龍), 엄인섭(嚴仁燮) 등이 다른 동지들과 함께 선생의 의병본부에 합류했다. 헤이그 특사로 파견되었던 이위종(李偉鍾)도 부친 이범진(李範晉)의 명령을 받고 노보키옙스크로 왔다.

1908년 4월(음력) 선생은 이들과 함께 항일조직인 동의회(同義會)를 조직해 총장에 선임되었고, 부총장에 이범윤, 회장에 이위종, 부회장에 엄인섭, 서기에 백규삼(白圭三) 등이 선출되었다. ≪해조신문≫ 1908년 5월 10일 자에 발표된 동의회 취지서는 "우리도 개개히 그와 같이 철환(鐵丸)을 피치 말고 앞으로 나아가서 붉은 피로 독립기를 크게 쓰고 동심동력하야 성명을 동맹하기로 청천백일에 증명하노니 슬프다 동지 제군이여"라고 끝맺고 있다.

선생은 동의회의 군자금으로 1만 3000루블이라는 거금을 쾌척했다. 이 외에 이위종이 1만 루블을 가져왔으며, 6000루블이 수청(水淸) 지방에서 모금되었고, 각지로부터 군총 100정이 수집되었다. 동의회 소속 의병부대는 1908년 7월 초부터 9월까지 함경도 국경지대로 진출해 일본군 수비대와 격전을 벌였지만 일본군의 우세한 화력과 수적인 열세로 퇴각할 수밖에 없었다. 의병운동은 1908년 가을 이후 퇴조기로 들어갔다.

선생 역시 표면상으로는 의병운동과 일정하게 거리를 두었다. 선생의 이러한 결심은 일본과의 외교적 관계를 고려한 러시아 당국의 정책 변화, 이범윤과의 불화, 의형제 관계인 최봉준, 김학만(金學萬) 등의 의병운동 비판 등 복합적인 이유 때문이었다. 선생은 1909년 1월 31일 고본주(股本主) 총회에서 1908년 11월에 창간된 ≪대동공보(大東共報)≫의 사장으로 취임했다.

1905년 연추로부터 선생의 가족이 이주해 와 살던 노보키옙스크 집에는 한인 애국지사들이 자주 체류했다. 안중근 의사 역시 하얼빈에서 이토 히로부미(伊藤博文)를 처단하러 떠나기 전, 선생의 집에 머물며 사격 연습을 했다. 선생은 안중근 의사를 위해 여비를 보탰다. 1911년 2월에 작성된 일본의 첩보자료는 안중근 의사의 동생인 안정근, 안공근이 연추에 빈번하게 출입하고 있으며 안 의사의 처자가 지금 연추 최재형 방에서 쉬고 있다고 보고했다. 1922년에도 안 의사의 부인과 어머니가 아이들과 함께 우수리스크에 있는 선생의 집을 방문했다고 한다. 1910년 선생의 가족은 결혼한 장남 최운학(최 표트르 페트로비치)에게 노보키옙스크의 집과 재산을 맡기고 슬라뱐카로 이주했다.

1910년 12월 선생은 이종호와 함께 연추에 국민회를 설립해 회장에 취임했고 자신의 주택을 본부 사무실로 제공했다. 당국의 허가를 얻지 못해 비밀로 조직된 국민회의 목적은 학교 설립과 교육 장려, 인재 등용, 국권 회복 등이었다. 주요 간부는 채두성(蔡斗星), 황병길, 오주혁 등이었다.

1910년 일제는 한국을 강제로 합병했고, 합병 선언 다음 날인 8월 30일 13도의군(十三道義軍)의 지도자 42명을 체포했다. 러시아 당국은 이 가운데 이범윤 등 7명을 이르쿠츠크로 추방했다. 이들에게 부과된 죄목은 이들이 니콜스크-우수리스크 군수를 살해하려고 모의했다는 것이었다. 이는 물론 일제가 날조한 문서에 근거한 것이었다.

1911년 초 일제는 같은 수법으로 선생을 제거하기 위한 음모를 꾸몄다. 선생이 일제의 첩자라는 날조된 문서에 근거해 연흑룡주 군관구 사령부는 선생을 러시아에 매우 위험한 인물로서 연추 도헌에서 해고해 군관구 밖으로 추방할 것을 연해주 군정순무사(軍政巡撫使)에게 건의했다. 이에 반해 우수리스크철도 관리국 헌병경찰대장인 쉬체르코바(Щерков а)는 연해주 군정순무사 스베친(Свечин)에게 보낸 편지에서 일제의 간계를 폭로하는 한편, 자기가 잘 알고 있는 최재형은 러시아의 의심할 바 없는 충성스러운 애국자라고 주장했다. 포시예트 구역 경찰서장 역시 선생이 러시아 관리들은 물론 "모든 주민들에게서 사랑과 존경을 받고 있"는 인물이라고 옹호했다. 그리하여 선생은 1주일 동안 조사를 받고 석방되어 추방은 면했지만 연추 도헌직에서 물러나야 했다. 일본은 '일본첩자'로 추방될 선생을 일본으로 실어갈 기선을 블라디보스토크에 대기시켜 놓았었다고 한다.

1910년 일제의 한국 병합으로 ≪대동공보≫가 폐간된 이후 한인들은 후속 신문을 발간하기 위해 노력했다. 그리하여 ≪대양보≫ 발간이 결정되자 선생은 사장직에 취임했으며, 이종호와 함께 신문 발간 비용을 분담하기로 했다. 안타깝게도 ≪대양보≫는 인쇄기가 분실되면서 지속적인 발간이 불가능해졌다.

4. 한인 자치기관 권업회의 지도자

1911년 선생은 러시아 정부의 공식적인 허가를 받은, 한인의 실업과 교육을 장려할 목적을 가진 합법적 단체로서 권업회를 발기했다. 1911년 6월 1일, 57명의 대표가 참석한 발기회에서 선생이 발기회 회장으로,

홍범도가 부회장으로, 총무 김립, 서기 조창호, 재무 허태화 등이 간부로 선출되었다. 러시아 당국의 공식인가를 받고 개최된 1911년 12월 17일의 권업회 공식 창립대회에서 선생은 도총재(都總裁) 유인석(柳麟錫)에 이어 김학만, 이범윤과 함께 총재로 선출되었다. 선생은 이어 1913년 3월 페테르부르크에서 개최된 로마노프 황실 300주년 기념행사에 한인대표단 단장으로서 일곱 명의 대표들과 참석했다.

선생은 이후 권업회가 지방 파쟁으로 인해 오랜 침체를 겪고 있는 데서 벗어나고자 개최된 권업회 특별총회(1913년 10월 10일)에서 회장에 취임하면서 권업회 재건에 나섰다. 아울러 선생은 1913년 말 최봉준, 채두성, 박영휘 등 원호인(러시아 국적 취득자) 지도자 세 명과 함께 '한인아령(俄領)이주50주년기념발기회'를 조직했다. 1914년 2월 1일의 정기총회에서는 회장으로 다시 선출되는 등 선생은 어느 때보다도 활동이 활발했던 1914년의 한인사회를 이끌었다.

1914년 2월 3일부터 7일까지 블라디보스토크 신한촌에서는 지역대표와 단체대표 25명이 참가한 가운데 지방대표원회의가 개최되었다. 지방대표원회의는 10월 4일 블라디보스토크에서 기념식을 개최하고 포시에트(목허우)에 한국식 기념비를 세우기로 했다. 기념행사 발기회는 연흑룡주 총독 곤다치의 허가를 받았다. 이어 3월 25일에는 30여 명의 대표가 참가한 가운데 니콜스크-우수리스크 권업회 회관에서 지방대표원회의가 개최되었는데, 이 지방대표원회의에서는 '한인아령이주50주년기념회'가 조직되었고, 선생이 기념회 회장으로 선출되었다. 일부 러시아 당국자들의 반대에도 불구하고 가까스로 추진되던 '50주년 기념행사'는 제

1차 세계대전의 발발로 결국 무산되고 말았다.

제1차 세계대전이 발발하면서 과거 전쟁까지 치른 바 있는 러시아와 일본은 밀접한 동맹국 관계로 발전했다. 그리하여 일본 외무상 모토노 타로는 1915년 8월 러시아 당국에 보낸 메모에서 선생을 비롯해 이동휘, 이상설, 이동녕, 이종호, 이강, 이범윤, 정재관 등 28명의 한인 지도자를 일본 당국에 넘겨주거나 시베리아 오지로 추방할 것을 요구했다. 일제는 선생이 권업회 창건자의 한 사람으로 한국의 독립 달성을 위해 1만 5000 루블의 기금을 모았다는 혐의를 적시했다.

선생은 1915년 11월 3일 제1차 세계대전에서 러시아군을 후원하기 위한 휼병금(恤兵金)을 모금하기 위해 블라디보스토크 신한촌에서 휼병회 (恤兵會) 발기회를 조직했다. 이러한 노력에도 불구하고 결국 선생은 1916년 7월 또 다시 러시아 당국에 체포되는 수난을 당했다. 선생은 슬 라반카에서 체포되어 니콜스크-우수리스크(현재의 우수리스크)로 압송되 었다. 다행히 선생은 니콜스크-우수리스크에서 영향력을 갖고 있던 첫 째 사위 김 야곱 안드레예비치의 주선으로 석방되었다.

5. 러시아혁명 이후 민족적 지도자로

러시아혁명 후에도 선생은 진보적인 사회활동을 활발하게 계속했다. 1917년 7월 7일 자로 된 일본 외무성의 첩보자료에는 "일반 선인(鮮人)의 고로(故老)로 추앙받고 있는" 선생이 '귀화선인단(歸化鮮人團)의 대표자'

로서 6월 29일 블라디보스토크 노병소비에트를 방문했다고 기록되어 있다. 선생은 또한 노보키옙스크 면회(面會) 집행위원회 위원장(면장)으로 선출되어 활동했다.

그러나 10월혁명 후인 1918년 여름 체코군의 봉기를 계기로 일본군이 무력 개입하고 선생의 집이 있던 슬라뱐카에도 일본군이 상륙하자 선생은 블라디보스토크에 머물 수밖에 없었다. 그리하여 선생의 부인은 옷가지, 침대, 귀중품만을 갖고 블라디보스토크로 옮겨왔다. 이어 선생의 가족은 일본군을 피해 니콜스크-우수리스크로 이주했는데, 니콜스크-우수리스크에서 선생은 군자치회의 의원과 검사위원회 위원장으로 활동했다.

1918년 6월 러시아 연해주의 니콜스크-우수리스크에서는 제2회 특별 전로한족대표회의가 개최되었다. 이 대회에는 러시아 각지로부터 온 지역 및 단체 대표들이 참석했는데, 선생은 참석자 전원의 만장일치로 이동휘와 함께 명예회장으로 선출되었다. 회의에 참석한 어느 누구도 선생은 러시아 국적을 취득한 원호인을 대표하는 원로이고 이동휘는 국내로부터 망명한 여호인들을 대표하는 애국투사임을 부정하지 않았다. 대회에서 조직된 전로한족중앙총회(全露韓族中央總會)는 러시아혁명 과정에서의 정치적 중립을 선언했다. 그러나 이 중립선언은 대회 직후 발생한 체코군의 봉기와 일본, 미국 등 열강의 무력 개입으로 실현하기 어려운 상황이 되었다.

전로한족중앙총회는 1918년 말에 개최될 예정인 반볼셰비키적인 시베리아의회(독립의회)에 두 명의 의원을 참여시키기로 했다. 선생은 한명세와 함께 두 명의 한인 의원으로 선출되었으나 사임했다(대신에 김 알렉산드르 이바노비치가 선출되었다).

제1차 세계대전이 종결되고 파리강화회의가 개최되자, 러시아의 한인들도 파리강화회의에 대표를 파견하는 문제를 논의했다. 당시 한인사회의 양대 축이던 블라디보스토크와 니콜스크-우수리스크 두 지역의 한인들이 각각 파견 대표 문제를 논의했는데, 선생은 양측에 각각 선정한 예비후보에 포함되기도 했다. 파리강화회의에 파견할 대표로는 최종적으로 윤해(尹海)와 고창일(高昌一)이 선정되었는데, 당시 선생은 전로한족중앙총회의 상설의회 의원으로서 최종 대표를 결정한 여섯 명 가운데 한 사람이었다.

선생은 러시아 한인들의 중앙기구였던 전로한족중앙총회가 3·1운동을 전후해 발전적으로 확대·개편된 대한국민의회(大韓國民議會)의 외교부장에 선출되었다. 당시 대한국민의회의 주요 간부를 보면 의장 문창범(文昌範)을 비롯해, 부의장 김철훈(金哲勳), 서기 오창환(吳昌煥), 선전부장(宣戰部長) 이동휘, 재무부장 한명세(韓明世)였다. 한편 선생은 1919년 4월 상해에서 수립된 대한민국임시정부의 재무총장으로 선임되기도 했으나 취임하지 않았다. 상해임시정부에는 이동휘와 문창범이 각각 군무총장, 교통총장으로 선임되어 있었으나, 이들 역시 취임하지 않았다(이후 이동휘는 1919년 11월 3일 통합임시정부의 국무총리직에 취임했고, 문창범은 취임 차 상해까지 갔으나 상해임정 측의 약속 위반을 이유로 취임하지 않았다).

6. 일본군에 의한 학살

1920년 4월 4~5일, 일본군은 1920년 초 이래 득세하기 시작한 러시아 혁명세력을 무력화시키기 위해 블라디보스토크, 니콜스크-우수리스크, 하바롭스크, 스파스크, 포시예트 등지의 러시아혁명세력과 한인들에 대해 불의의 습격을 가했다. 일본군이 대대적인 체포, 방화, 학살을 자행해 4월참변이라 불리는 이 사건으로 인해 1000여 명의 러시아혁명군과 소비에트, 빨치산부대의 일꾼들, 그리고 일반 주민들이 살해되고 고문을 당했다.

4월 4일 당일 아침 선생은 아침 일찍 집을 나갔고, 둘째 아들인 최 파벨 페트로비치(최성학) 역시 빨치산부대와 함께 니콜스크-우수리스크시를 떠났다. 선생은 저녁 늦게 귀가했다. 부인과 딸들은 일본군의 보복을 걱정하며 선생에게 빨치산부대로 도피하라고 독촉했다. 선생은 도피할 것을 거절하면서 "만약 내가 숨는다면 일본인들이 잔인하게 너희들에게 복수할 것이다. 나는 일본인들의 기질을 잘 안다. 그들이 아이들을 어떻게 학대하는지!"라며 부인과 딸들을 설득했다.

결국 다음 날 아침 선생은 뒤로 손이 묶인 채 일본군에 체포되어 갔다. 선생은 일본 헌병대에 체포되어 있던 김이직(金理直), 엄주필(嚴柱弼), 황 카피톤(황경섭) 등 세 명의 인사와 함께 곧바로 재판 없이 총살되었다. 일본군이 선생을 비롯한 이들 한인 지도자를 언제 어디에서 어떻게 살해해 어디에 유기했는지는 알 수 없다.

상해에서는 상해거류민단의 주최로 300명이 참석한 가운데 선생과 순국한 인사들을 위한 추도회가 개최되었다. 이 추도회에는 대한민국 임시정부의 국무총리 이동휘를 비롯한 각 부 총장 전원이 참석했으며, 국무총리 이동휘가 선생의 약력을 소개했다. 유족들의 회고에 따르면, 1921년 상해임정 대표단이 선생의 유족들이 살고 있던 니콜스크-우수리스크를 방문해 부인과 자녀들을 위로했다고 한다.

7. 가족들의 시련

장남 운학(표트르 페트로비치, 1883~1918)은 신학교(神學校) 재학 중에 혁명 활동에 참여했다는 이유로 퇴학당했다. 그 후 러시아군 장교가 되었고 혁명 후 1918년 시베리아내전 시기에 사망했다.

둘째(장녀) 베라(1885~1948)는 시베리아내전이 종결된 후인 1923년 남편인 김 야곱 안드레예비치와 함께 딸과 아들을 데리고 하얼빈으로 가서 그곳에서 살다가 사망했다. 교사 출신으로 최초의 한국어 교재를 지은 바 있고 한인사회의 유력한 지도자였던 김 야곱은 1938년 딸 류보뷔, 손자 보리스와 함께 카라간다로 가서 1940년 그곳에서 사망했다.

셋째(차녀) 나제즈다 페트로브나(1888~1969)의 남편 강 니콜라이 알렉세예비치는 시베리아내전 시기 항일빨치산으로 활약했고 119보병대대 지휘자였으나 스탈린대탄압 시 체포되어 총살되었다.

넷째(3녀) 류보뷔 페트로브나(1898~1938) 역시 남편 이 알렉세이 알레산드로비치와 같이 스탈린대탄압 시 총살되었다.

다섯째(차남) 성학(파벨 페트로비치, 1900~1938)는 항일빨치산 독립단 군대의 지휘관으로 활동했고 한인 최초로 발틱함대 포병대장이 되었으나 스탈린대탄압에 걸려 1938년에 처형되었다.

여섯째(4녀) 소피야 페트로브나(1902~1993)의 남편 쇼루코프 하지한 우무르자코비치 역시 키르기스스탄공화국 보건인민위원부에서 일했으나 탄압받고 처형되었다.

일곱째(5녀) 올가 페트로브나(1905~2001)는 최초의 한인 여성 엔지니어였으나 역시 탄압받고 노릴스크 노동교화소에서 7년간 강제노역을 했다.

여덟째(3남) 발렌틴 표트로비치(1908~1995)는 카자흐스탄공화국 농업부에서 근무하다가 역시 탄압받았다.

아홉째(6녀) 루드밀라 페트로브나(1910~2004)는 교사로 활동하다가 키르기스스탄 비슈케크(프룬제)에서 말년을 보냈다.

열째(7녀) 엘리자베타 페트로브나(1912~)의 남편 정 콘스탄틴 안토노비치는 《스몰렌스카야 프라우다》의 사진기자였으나 탄압받아 총살되었다.

열한째(4남) 비켄티 표트로비치(1914~1959)는 레닌그라드 영화대학을 졸업했으나 탄압을 받아 감옥에서 죽었다.

선생이 세상을 떠난 후 부인 김 엘레나 페트로브나(1880~1952)는 홀로 32년의 긴 세월을 자손들을 돌보며 살다가 1952년 키르기스스탄의 비슈케크(프룬제)에서 세상을 떠났다.

1860년	8월 15일, 조선 함경북도 경원에서 최홍백의 둘째 아들로 출생
1869년(9세)	부친 최홍백을 따라 형 최 알렉세이 부부와 함께 러시아 연해주 지신 허 마을로 이주
1871년(11세)	무단가출해 포시예트에 정박해 있던 러시아 상선의 소년 선원이 됨. 선장의 이름을 따서 '표트르 세묘노비치'라는 러시아 이름을 갖게 됨.
1871~ 1877년(17세)	러시아 상선에서 6년간 소년 선원으로 일하면서 선장의 부인으로부터 러시아어, 러시아 고전을 학습함. 블라디보스토크-페트로그라드 간을 두 번 왕복하는 등 세계에 대한 견문을 넓힘
1878년(18세)	블라디보스토크에 있는 상업회사에서 근무하기 시작(3년간)
1881년(21세)	연추(얀치허)로 이주해 살던 부친 최홍백 등 가족을 찾음
1882년(22세)	러시아 라즈돌리노예-크라스노예 셀로 간 철도간선 건설관리국의 통역으로 일하기 시작. 첫 번째 결혼(아들 하나, 딸 둘을 낳음). 부인은 넷째 아이를 낳다가 아이와 함께 사망함
1886년(26세)	한인 학생들에게 장학금을 주어 페테르부르크 등 중앙의 도시로 유학을 보내기 시작함
1888년(28세)	'도로 건설 과정에서 보여준 노고와 열성'에 대해 러시아 정부로부터 은메달 훈장을 수여받음
1891년(31세)	연추 마을에 니콜라옙스코예 소학교를 설립
1893년(33세)	최초의 한인 도헌으로 선출되고 두 번째 은메달 훈장을 수여받음
1894년(34세)	제1차 전 러시아 면장대회에 참가하기 위해 페테르부르크에 감
1896년(36세)	페테르부르크와 모스크바에서 개최되는 니콜라이 2세 대관식에 참가
1897년(37세)	김 엘레나 페트로브나와 두 번째 결혼(아들 셋, 딸 다섯을 낳음)
1899년(39세)	연추 마을의 니콜라옙스코예 소학교가 하바롭스크에서 개최된 박람회에서 교육 부문 동메달의 장려상 수상
1902년(42세)	한인들 사이에서 항일운동 조직 개시
1904년(44세)	러시아 정부로부터 최고훈장인 금메달 훈장을 수여받음
1905년(45세)	한반도에 관한 일본 국가정책을 알아보기 위해 일본 동경을 방문해 6개월 간 체류

1905년(45세)	노보키옙스크로 이주
1906년(46세)	최초의 한인 항일의병부대 조직
1908년(48세)	동의회(同義會)를 조직하고 총장에 선출됨(부총장 이범윤, 회장 이위종)
1910년(50세)	슬라뱐카로 이주
1911년(51세)	일본의 음모로 연흑룡주에서 추방될 뻔했으나 위기를 모면함. 그러나 연추 도헌직에서 사임함. 6월에 권업회 발기회의 회장에 선출되고, 12월에 열린 권업회 정식 창립총회에서 도총재(유인석) 다음 서열인 총재에 선출됨(이범윤, 김학만과 함께)
1913년(53세)	권업회 특별총회에서 회장에 선출됨. 일곱 명으로 구성된 한인대표단 단장으로 로마노프 황실 300주년 기념행사에 참가
1914년(54세)	2월 권업회 회장직을 사임한 후 한인아령이주50주년기념회 회장으로 활약
1915년(55세)	제1차 세계대전에 참전한 러시아군을 후원하기 위한 휼병회(恤兵會) 발기회를 조직
1916년(56세)	7월 슬라뱐카에서 러시아 헌병대에 체포되어 니콜스크-우수리스크로 압송되었다가 석방됨
1917년(57세)	러시아 2월 혁명 후 연추면 집행위원장(젬스트보)으로 선출됨. 제2회 특별전로한족대표회의 한인회 임시중앙총회 초청인사로 참가해 명예회장에 선출됨. 12월 한인노동단 블라디보스토크 본부 단장에 선임됨(부회장 박세폰)
1918년(58세)	니콜스크-우수리스크로 이주해 군(郡)자치회(젬스트보)의 의원이자 검사위원회 위원장으로 활동. 군자치회 부회장으로 활동(1920년 당시)
1919년(59세)	1~2월 파리강화회의에 파견할 민족대표 후보로 거론됨
3월	대한국민의회 외교부장으로 선출됨
4월	중국 상해에서 조직된 대한민국 임시정부 재무총장에 선출되었으나 취임하지 않음
1920년(60세)	4월 5일, 일본군에 의해 체포된 후 김이직, 엄주필, 황경섭(카피톤)과 함께 학살됨(4월 7일)

ЦОЙ ПЕТР СЕМЕНОВИЧ - ВЫДАЮЩИЙСЯ ДЕЯТЕЛЬ КОРЕЙЦЕВ РОССИИ

1. Переселение в Россию

Цой Петр Семенович родился 15 августа 1860 г. в г. Кёнвон, пр
овинции Северный Хамгён в семье бедного крестьянина-арендат
ора, где он был вторым сыном. Его отец Цой Хын-бек, обладал о
птимистическим и свободолюбивым характером, а мать, бывшая
гейшей – умом и красотой. Осенью 1869 г. Цой Хын- бек, взяв с с
обой сыновей и оставив их мать в Корее, перешел через Хунчун в
Россию. Обосновался он в деревне корейских переселенцев Тизи
нхе. Деревня Тизинхе стала первой корейской деревней на терри
тории российского Дальнего Востока, после того как зимой 1863
г. 13 корейцев (Цой Ун-бо, Янг Ын-бом и другие) пересекли гран
ицу Хамгендо. 1869 г. стал для Кореи годом сильного неурожая,
и множество людей погибло от голода в близлежащих к реке Тум

анган поселках. Это стало причиной того, что с июня по декабрь 1869 г. около 6.5 тысяч крестьян из Хамгендо перешли через Тум анган в Россию.

В 1871 г., через 2 года после переезда, будучи мальчишкой, Пе тр убегает из дома. Причиной явились притеснения и издевательс тва со стороны жены его старшего брата Алексея. Двое друзей, к оторые бежали вместе с Петром, впоследствии испугавшись, вер нулись домой, а наш герой, оставшийся один продолжал идти по ка не потерял сознание. Измученного и выбившегося из сил от го лода Петра спасли члены экипажа русского торгового судна. Кап итан судна и его супруга выходили мальчика и разрешили ему ос таться на судне для выполнения разного рода поручений. Они ста ли его крестными родителями, окрестив по православному обряд у. Русское имя ему было дано Петр Семенович, в честь капитана. С тех пор во всех русских исторических материалах он значится как Цой Петр Семенович.

Побег из дома неожиданно обернулся большой удачей. Супруг а капитана учила молодого Петра русскому языку, литературе и з наниям в других областях. То, что Петр, никогда не ходивший в школу, получил широкое образование, всецело является заслугой этой женщины. Дважды Петр проделывал путь от Владивостока до Петрограда, в течение которого у него была возможность узна ть цивилизации других стран, что стало для него бесценным опы

том. Кроме того, тяжелая работа в качестве юнги помогла Петру

выработать волю и терпение. Шесть лет, которые Петр провел на

корабле, стали для него настоящей школой жизни. В 1878 г. по п

рибытию судна во Владивосток, капитан определил Петра в комп

анию своего друга. Таким образом, юноша окунулся в новый мир

– мир торговли, отличающегося от того, что был на корабле.

Изучая торговое дело, Петр продолжает изучать русский язык,

приобретает много знакомств и начинает взрослую самостоятель

ную жизнь. В 1881 г., после трех лет торговой жизни и 10-ти лет

со дня побега, он находит отца и семью. К тому времени семья у

же покинула Тизинхе и переехала в деревню Янчихе. Отец работ

ал на поле, но у него по-прежнему не было ни орудий, ни скота.

И Петр на все деньги, которые он успел накопить, купил отцу ко

ня, корову, куриц и построил новый дом.

Женился Цой Петр в 1882 г., в возрасте 22 лет, через год после

того как вернулся в Янчихе. Жена, родив ему 3 детей, умерла во в

ремя 4-х родов вместе с ребенком. В 1897 г. Петр женится вновь,

на Ким Елене Петровне (1880-1952 гг.), дочери бакалейщика из Н

овокиевска, Кима Петра Александровича. От второго брака у нег

о родилось 8 детей.

Через несколько месяцев после его возвращения в Янчихе, рос

сийское правительство начинает строительство дороги от Красно
го Села в приграничной зоне через Раздольное, Занадровку, Бара
баш, Славянку и Новокиевск до устья реки Туманган. К работе б
ыли привлечены корейцы из окрестных деревень, которых снабж
али продовольствием и деньгами. Петр, являвшийся единственн
ым корейцем в Приморском крае, свободно владеющим русским
языком стал переводчиком ведомства по строительству железной
дороги. Полицейское управление, размещавшееся в Новокиевск
е, выделило 300 солдат для реконструкции дороги от Новокиевск
а до Барабаша.

На стройке Петр выполнял роль посредника между русскими у
правляющими и корейцами-рабочими, в частности выступал про
тив ущемления прав корейцев, поскольку они не владели русски
м языком. Поэтому он пользовался огромной популярностью сре
ди корейцев. Они называли его Че Бечике – от его русского имен
и Цой Петька. Через корейцев-батраков слава о нем разошлась по
самым отдаленным деревням. Петр также пользовался большим
доверием среди русских управляющих. В 1888 г. русское правите
льство наградило его серебряной медалью за проявленное трудол
юбие и рвение в строительстве дороги. Это была первая правител
ьственная награда, полученная Цой Петром.

Петр выделялся среди многих корейцев передовыми взглядами

и стал первым корейцем, построившим дом в западном стиле с са

дом и цветником.

2. Первый волостной старшина (дохон) Янчихе

В 1884 г. Россия, подписав дружественный договор, устанавл

ивает дипломатические отношения с Кореей и, тем самым, конт

роль за легальным пересечением русско-корейской границы. А

в 1888 г. страны заключают договор о торговле в приграничной

зоне.

В 1890 г. русское правительство разделило корейцев на три кат

егории. Корейцы, въехавшие в Россию до 1884 г., получили росс

ийское гражданство. Те, кто въехал после указанного срока, полу

чили 2-х годичную отсрочку с выдачей паспортов. Корейцы долж

ны были платить определенную сумму за место жительства. Русс

кое правительство в 1892 г., выдав гражданство корейцам, въехав

шим до 1884 г. одновременно им выделило по 15 десятин государ

ственных земель на 1 семью.

Во второй половине 1880 г. для организации постепенно раст

ущего корейского населения была введена система самоуправле

ния дохон и сахон. До этого каждая деревня выбирала себе стар

осту. Староста разбирал вопросы с налогами, административные указания, мелкие судебные разбирательства, полицейские дела. Русское правительство объединило все корейские деревни, нахо дившиеся в приграничной зоне с Китаем и Кореей южной части Приморского края в одну волость Янчихе, и административным ответственным становился дохон. Дохона также называли волос тным старшиной. Являясь административным ответственным, о н также был волостным депутатом по совместительству, и избир ался в волость каждые 3 года. Обязанностями дохона было разб ирать гражданские суды и земельные споры между крестьянами, содержать корейскую школу. В волости находился полицейский участок с отделениями в волости Ачими и в других наиболее ва жных участках.

В 1893 г. Петр Семенович впервые стал кандидатом на пост во лостного или уездного старшины. До второй половины 1880 г. т. е. до получения корейцами гражданства, волостными управляющ ими назначались русские, а после 1892 г., когда корейцы стали по лучать русское гражданство, Петр Семенович выдвигается на дол жность дохона. Это показывает, насколько высоким доверием он пользовался у русского правительства, и насколько его лидерски е качества были признаны среди корейцев. В тот же год, когда Пе тр Семенович был избран на пост дохон, он был удостоен второй правительственной награды – серебряной медали (Станислава).

На следующий год Петр Семенович едет в Петербург для участия в 1-м Всероссийском собрании волостных управляющих, где слышит речь царя Александра 3. Это было первым официальным событием государственного уровня, где он участвовал. Спустя 2 года, в 1896 г. Петр Семенович еще раз посещает Москву и Петроград для участия в коронации Николая II.

Работая в качестве дохона, Петр Семенович поставил на первое место образование корейских детей. Будучи переводчиком, он способствовал созданию школы для маленьких детей. Уже в 1880 г. в населенных пунктах Ёнгпене и Чупуне волости Янчихе существовали русские школы. Еще в 1891 г., до назначения его дохоном, он создает школу в деревне Янчихе, для того чтобы корейские дети могли получить образование по русскому образцу. Николаевская начальная школа в корейской деревне являлась типичной корейской школой русского образца. Петр Семенович выделил 2 тысячи рублей в качестве стипендии для бедных учеников и всячески помогал в управлении школой. Многие из выпускников Николаевской школы продолжили обучение в вузах. Некоторые из тех, кто получал стипендию Петра Семеновича, в дальнейшем поступили в пединститут, а затем сами стали учителями. Были и те, кто поступили в военную школу, стали офицерами и совершили немало подвигов для России. Русское правительство, признавая за

слуги Петра Семеновича, удостоило его в 1902 г. золотой медаль
ю (Станислава). А Николаевская начальная школа в Янчихе полу
чила бронзовую медаль в категории образования на выставке в Х
абаровске, чем заслужила звание самой лучшей русской начальн
ой школы Приморского края. В общей сложности Петр Семенови
ч удостоился 5 медалей – 1 золотой и 4 серебряных, что означало
признание правительством весомости вклада, сделанное Петром
Семеновичем, в российское общество.

Помимо здания для школы и церкви Петр Семенович также по
строил здание для учителей и учеников. Это было большое и про
сторное кирпичное здание, располагавшееся на въезде в деревню
Янчихе, записки о котором остались в дорожных заметках англи
йской путешественницы Изабеллы Бёрд Бишоп в 1894 г. и в запи
сях Хресанфа из его повествования о путешествии из Сеула во В
ладивосток в 1904 г. В особенности Хресанфа поразили постройк
а женской школы и активное участие женщин в церкви, в чем он
видел большую заслугу Петра Семеновича, как лидера. В 1895 г.
по инициативе Петра Семеновича были открыты русские церкви
и школы в корейской деревне Заречье, образованной Цой Бон-Чу
ном в 1875 г. Открыв школу в Янчихе, Петр Семенович сам стано
вится ее директором.

Петр Семенович был убежден в том, что православные церкви

и школы нужны в каждой корейской деревне. В этих целях он на
чал собирать капитал для постройки церквей и школ. Все корейц
ы активно поддержали эту идею. В 1890 г. в Приморском крае уж
е было 32 начальных школ в корейских деревнях, что было плодо
м усилий корейцев во главе с Петром Семеновичем . На посту до
хона Петр Семенович всю свою зарплату в сумме 3 тысяч рублей
хранил в банке и на проценты от них отправлял одного человека
учится в Петроград или другой крупный город России. Среди 40
стипендиатов Петра Семеновича, прошедших обучение в педагог
ических и военных школах – Ким Афанасий, Ким Михаил, Хан
Мён-се, О Ха-мук, Цой Корё, Пак Иллия, впоследствии ставшие
известными общественными и политическими деятелями.

Успехи Петра Семеновича в развитии образования стали возмо
жными благодаря его опыту бизнесмена. По заключенным догов
орам Петр Семенович снабжал русскую армию говядиной, а такж
е управлял кирпичным заводом в Славянке, поставлявшим в ту ж
е армию стройматериалы. Кроме того, он сдавал в аренду жилые
дома во Владивостоке и Янчихе.

Для того, чтобы долгосрочно поддерживать развитие образова
ния и снизить безработицу среди корейцев, Петр Семенович объе
диняется с другими бизнесменами. В 1898 г. симпатизировавшие
ему Хан Алексей Лукич, Хан Василий Лукич и Ким Петр Никола

евич стали его побратимами. А Цой Николай Лукич, получив ден ьги от Петра Семеновича, сделал состояние на поставке говядин ы во время боксерского восстания 1900 г. и русско-японской вой ны (1904-1905 гг.). Они заключили побратимские отношения меж ду своими компаниями, для того чтобы собрать капитал для нужд корейцев.

3. Лидер антияпонского движения

Петра Семеновича всегда волновала судьба Кореи. Особенно с ильно он переживал потерю ее суверенитета, после того, как терр итория родины превратилась в поле сражений в русско-японской войне. Опасаясь атак японскими войсками Южно-Уссурийского района, Петр Семенович перевозит семью, проживавшую в Ново киевске, во Владивосток. Как только закончилась война, он отпра вляется в Токио, для того чтобы самому убедиться в намерениях японцев относительно корейского полуострова. По некоторым пр едположениям, он отправился посоветоваться со своим соратник ом Пак Ёнхё, проживавшим в Японии.

Вернувшись из Японии, спустя 6 месяцев он приступил к сбор у ополченцев для антияпонской борьбы. Известие о смерти И Чу на вызвало среди корейцев гнев и укрепило патриотические наст роения. Петр Семенович организует отряд ополченцев в Новокие вске. Весной 1908 г. Ан Чун-гын, Ким Ги-рёнг, Ом Ин-соб созда ют тайный партизанский отряд из 87 человек, который в последс твии присоединился к отряду Петра Семеновича. В апреле 1908 г. (по лунному календарю) он собирает всех на собрание антияпо нского движения, где избирается председателем. Заместителем п редседателя избирается Ли Бом-юн, президентом назначается Ли Ви-чонг, вице-президентом назначается Ом Ин-соб, секретарем н азначают Пек Кю-сама.

Петр Семенович собрал огромную сумму в размере 13 тысяч р ублей. Помимо этого Ли Ви-чонг вложил 10 тыс. рублей, 6 тыс. р ублей было собрано в Сучанской области, и со всех волостей соб рано около 100 винтовок. С июля по сентябрь 1908 г. отряд Петра Семеновича через Хамгендо перебрался в приграничную зону, гд е вступил в ожесточенные бои с японским гарнизоном, но из-за ч исленного превосходства и передовой огневой мощи японцев вы нужден был отступить. Осенью 1908 г. бойцы отряда ушли в отст авку.

Петру Семеновичу пришлось прекратить открыто участвовать в делах отряда. Причиной этого стали изменения в политике и ди пломатии России и Японии. 31 января 1909 г. Петр Семенович из бирается директором газеты «Тедонконбо».

В Новокиевском доме Петра Семеновича часто останавливались патриотически настроенные корейцы. Так, Ан Чун-гын, перед тем как отправится в Харбин для покушения на Ито Хиробуми, останавливался в доме Петра Семеновича и тренировался в стрельбе. Петр Семенович помог ему деньгами. В японских материалах, датируемых февралем 1911 г., упоминается о том, где и кто останавливался в его доме. В частности, о том, что в 1922 г. жена и дети Ан Чун-гына посещали дом Петра Семеновича. В 1910 г., оставив дом и имущество в Новокиевске на старшего сына, Петр Семенович переезжает в поселок Славянку.

В декабре 1910 г. Петр Семенович вместе с Ли Чонхо учреждает народное собрание в Янчихе, становится его председателем и предоставляет свой дом под офис. Народное собрание было организовано тайно, без разрешения властей и его целями были учреждение школ, воспитание кадров, восстановление законной власти в Корее.

В 1910 г. японцы аннексировали Корею и неоднократно обращались к российскому правительству о пресечении антияпонских действий корейцев на территории России. Чтобы не портить отношения с Японией, 30 августа этого года было арестовано 42 корейца, участников партизанского движения. Из японских источников известно, что семеро из них были отправлены русскими властя ми в Иркутск. Они были обвинены в покушении на главу Николь ско-Уссурийской области.

Таким же образом затевались интриги и по аресту Петра Семен овича в начале 1911 г. Против него было сфабриковано дело, что он якобы был японским шпионом и очень опасен для России. На основании этого начальник штаба военного округа потребовал, ч тобы Цой П. С. был снят с поста волостного управляющего и выд ворен из страны. Однако представители российской администрац ии, хорошо знавшие Петра Семеновича, встали на его защиту. В их рапортах Петр Семенович наоборот характеризуется как патр иот и преданный России человек. Участковый Посъетского райо на также отзывается о нем как о "человеке пользующимся уважен ием и любовью у граждан". Таким образом, после недельного раз бирательства он был отпущен на свободу, но ему пришлось отказ аться от своей должности. Говорят, что японцы подготовили отп равку "японского шпиона" в Японию.

В 1910 г. после запрета японцами газеты корейцы решили восс тановить ее издание, и когда решение о выходе газеты вышло, Пе тр Семенович назначается ее директором и вместе с Ли Чон-хо в ыделяет деньги на ее издание. К сожалению, из-за потери печатн ых станков выпуск газеты так и не состоялся.

4. Лидер «Общества развития труда»
- органа самоуправления корейцев

В 1911 г. Петр Семенович, получив официальное разрешение у правительства России, предложил создать «Общество развития т руда» в качестве легальной организации с целью поощрения обра зования и помощи безработным. 1 июня 1911 г. 57 представителе й из различных корейских общин приняло участие в учредительн ом собрании, на котором он был назначен председателем.

В 1913 г. он был одним из 7 корейских представителей, присут ствовавших на праздновании 300-летия династии Романовых в П етрограде.

"Общество развития труда" с самого начала раздирала внутриф ракционная борьба, и чтобы выйти из нее Петр Семенович в каче стве председателя предлагает его реконструкцию. В конце 1913 г. с 3 соратниками он предложил собрать собрание по поводу 50-ле тия переезда корейцев в Россию. 1 февраля 1914 г. Петр Семенов ич вновь избирается председателем организационного комитета по проведению мероприятий по случаю 50-летия со дня переезда корейцев в Россию и на этом посту ведет еще более активную дея тельность, чем прежде, ведя за собой корейское общество.

С 3 по 9 февраля 1914 г. во Владивостоке проходило собрание,

на котором приняли участие 25 региональных представителей ко
рейских общин, и было принято решение провести 4 октября во
Владивостоке празднования по поводу 50-летия со дня переезда к
орейцев в Россию, а также установить памятник в корейском сти
ле в Посьетске. На проведение празднеств было получено разреш
ение генерал-губернатора Приамурского края Кондатти. Несмотр
я на возражения некоторых лиц, подготовка к мероприятиям нача
лась, но в связи с внезапным началом 1-ой мировой войны их при
шлось отменить.

Во время 1-ой мировой войны Россия и Япония окончательно с
тали союзниками. И в августе 1915 г. министр иностранных дел
Японии Мотонотаро в письме русскому правительству требует п
ередать 28 российских корейцев, в том числе и Петра Семенович
а, Японии или выслать в Сибирь. Он был обвинен в антияпонско
й борьбе и сборе 15 тысяч рублей для ее организации. Несмотря н
а то, что 3 ноября 1915 г. Петр Семенович создает общество для п
омощи русской армии во Владивостоке и собирает капитал для ее
поддержки, в июле 1916 г. он подвергается аресту русскими влас
тями. Он был арестован в Славянке, а затем переведен в Никольс
к-Усурийск. Но к счастью, благодаря большому влиянию его пер
вого зятя Ким Якова, он был отпущен на свободу.

5. Путь национального лидера после русской революции

После февральской (1917 г.) революции Петр Семенович продо лжает вести активную общественную деятельность. Этот факт по лучил отражение даже в японских агентурных материалах. Так, в соответствующих материалах за 7 июля 1917 г. отмечается, что "всеми уважаемый старейшина" Петр Семенович "как один из пе рвых корейцев, получивших русское подданство" вел деятельнос ть в качестве волостного депутата от Янчихе. Кроме данной выбо рной должности, Петр Семенович также был избран председател ем Янчихинского волостного исполкома.

После октябрьской революции, начинается внешняя вооружен ная интервенция против Советской власти, в которой принимают участие и японцы. Весной 1918 г. Дальний Восток оказался в рук ах американцев, японцев, англичан, чехословаков и белогвардей цев. Летом японцы они вторгаются в Славянку и оккупируют до м Петра Семеновича. В это время он находился во Владивостоке. Зная, что японцы арестуют его, он не мог вернуться домой, чтоб ы забрать семью. Его жена с детьми сама выезжает во Владивост ок, захватив самое необходимое и некоторые ценные вещи.

Позже Петр Семенович с семьей переезжает в Никольск-Уссур ийск. Здесь Петр Семенович ведет деятельность в качестве предс едателя земского самоуправления, а также председателя ревизио

нной комиссии.

В июне 1918 г. в Никольско-Уссурийске состоялся 2-ой съезд к

орейцев, на котором присутствовали корейцы со всех уголков Ро

ссии. Петр Семенович и Ли Дон-хви были единогласно избраны

почетными председателями: Петр Семенович как старожил, оказ

авший помощь корейцам в получении российского гражданства,

а в Ли Дон-хви как патриот-борец, представитель политических э

мигрантов. В выступлениях и решениях съезда был выражен пол

итический нейтралитет по отношению к октябрьской революции.

Но в связи с вспыхнувшим вскоре восстанием чехов и вторжение

м японских войск на Дальний Восток, далее стало невозможным

придерживаться политики нейтралитета.

В конце 1918 г. Всероссийский центральный исполком корейц

ев выдвинул 2-х депутатов в антибольшевистскую Сибирскую ду

му. Одним из них был Петр Семенович, а вторым – Хан Мён-се.

Однако Хан Мён-се отказался, и его заменил Ким Александр Ива

нович.

После окончания 1-ой мировой войны была созвана Парижская

мирная конференция и корейцы приступили к выбору представит

елей. Представители избирались в 2-х городах: Владивостоке и Н

икольск-Уссурийске. Петр Семенович был одним из 6-ти челове

к, отбиравших данных представителей на уровне Всероссийского собрания корейцев.

Вскоре Всероссийский съезд корейцев перерос в Корейское народное собрание, где Петр Семенович возглавил дипломатически й отдел. В апреле 1919 г. в Шанхае он был представлен на должн ость министра финансов в корейском Временном правительстве, но назначение так и не состоялось.

6. Убийство японцами

4-5 апреля 1920 г. японская армия для подавления быстро раст ущего влияния русской революции предприняла широкомасштаб ные карательные операции против корейцев и русских революци онеров во Владивостоке, Никольск-Уссурийске, Хабаровске, Спа сске, Посьетске. Японцы убивали, сжигали здания, производили массовые аресты. Позже это будет названо апрельской трагедией. Около тысячи русских революционеров, партизан и обычных гра ждан были брошены в застенки и подвергнуты пыткам. Многие и з них погибли.

В один из тех дней, 4 апреля Петр Семенович вышел из дома ра но утром и все думали, что он скрылся. Его 2-ой сын Павел ушел вместе с ним, отправившись в Никольск-Уссурийск с партизанам

и. Но поздно вечером Петр Семенович вернулся домой. Жена и д
очери стали настаивать, чтобы он укрылся у партизан. Но он отка
зался: "Если я спрячусь, японцы вам жестоко отомстят. Я их зна
ю. И знаю, чтобы найти меня, они будут пытать детей".

На следующий день утром он был арестован японцами. Вместе
с 3-мя другими арестованными он был расстрелян без суда и след
ствия. Никто не знает, где, как и когда он был казнен и похоронен.

После трагической гибели Петра Семеновича в Шанхае по ини
циативе шанхайского съезда корейцев в присутствии 300 человек
прошла гражданская панихида в память о нем и остальных, отдав
ших свою жизнь за родину, борцов. На этой панихиде присутство
вал премьер-министр временного правительства Кореи и другие
официальные лица. Премьер-министр Ли Дон-хви прочитал о жи
зненном пути Петра Семеновича. В 1921 г. представители шанха
йского временного правительства Кореи посетили семью погибш
его в Никольск-Уссурийске, отдав дань памяти выдающегося сын
а корейского народа.

7. Судьбы потомков

"Лидер корейцев России", "Выдающийся деятель корейцев Рос

сии", "Благодетель сибирских корейцев" так называли Петра Сем
еновича, боровшегося за восстановление законной власти на род
ине и трагически закончившего свой жизненный путь. После сме
рти Петра Семеновича, его жену и 11-х детей ожидали череда му
чений и невзгод. Особенно, нельзя не писать с болью о том, какая
драматическая судьба выпала на долю его детей.

Старший сын, Петр был отстранен от учебы в семинарии за рев
олюционную деятельность. Затем он стал офицером русской арми
и, командиром реорганизованного полка и депутатом в Советах о
т солдат и погиб во время гражданской войны в 1918 г. в Сибири.

2-й дочь, Вера и её муж переселились со своими детьми в Харб
ин в 1923 году после окончания гражданской войны в Сибири и о
на скончалась там. Её муж, Ким Яков Андреевич, который будуч
и учителем написал первый учебник корейского языка и стал вед
ущим лидером корейского общества, в 1938 году уехал в Караган
ду со своей дочерью Любовью и внуком Борисом, и умер там в
1940 году.

Муж 3-й дочери Надежды, Кан Николай Алексеевич вел актив
ную партизанскую антияпонскую деятельность во время граждан
ской войны в Сибири, командовал 119 стрелковым батальоном. Б
ыл репрессирован и расстрелян.

4-я дочь, Любовь вместе с мужем Ни Алексеем Александрович

ем также репрессирована и расстреляна.

4~й сын, Павел был командиром антияпонского партизанского отряда и первым командиром артиллерии флота. В 1938 г. репрес сирован и казнен.

Муж 6-й дочери Софии, Шеруков Хаджихан Умурзакович, раб отавшей в Народном комиссариате здравоохранения Киргизии, т акже репрессирован и казнен.

7-я дочь, Ольга стала первой кореянкой-инженером, была репр ессирована и провела 7 лет в трудовой колонии в Норильске.

8-й сын, Валентин работал в Министерстве сельского хозяйств а Казахской ССР. Также был репрессирован.

9-я дочь, Людмила Петровна работала учительницей, провела п оследние годы в Бишкеке(Фрунзе) Киргизии.

Муж младшей дочери Елизаветы, Тен Константин Антонович, работавший фотокорреспондентом "Смоленской правды" был ре прессирован и расстрелян.

Младший сын, Викентий окончил Ленинградский институт ки нематографии, был репрессирован и умер в тюрьме.

Супруга Петра Семеновича, Ким Елена Петровна после его сме рти в течение 32 лет растила детей и скончалась во Фрунзе в 1952 г. в возрасте 72-х лет.

Биография Цой Петра Семеновича

(1860~1920)

15 августа 1860 г.

Родился в Кенвоне провинции Хамгенбук (Корея), в семье Цой Х ын Пека вторым сыном.

1869 г. (9лет)

Вместе с отцом и старшим братом перебирается в деревню Тизинх е Приморского края.

1871 г. (11лет)

Побег из дома, становится юнгой на русском торговом судне, стоя вшем на якоре в Посьете. Получает русское имя Петр Семенович, в честь капитана корабля.

1871-77 гг. (11-17лет)

Работает 6 лет юнгой на русском торговом корабле, изучает русски й язык и литературу с помощью супруги капитана. Дважды соверш ает маршрут Владивосток-Петроград, знакомится с достижениями мировой культуры.

1878 г. (18 лет)

Работа в торговой компании во Владивостоке (в течении 3 лет)

1881 г. (21 год)

Переезд в Янчихе, воссоединение с семьей.

1882 г. - ...г. (22 года - ... г.)

Переводчик ведомства по строительству железной дороги Раздоль ное – Красное Село. Первый брак (1 сын и 2 дочери). Во время 4-

х родов жена умирает вместе с ребёнком.

1886 г. (26 лет)

Выделяет стипендии для корейцев, и отправляет их на учёбу в Пет роград и другие крупные города России.

1888 г. (28 лет)

Получает серебряную медаль "За проявленное рвение и трудолюби е в строительстве дорог".

1891 г. (31 год)

Открывает Николаевскую начальную школу в Янчихе.

1893 г. (33 года)

Становится первым корейцем – волостным старшиной и удостаива ется 2-ой серебряной медали.

1894 г. (34 года)

Участвует в 1-ом Всероссийском собрании волостных старшин в Петрограде.

1896 г. (36 лет)

Присутствует на коронации царя Николая в Петрограде и Москве.

1897 г. (37 лет)

Вступает во 2-ой брак, с Ким Еленой Петровной (3 сыновей и 5 д очерей).

1899 г. (39 лет)

Николаевская начальная школа в Янчихе получает бронзовую меда ль на выставке в Хабаровске в категории «образование».

1902 г. (42 года)

Организация антияпонского движения среди российских корейцев.

1904 г. (44 года)

Удостаивается высшей награды русского правительства – золотой медали.

1905 г. (45 лет)

Поездка в Японию (6 месяцев), с целью получения информации о японской политике на корейском полуострове. Переед в Новокиевск.

1906 г. (46 лет)

Создание первого корейского партизанского отряда.

1908 г. (48 лет)

Создает общество корейцев за общие цели и становится его председателем.

1910 г. (50 лет)

Переезд в Славянку.

1911 г. (51 год)

Угроза выселения из Приамурского Края, вследствии японских интриг. Уход в отставку с должности волостного старшины. Создание в июне этого года «Общества развития труда».

1913 г. (53 года)

Назначается председателем «Общества развития труда» на специальном всеобщем собрании. Участие в делегации из 7 корейских представителей на праздновании по случаю 300-летия Дома Романовых.

1914 г. (54 года)

Деятельность в качестве председателя «Общества развития труда» и председателя организационного комитета по проведению мероприятий по случаю 50-летия со дня переезда корейцев в Россию.

1915 г. (55 лет)

Создание фонда помощи русским военным во время 1-ой мировой

войны.

1916 г. (56 лет)

Арест русскими военными в Славянке, перевод в Никольск-Уссур
ийск, освобождение от ареста.

1917 г. (57 лет)

После февральской революции назначается председателем Янчихи
нского волостного исполкома.

1918 г. (58 лет)

Переезд в Никольск-Уссурийск, назначение главным земским ста
ршиной и председателем ревизионной комиссии.

1919 г. (59 лет)

Избирается национальным представителем на Парижскую мирную
конференцию в январе-феврале. Назначается министром иностран
ных дел в Корейском Народном Собрании в марте. Избирается ми
нистром финансов во Временном Корейском Правительстве, созда
нном в апреле в Шанхае.

1920 г. (60 лет)

Арест японцами (5 апреля). 7 апреля убит вместе с Ким И-Чиком,
Ом Чу-Пилем и Хван Кён-Собом.

최재형의 부인 김 엘레나 페트로브나   최재형의 부인(말년)

최재형 부부(편집)

최재형(오른쪽)과 형 최 알렉세이(왼쪽), 조카 최레프(최만학, 서 있는 사람)
(1915년경 블라디보스토크) ⓒ 최 발렌틴

최재형의 자녀들. 왼쪽부터 올랴, 소냐, 파벨, 지나(손녀), 류바(1912년경) ⓒ 최 발렌틴

성인이 된 최재형의 자녀들. 왼쪽부터 소피아, 발렌틴, 올가, 파벨 ⓒ 최 발렌틴

최재형의 둘째 아들 최 파벨(오른쪽)과 소련 작가 파제예브 ⓒ 최 발렌틴

최재형의 둘째 아들 최 파벨과 친구들 ⓒ 최 발렌틴

말년의 최재형 부인과 자녀들 ⓒ 최 발렌틴

최재형의 딸 최 올가 페트로브나
(올랴, 다섯째 딸)
1991년 회상록 집필
ⓒ 최 발렌틴

최 발렌틴 표트로비치
(최재형의 셋째 아들,
최 발렌틴 발렌티노비치의 아버지)
ⓒ 최 발렌틴

최 발렌틴 발렌티노비치와 재러독립유공자후손협회 회원들 ⓒ 최 발렌틴

최 발렌틴(오른쪽)과 필자(2005년 1월 모스크바, 고려인협회 사무실 앞에서) ⓒ 반병률

최 발렌틴과 필자(2005년 1월 모스크바, 노모데비치 사원 앞에서) ⓒ 반병률

제2장
4월참변 당시 희생된 한인 애국지사들
최재형, 김이직, 엄주필, 황경섭

1. 머리말

4월참변이란 1920년 4월 4일 밤부터 5일 새벽, 그리고 늦게는 4월 8일까지 일본군이 연해주 일대의 러시아혁명세력과 한인들을 공격한 사건을 말한다. 일본군은 볼셰비키와 사회혁명당이 연합한 러시아혁명정부의 공공기관에 공격을 감행함과 동시에 블라디보스토크, 니콜스크-우수리스크, 스파스크, 하바롭스크, 포시예트, 스챤(수청) 등지의 한인들을 공격하고 대량체포, 방화, 파괴, 학살 등의 만행을 저질렀다.

4월참변은 한편으로는 1919년 3·1운동 이후 만주와 러시아 연해주에서 독립군 부대들이 우후죽순처럼 등장하고 독립군 장병 모집과 무기 수집 등 일본을 상대로 한 무장투쟁운동이 강화되자 일본 측이 반동적인 역공세에 나선 것이었다. 1919년 여름 이후에는 독립군 부대들이 압록강과 두만강을 건너 일본 수비대를 공격하는 일이 잦아져 식민지 조선을 안정적으로 방위하는 데 위기를 느꼈던 것이다.

다른 한편으로는 1919년 말 이후 1920년 초에 걸쳐 러시아지역에서 볼셰비키당을 주축으로 한 러시아혁명세력에 의해 일본과 서구열강의 지원을 받는 시베리아와 원동 러시아지역의 백위파 정권들이 붕괴되자 국제적 고립상태에 처한 일본 제국주의자들이 러시아혁명세력과 한인

독립운동세력이 연대할까 봐 두려워 일으킨 몸부림이기도 했다.

일본군은 블라디보스토크의 신한촌을 습격해 한민학교에 주둔하던 러시아군 50명에 대한 무장해제를 단행했으며, 한인 단체 사무소와 가택을 수색해 60여 명을 검거했다. 이 과정에서 일본군은 한민학교와 한인신보사 건물을 방화했으며, 헌병대분견대를 주둔시키고 자위대라는 헌병보조기구를 창설했다.

니콜스크-우수리스크(현재의 우수리스크)에서는 일본군이 저항하는 한인 30여 명을 몰살하고 한인 76명을 검거했고 4월 7일에는 이들 가운데 주요 한인 지도자인 최재형, 김이직, 엄주필, 황경섭 등 네 명을 총살하는 만행을 저질렀다.

1920년 5월 6일 자 일본 신문은 일본 육군성(陸軍省)의 발표를 인용해 러시아 우수리스크의 한인 지도자 최재형(崔在亨), 김이직(金理直), 엄주필(嚴柱弼), 황경섭(黃景燮, 황 카피톤) 네 명을 4월 4~5일 4월참변 당시 체포했는데 호송 도중에 도피하며 저항하려 했기 때문에 어쩔 수 없이 사살했다고 보도했다. 일본 육군성의 발표에 대해 당시 상해에서 발행되던 《독립신문》은 "최재형씨 외 삼씨(三氏) 피살, 소왕영(蘇王營) 일병(日兵)의 폭학(暴虐), 4월 7일 소왕영에서 적군(敵軍)에게 사씨(四氏)는 다 다년(多年) 아령(俄領)에 재(在)하야 동포에게 대한 공헌이 심대하다. 잔인하고도 무법한 적병(敵兵)"이라고 보도했다.

과연 이 네 명의 애국자는 언제, 어디서, 어떻게 최후를 맞이했던 것일까? 과연 일본 육군성의 발표대로 이들이 도피를 시도하다가 사살된 것일까? 이들은 어떻게 체포되었고, 체포된 후 어떤 취급을 받았으며, 어떻게 비참한 최후를 맞았던 것일까? 일본 헌병대는 왜 이들을 정당한 재판 과정 없이 학살했으며 무슨 이유로 이들의 최후에 관한 진실을 밝히지 않았던 것일까? 당시 가족들은 물론 대다수 한인들도 일본 측의 발표를 액면 그대로 받아들이지 않았다.

이들 네 명의 애국지사들이 처형되었던 시기는 일본군이 러시아혁명에 무력 개입하고 있던 이른바 시베리아내전 시기의 혼란기였다. 이후 1922년 10월 말 일본군이 철수하고 볼세비키 혁명세력이 정권을 장악함에 따라 소비에트체제가 들어서게 되었다. 이후 한인사회는 1920~1930년대의 소비에트화 과정을 거쳐 1930년대 중반 스탈린대탄압과 중앙아시아로의 강제이주를 당하는 등 중앙아시아에서 고난에 찬 정착화 과정을 겪었다. 격동의 세월 속에서 시베리아내전 시기에 일본군에 의해 학살된 이들 네 명 애국지사의 최후를 밝히는 일은 사실상 거의 불가능했다. 그나마 러시아(소련) 지역의 한인사회와 민족운동에 관한 본격적인 학문적 연구가 시작되고 이 네 명의 최후에 관한 관심이 일어난 것도 소련이 붕괴된 이후의 일이다.

이처럼 이 네 명 애국지사들의 삶과 최후는 오랫동안 역사의 베일 속에 가려져 왔다. 이 애국지사들의 최후에 관해 기록한 일본 측의 자료가 발굴되지 않는 한 이들의 최후는 밝혀지지 않은 역사적 과제로 남을 가능성이 크다.

이 글은 이러한 의문을 풀기 위한 자그마한 학문적 노력이라고 할 수 있다. 다행히도 이 애국자들 가운데 최재형의 경우는 대체적인 삶과 활동이 밝혀져 있다. 그러나 김이직, 엄주필, 황경섭 세 사람의 경우 알려진 바가 그리 많지 않다.

4월참변에 관해서는 일본인 역사학자 하라 데리유키(原輝之) 등의 훌륭한 연구 성과들이 있다. 이 글에서는 하라 데리유키의 연구를 비롯한 기존의 연구 성과들을 참조했다. 이 글에서는 ≪독립신문≫을 비롯한 보도자료와 일본 외무성 자료 등 그동안 활용된 사료들 외에 항일혁명운동에 참여했던 이인섭, 유학관 등의 회상기 등에 파편적으로 남아 있는 사실들을 재구성해 이들의 삶과 활동을 추적했다. 이 글이 무덤조차 찾을 수 없는 이 애국지사들의 열성적이고 헌신적인 삶에 대한 헌정이 될 수 있기를 바라는 바이다.

2. 4월참변 직전의 정세 변화

1) 러시아 원동지역에서의 혁명세력 확대

1919년 말 이래 시베리아와 러시아 원동지역의 백위파 정권들은 혁명세력에 의해 붕괴되고 있었다. 러시아혁명세력은 1920년 1월 초 이르쿠츠크를 점령했으며 옴스크의 백위파 정권이 전복되었다. 최고집정관으로 모스크바의 볼셰비키 정부와 맞서 1년여 동안 시베리아를 지배해 온 알렉산드르 바실리예비치 콜차크가 볼셰비키에게 체포되어 1920년 2월 7일 이르쿠츠크에서 처형되자 시베리아의 백위파 세력은 급격한 쇠퇴의 길을 걷기 시작했다. 연해주지역에서는 1월 26일 안드레예프가 이끄는

1500명의 러시아혁명군이 니콜스크-우수리스크를 점령했다.

블라디보스토크에서는 옴스크 정권의 몰락이 시작될 무렵인 1919년 11월 중순 옴스크 정권을 옹호하던 체코군의 가이다 장군이 콜차크에 대한 지지를 철회하고 반기를 들어 중간파의 사회혁명당(에스·엘)이 볼셰비키세력과 연합해 새로운 정부를 조직할 것이라고 선언했다(가이다 선언). 1918년 8월 콜차크에 의해 원동 최고대표 호르바트의 후임으로 연해주 지방장관에 임명되었던 로자노프 정권이 1920년 1월 31일 타도되고 사회혁명당 계열의 메드베데프를 명목상 수반으로 하는 연해주 임시정부가 수립되었다.[1] 1월 31일 새로 들어선 연해주 임시정부는 일본과의 관계를 원만히 할 목적으로 한인들의 무장을 금지할 것이라고 성명했다.[2] 러시아혁명세력이 군사적 우위에 있는 일본군을 도발하지 않기 위한 세심한 배려였다.

블라디보스토크의 정변이 성공할 수 있었던 것은 혁명군이 니콜스크-우수리스크를 점령하고 있었던 정세에 크게 영향을 받았기 때문이다. 로자노프는 사관학교 생도들은 물론 카자크 대다수의 지지를 상실했다. 지지를 상실하게 된 가장 큰 원인은 시베리아를 침략하는 일본군의 증강과 일본의 배상요구였다. 러시아 국민들의 여론은 이제 일치단결해 외적으로부터 영토를 보존하지 않으면 안 된다는 것이었다.[3]

2월 15일에는 하바롭스크가 혁명군에 의해 점령되면서 연해주 전체가 콜차크 잔당의 손아귀에서 벗어났고, 임시정부가 수립되었다. 임시정부는 블라디보스토크에 위치했지만 러시아혁명군 본부는 니콜스크-우수리스크에 근거를 두었다. 임시정부의 수반은 메드베데프였고, 블라디보스토크, 스파스크, 하바롭스크, 그로데고보 등지의 부대들을 휘하에 두었던 혁명군 연합본부의 부장은 안드레에프였다.[4] 블라디보스토크 정변에 앞서 러시아혁명군이 니콜스크-우수리스크시를 점령했을 때, 한인들은 부대를 조직해 러시아혁명군과 행동을 같이했다.[5]

연해주지역의 분위기는 점차 혁명적으로 바뀌어 갔다. 3월 12일 러시아혁명기념일에는 대중집회와 시위가 블라디보스토크 시내에서 진행되었는데, 노동자를 비롯해 관리, 군인, 상인, 학생 등 각계각층의 사람들이 대거 참가했다. 신한촌 부근의 페르바야 레츠카에 집결한 군중은 소학교 생도들을 선두로 약 100명의 한인 소년단이 가담해 키타이스카야 거리(현재의 오케안스키 프로스펙트, 대양통로)로 진출했다.[6]

3월 17일에는 니콜스크-우수리스크에서 원동공산당 대회가 개최되었다. 블라디보스토크에서는 공산당이 파리코뮌 기념일에 민중교화회 주최로 국민회관에서 공산당 대연설회를 개최했고, 공산당기관지 ≪크라스나야 즈나메냐(赤旗)≫는 일본상품 불매운동을 선동했다. 아울러 소비에트 정부 환영과 일본군 배척을 극력 선전했다.[7]

이처럼 러시아 연해주지역에서 혁명세력이 득세해 가는 상황에서 한인들은 대거 러시아 빨치산부대에 가담하거나 독자적으로 빨치산부대 조직에 나섰다. 1920년 초 이래 일본군의 지원을 받고 있던 백위파 정권이 붕괴되고 연해주에서 러시아혁명세력이 득세하게 되면서 한인들의 무장투쟁 역시 활발해져 갔다. 연해주 각지에서 한인들은 러시아 빨치산부대들을 후원했고 한인들 간에 의연금 모금, 무기 구입, 의용병 모집 등 본격적인 항일무장투쟁 준비가 시작되었다.[8] 중국 만주지역의 한인 독립운동단체들로부터 무기 수집대가 파견되어 연해주 마을을 순회하며 무기를 수집하기도 했다.[9] 한인들은 러시아 볼세비키 세력 또는 사회혁명당으로부터 조선 독립운동에 대한 후원을 받고자 기대했고 신정권에 의해 일본군대의 압박과 취체를 모면하고자 했던 것이다.

러시아에 출병한 일본군에 대한 첩보자료에 따르면, 일제당국은 러시아혁명세력과 한인들 간의 협력과 결합이 강화되고 있는 상황을 우려 깊게 관찰하고 대응책을 마련해 가고 있었다.

우선 블라디보스토크에 혁명정부가 수립된 1920년 1월 31일 전후 시기의 한인 집단거주지인 신한촌의 상황을 보자. 1920년 1월 31일에는 간도 15만 원 사건의 주역 세 명(윤준희, 임국정, 한상호)을 포함해 한인 애국청년 다섯 명이 블라디보스토크 신한촌에서 일본 헌병대에 의해 체포되었다. 바로 이날 블라디보스토크에서 볼세비키와 사회혁명당 세력이 연합한 혁명세력이 정권을 장악했다. 혁명정권이 수립된 직후 장도정, 김진, 김 미하일, 이재익 등은 러시아혁명사령부를 방문해 일본 헌병대가 체포해 간 15만 원 사건 주역들의 석방을 요구했다. 또한 이들은 향후 일본 헌병대의 불법적인 신한촌 수색에 대비하기 위해 한인 혁명가들에 대한 무기 공급을 요구했지만 거부되었다. 이에 이들은 차선책으로 러시아 군대의 파견을 요청했다. 그리하여 러시아혁명정부 당국은 7~8기 또는 10기의 러시아 기병들로 하여금 신한촌을 순시케 했다.[10]

이후 러시아혁명세력은 한인들의 요청을 수용해 3월 7일 이후 45명의 러시아 군인들을 신한촌에 파견해 국민의회 사무소, 한민학교, 한인사회당 사무소 등 주요 기관에 주둔케 하고 신한촌을 경비토록 했다. 3월 14,

15, 16일 3일간에 걸쳐 시행된 블라디보스토크 노병회대표자 선거에서 블라디보스토크 공산당, 즉 과격파 후보자 16명 가운데 김만겸과 박 모이세이가 선출되어 시내의 광고에 공고되었다. 아울러 대한국민의회와 한인사회당이 러시아임시정부의 승인을 얻어 혁명군 1개 대대를 편성하기 위해 군인들을 모집 중이라는 소문이 돌았다. 미국적십자사의 한인 구조 활동 역시 일본 당국의 주목을 받았다. 미국적십자사가 3월 13일 아침 신한촌 소학교 생도와 간호부, 빈민들에 대해 의복 등 700점을 기증했기 때문이다. 이에 앞서 3월 12일에는 오후 6시 30분에 시내 보다니치예스카야 거리 63번지 ≪크라스나야 즈나메냐≫ 신문사 내에서 블라디보스토크 원동공산당 볼셰비키 위원 임시회의를 개최하고 배일단(排日團) 조직 등의 반일적인 결의를 했다.[11]

당시에는 반일적인 한인들이 평소에 주목했던 친일분자, 일본 밀정 등을 처단하는 일이 빈번하게 발생했다. 3월 11일에는 최 모가, 3월 14일에는 이름 모를 한인이 살해되었고, 3월 7일과 19일에는 박병일(朴炳一)이, 3월 16일에는 김영철(金永喆)이 자객에게 피습되었으며, 기타 일본군과 관계있는 자 가운데 행방불명된 자도 여러 명 발생했다.[12] 국민의회가 암살해야 할 친일분자 26명을 선정했다는 풍설도 돌았다.[13] 일본 당국이 1920년 2월 20일 이후 4월 1일까지 조사한 바에 따르면, 밀정 형사, 친일자 등으로 반일적 한인들에 의해 박해를 받은 자들 가운데 러시아 블라디보스토크에서 일탐(日探)의 혐의를 받아 피해를 당한 자는 다음과 같다. 강문백(姜文伯, 노인동맹단 단원, 3월 11일 총살, 신한촌), 김하구(金河球, ≪한인신보≫ 주필, 3월 11일 폭행, 신한촌), 최 모(3월 14일 살해, 신한촌), 박병일(홍신조합장, 3월 14일 자객 습격, 신한촌), 김용식(3월 15일 살해, 블라디보스토크), 김영철(3월 15일 자객 습격, 신한촌), 육군병원 근무 한인 두 명(3월 15일 살해, 블라디보스토크).[14] 일본상품 불매운동도 전개되었는데, 이 운동에는 러시아인, 중국인, 한인들이 공조했다.[15]

애국적 한인들이 일본 당국과 협력하던 친일파(스파이)들을 처형하자 일본 정부는 일본에 협력적인 한인들의 일본 정부에 대한 신뢰가 약화될까 우려했다. 또한 일본 정부는 러시아혁명세력과 반일적인 한인들 간의 연대와 협력에 커다란 위기의식을 느끼게 되었다.

2) 니항 사건

러시아 원동지방에서 일본군이 후원하던 백위파 정권들이 붕괴되고 혁명정권이 들어서는 상황에서 러시아를 침략한 일본군에게 국내외의 반전(反戰) 여론과 철병 여론을 반전시킬 수 있는 명분을 제공한 절호의 사건이 발생했다. 바로 니항(尼港, 니콜라옙스크-나-아무레) 사건이다. 니항 사건이란 1920년 4~5월 니콜라옙스크-나-아무레(니항)에서 러시아 빨치산부대와 일본 군민 간에 무력충돌이 발생해 일본인들이 대거 몰살된 사건으로, 이 사건은 일본에 무력 도발을 할 수 있는 커다란 빌미를 제공해 주었던 것이다.

1919년 11월 1~2일, 하바롭스크 근교의 농촌 마을 아나스타시예프스크에서 개최된 빨치산부대 대표자회의를 계기로 러시아 빨치산부대가 조직되었는데, 이후 러시아 빨치산부대가 아무르강 하류로 이동하면서 병력이 급속도로 늘어나 니콜라옙스크-나-아무레항에 근접했을 때는 총 5개 부대, 4000명에 달했다. 당시 지도자는 아나키스트인 트랴피친이었다.

당시 니콜라옙스크-나-아무레에는 러시아인 8800명, 중국인 1400명, 한인 900명, 일본인 730명이 거주하고 있었다.[16] 일본 주둔군 이시가와(石川) 소좌는 러시아 백군 대장의 만류에도 불구하고 러시아 빨치산군대 측과 1920년 2월 29일 협정을 맺었는데, 협정 내용은 일본군의 무장을 보장하는 대신에 전투 없이 빨치산군대가 시내로 입성한다는 것이었다. 그리하여 빨치산군대는 노동자와 시민들의 열렬한 환영 속에 니콜라옙스크항에 무혈 입성했고 곧바로 소비에트 권력을 부활시켰다.[17] 이후 혁명정권은 백군 장교와 자본가들을 체포·처형했는데, 처음 수일간에 체포된 자가 400명 이상이었다. 빨치산부대에는 중국인, 조선인, 하층 노동자들이 대거 참여했다. 3월 12일경 빨치산부대에는 600명, 300명으로 구성된 두 개의 중국인 부대와 500명으로 편성된 한인 부대가 활동했다. 니콜라옙스크시에서 완전 고립상태에 빠진 일본군 지휘관 이시가와와 총영사 이시다(石田)는 마침내 3월 12일 오전 1시 30분 행동을 개시해 연회가 끝난 빨치산부대 본부를 포위하고 전투를 시작했다. 이 전투로 빨치산부대 참모장 볼셰비키 나우모프가 사망했고, 사령관 트랴피친은 수류탄에 맞아 다리에 부상을 입었으나 곧바로 사태를 수습하고 반격에 나섰다.[18]

당시 니콜라옙스크-나-아무레 항구에는 일본군 이시가와 소좌가 이끄는 제11, 제12의 두 개 중대 296명과 30~40명의 해군통신대가 주둔하고 있었는데, 이들은 450명의 거류민과 함께 최후를 맞이했다.[19] 3월 12일의 전투에서 일본인들은 러시아 빨치산들에게 무방비상태에서 피살된 것이 아니라 전투에 참여했다가 대부분 전사한 것이었다.[20] 이 전투에서 살아남은 일본인 136명은 여자, 아이들과 부상자들이었는데, 이들은 감옥에 감금되었다.[21]

캄차카 반도의 페트로 파블롭스크 일본영사관은 3월 18일 니콜라옙스크항으로부터 온 전보를 다음 날인 3월 19일 외무성 본부에 타전했다. "3월 18일 내전(來電)에 의하면 동시(同市)에서 일본군과 과격파 간에 2주야에 걸친 격전이 있었고, 그 결과 당지 주둔 군대 및 재류민 약 700명이 살해되고 남은 약 100명이 부상해 사령부 영사관 기타 방인(邦人) 가옥은 전부 불타버렸다"라는 내용이었다. 3월 29일 외무성이 접수한 이 전보의 내용이 일본 국내의 각 신문에 보도되어 "니항(尼港)의 참극(慘劇)"에 관한 비보가 알려지면서 일본 대중들의 분노가 극에 달했고 1~2월에 분분했던 철병론이 가라앉으면서 "과격파의 폭학"에 분개하는 여론이 팽배해졌다.[22]

이에 일본 정부는 "일본 인민의 생명을 보호한다"라는 구실하에 원동의 무장 간섭을 더욱 강화했다. 아무르강의 통행을 가로막고 있던 얼음이 풀리기 시작한 1920년 5월 말 일본 원정군의 입성이 임박하자 러시아 빨치산부대는 니콜라옙스크항에서 철수하면서 136명의 일본인 죄수와 약 4000명의 러시아인(어른과 아이를 포함해)을 학살했고 도시를 완전히 불태웠다. 니콜라옙스크항에 입성한 후 일본은 7월 3일 북위 51도 이북 사할린을 점령하고 '니항 사건'이 해결될 때까지 철수하지 않겠다고 선언했다. 소비에트 중앙정부는 빨치산부대 내에 쿠데타를 일으켜 트랴피친과 그의 애인이자 참모장인 아나르코-막시말리스트 레베데바를 비롯한 23명의 추종 간부를 처형했다.[23] 니항 사건은 일본 침략군에 대한 일본 국민의 철병 여론을 되돌리게 했을 뿐만 아니라 일본군에게 사할린 북부를 점령할 명분을 제공하는 결정적인 전환점이 되고 말았다.

3. 4월참변

1918년 8월 이후 '체코군 구원'이라는 명분을 내세워 러시아혁명에 무력 개입해 백위파를 지원함으로써 러시아혁명정권을 붕괴시켰던 일본군은 1919년 말 러시아혁명세력이 득세하게 되면서 일대 위기에 직면했다. 특히 그동안 안정적인 식민지 조선 통치를 추구하던 일제 당국에게 매우 위협적인 존재였던 러시아의 한인 독립운동세력이 러시아혁명세력과 결합하면서 일본 당국의 위기의식은 고조되었다.

1919년에 캐나다, 프랑스, 이탈리아, 영국, 중국 군대가 일정에 따라 이미 철수한 상태이고 체코군도 1920년에 들어와 9개월에 걸쳐 철병을 추진하고 있었다. 미군이 1919년 말에 자바이칼주에서 철수한 데 이어 1920년 1월 20일 윌슨 대통령은 미국 파견군이 철병할 것이라고 선언했다. 이러한 상황에서 일본도 마지못해 3월 31일 시베리아에 출병한 일본군에 대해 철병계획을 선언했다. 마침내 1920년 4월 1일 러시아주둔 미군 사령관 윌리엄 그레이브스(William Graves) 이하 미국 군대 2300명이 블라디보스토크를 떠나 필리핀으로 향했다. 이어 미국, 영국, 프랑스 등 주요 열강의 간섭군이 4월 4일 실제로 철병을 단행함으로써 '체코군 구원'이라는 명분으로 러시아혁명에 무력 개입했던 연합국 가운데 일본만 홀로 남게 되었다.

이러한 상황에서 일본은 블라디보스토크의 러시아임시정부에 압력을 가해 자국 군대의 안전을 확보하고자 했다. 즉, 일본군 당국은 4월 3일부터 연해주 자치회와 협상을 벌여 ① 일본군 주둔에 편의를 줄 것(수송교통에 지장이 없게 할 것), ② 종래 군사상의 제 조약을 존중하고 군의 보조원에 대해 방해하지 않을 것 등을 요구했다.

일본군 사령관은 4월 2일 블라디보스토크에 있는 러시아임시정부에 대해 한인들에게 무기를 공급하는 일이 없도록 하라고 경고했다.[24] 이와 함께 일본 정부는 블라디보스토크 정부에 항의 전문을 보내 친일적 한인들이 피살, 피습, 납치되는 일이 빈번하게 발생하고 있는 사실을 제시하며 러시아 경찰 관헌이 이러한 "일본제국의 신민(臣民)"인 한인들의 생명과 재산을 보호하지 못할 경우 부득이 일본군이 그 일의 책임을 담당할 것임을 경고했다.[25] 한인들에 대한 취체를 주장하는 근거는 대한제국의 신민이었던 한인은 러시아에의 귀화 여부와 관계없이 일본제국의 신민이라는 것으로, 억지 주장이었다.[26]

같은 4월 2일, 일본군은 연해주 정부에 "일본군의 주둔에 필요한 제반 사항, 즉 숙영, 급양, 운수, 통신 등에 관해 지장을 주지 말 것" 등 6개 항을 요구했다. 연해주 임시정부는 일본군의 요구를 수용하기로 하고 4월 5일 조인하기로 되어 있었다. 러시아혁명군 사령부는 각 부대에 경계태

세를 해제할 것을 지시했고, 휴일이던 4월 4일에는 지휘관들 다수가 주말 휴가에 들어갔다. 이날 밤 일본군 블라디보스토크 사영(舍營) 사령관 무라다(村田信乃) 소장은 오오이(大井) 군사령관의 지시를 받아 블라디보스토크 혁명군(연해주 정부군)에 대한 무장해제를 단행했다. 4월 5일 새벽, 오오이 군사령관은 제13, 14사단장, 남부 우수리 파견대장에게 각지의 혁명군에 대해 무장해제할 것을 명령했다. 그리하여 우수리철도 연선을 중심으로 연해주지역 내의 모든 일본군 주둔지가 총공격에 나섰다. 일본군의 전투행동은 4월 4일 밤에 시작되어 5일 또는 6일까지, 스파스크에서는 8일까지 계속되었다.[27]

일본군의 전투행동은 하바롭스크와 니콜스크-우수리스크에서 가장 대규모로 진행되었다. 일본군은 투옥된 백위파 정치범을 석방하는 한편, 다수의 빨치산 병사와 민간인을 체포했고 체포한 혁명파 간부 일부를 백위파에 넘겼다. 4월 9일, 연해주임시정부 군사위원회 위원장이자 적위군 원동총사령관인 라조, 루츠키, 전(前) 블라디보스토크 소비에트 서기 시베르체프, 안드레예프 등이 일본군에게 연행되었다. 5월 말에 확인한 바에 따르면 일본군은 라조와 동지들을 우편 행랑에 집어넣어 돈 카자크 대장 보카레프의 백위파부대에 인계했다. 이들은 무라비요프-아무르스카역(현 라조역)으로 이송되어 살아 있는 채로 EL 629 기관차 화실에 집어넣어져 불태워졌다.[28] 러시아 측 기록에 따르면 일본군과의 전투에서 약 7000명의 군인, 혁명군 전사, 그리고 평화적인 주민이 사망했다.[29]

4월참변 이전에도 일제가 한인들을 불법 체포한 사례는 많다. 특히 일본군이 러시아혁명에 무력 개입한 1918년 여름 이후 일본은 러시아의 주권을 무시하고 한인들을 체포하는 일이 빈번했다. 일제가 러시아의 반일적 한인들을 직접 취체하기 시작한 것은 1919년 9월 2일 서울역에서 발생한 강우규 의사의 사이토(齊藤) 총독 암살미수 사건 이후였다.[30]

강우규 의사가 블라디보스토크에 근거를 둔 노인동맹단 단원임이 밝혀지자, 일제당국은 그 배후로 이동휘와 김립을 지목하고 헌병 50여 명을 동원해 이들을 체포하려고 했다. 이들이 상해로 떠난 뒤였기 때문에 일본 헌병들은 이들 대신에 이동휘의 부친 이발(이승교), 부인 강정혜, 사위 정창빈, 그리고 이강을 체포했다가 석방했다.[31] 니콜스크-우수리스크에서는 일본 헌병대와 일본군 2개 소대가 문창범, 김이직, 원세훈 등 한인 지도자들의 집을 수색했으며, 이들이 집에 없자 부인들을 체포했다가 석방했다.[32]

러시아혁명군에 대한 무장해제를 개시하면서 시작된 4월참변에서 한인들 역시 일본군의 주공격 대상이 되었다. 블라디보스토크에서는 4월 5일 오전 4시 일본 헌병대(헌병 40명, 보병 15명)가 블라디보스토크 신한촌을 습격해 한민학교에 주둔 중이던 러시아군(50명)에 대해 무장해제했으며, 한인 단체 사무소와 가택을 수색하고 서류들을 압수하고 60여 명의 한인을 체포했다. 일본 헌병대는 러시아군으로부터 소총 약 70정, 탄약 약 1만 발을 압수했다. 한민학교와 한인신보를 비롯해 개인 집들이 불에 전소되었다. 일본군은 1개 소대 규모의 헌병 분견대를 주둔시키고 자위대(自衛隊)라는 헌병보조기구를 창설했다.[33] 당시 체포된 주요 인물은 전일, 채성하, 박 모이세이, 김신길, 이재익, 조윤관 등이었다.[34]

블라디보스토크역 안과 밖에서 한 명씩 일본군에 의해 살해되었는데,

일본인 사진관에서는 이 시체들을 촬영해 "배일선인(排日鮮人)의 말로(末路)"라는 제목을 단 그림엽서를 만들어 가게에 내걸고 판매하기까지 했다.[35]

상해의 ≪독립신문≫은 일본군이 부녀자와 아이들까지 무자비하게 체포하는 등 블라디보스토크에서 체포된 한인이 380명에 달했다고 보도했다.[36]

일본군의 한인들에 대한 공격은 잔인하기 이를 데 없었다. 당시 목격자는 다음과 같이 회상했다. "한인촌은 블라디보스토크 변두리에 있었는데 엄청난 강탈과 폭력을 체험했다. 야만적인 일본군들은 한인들을 마을에서 쫓아가면서 소총으로 구타했다. 포로들은 신음하고 비명을 지르고 반죽음의 상태였다. 블라디보스토크는 끔찍한 곳이 되고 말았다. 포로들이 피투성인 채 찢어진 한복을 정리하지 못하고 간신히 일본군을 따라갔다. 모든 지하실과 감옥은 포로들로 꽉 찼다. 그날 살인범들이 몇 명의 한인을 죽였는지 짐작하기조차 힘들다."[37]

1920년 4월 4~5일 밤, 일본군이 연해주 일대의 러시아혁명세력과 한인사회를 공격해 러시아인과 한인들을 대상으로 체포, 구금, 학살을 자행한 4월참변을 일으킴으로써 연해주지역 한인 독립운동의 기반이 송두리째 파괴되었다. 블라디보스토크의 주요한 한인 단체인 대한국민의회, 한인사회당, 노인단, 애국부인회(애국부인독립회) 등의 주요 간부는 러시아혁명세력이 장악하고 있는 흑룡주(아무르주)나 만주 또는 농촌 지역으로 도피해 재기를 도모했다.

4월참변 이후 김진, 최의수, 김하석 세 사람은 수찬(수청)의 청지거우

(정치동) 마을로 피신했고,[38] 애국부인독립회의 주요 간부인 이의순, 채계복, 우봉운은 이홍삼 등 한인 지도자들과 함께 중국과의 국경지대인 이만의 한인 부락 다반촌으로 도피해, 노인단 재무인 한승우(韓承宇)의 보호를 받았다. 4월참변이 발생하고 한참 후 이의순과 우봉순은 블라디보스토크로 귀환했으며, 채계복은 정신여학교의 남아 있는 과정을 마치고 졸업하기 위해 1920년 8월 10일 블라디보스토크를 출발해 경성으로 갔다.[39] 우봉운은 새로 개교한 삼일여학교의 교사로 복귀했다. 국민의회 간부들은 블라고베시첸스크로 이동해 국민의회를 재조직했다.[40]

니콜스크-우수리스크에서는 일본 헌병대가 보병 1소대의 지원을 받아 5일과 6일에 걸쳐 배일선인의 가택수색을 실시해 76명을 체포했다. 이 가운데 72명은 방면했지만, 최재형 등 네 명의 애국지사는 4월 7일 처형했다.[41] 30여 명의 한인이 한인 건물 안에 은신한 채로 러시아군대를 공격하기 위해 행진 중이던 일본군들을 저격하자 일본군 1부대가 출동해 이들을 몰살했다.[42] 한인사회당의 통신원으로 어류하에 거주하던 최위진도 이때 희생되었다.[43] 니콜스크-우수리스크에서 일어난 4월참변 당시의 희생자들을 추모하는 기념비는 현재 빨치산 70여 명이 묻힌 우수리스크시 코마로바-노보니콜스크 거리 모퉁이에 세워져 있다. 당시 니콜스크-우수리스크에서는 약 250명이 일본군에 의해 피살되었다.[44]

블라디보스토크와 니콜스크-우수리스크의 중간에 위치한 교통의 요지 라즈돌리노예에서도 일본군이 러시아혁명군을 공격했다. 일본군 보고에 따르면, 당지 주둔의 일본군 수비대는 4월 5일 오전 4시 당지 러시아혁명군을 공격했으며, 1개 중대가 러시아혁명군의 퇴로를 차단하기 위해 러시아혁명군 약 200명을 공격해 약 50명을 희생시켰다. 중대 정면에서는 러시아혁명군 800명을 포로로 잡았는데, 일본군은 이 전투에서 병졸 2명, 장교 1명이 전사했고, 3명이 부상을 당했다.[45]

4월 21일 헌병대는 신한촌에 대한 제2차 검거를 실시했다. 총독부 파견원들은 라조, 루츠키 등을 백위파에게 넘겼고, 조선인에 대해서는 일본군이 직접 제재를 가했다.[46]

4. 최재형 등 피살된 네 명의 애국지사[47]

1) 피살 이전의 삶과 활동

(1) 최재형(최 표트르 세묘노비치, 1860~1920)

최재형은 함경북도 경원 출신으로 아홉 살 때인 1869년 부친을 따라 러시아의 한인 마을 지신허로 이주했다. 최재형은 러시아 한인사회에서 기반을 잡아 출세하고 많은 공헌을 남긴 대표적인 지도자라고 할 수 있다. 그는 두 개의 조국인 러시아와 한국에 거의 완벽할 정도로 충성했던 매우 독특한 존재로서, 러시아와 중앙아시아의 한인사회는 물론, 전체 해외동포 사회의 이상적인 모델로 삼기에도 부족함이 없는 인물이다. 그렇기 때문에 그는 러시아와 한국 두 나라의 주권을 유린한 일본 제국주의에 의해 처참하게 희생된 순교자이기도 하다.

최재형은 러시아에 이주한 한인 이민자들 가운데 자수성가해서 성공한 대표적인 인물로, 한인으로서 최초의 면장(연추면, 南都所, 얀치허 볼로스치)을 지내기도 했다. 그는 특히 교육 사업에 남다른 관심을 가졌는데, 훗날 그의 장학 사업 덕택에 고등교육을 받고 러시아의 정치적·교육적·사회적 지도자로 성장한 사람들이 많다. 또한 최재형은 동의회(同義會) 총장으로서 1906년 러시아에서 조직된 최초의 한인 의병부대인 동의회에서 최고 지도자로 활동하기도 했다. 당시 의병장이던 안중근(安重根)은 1년여 후에 일본의 한국 침략을 이끌었던 일본의 이토 히로부미(伊藤博文)를 처단하기 위해 중국 만주의 하얼빈으로 가기 전 한인 촌락인 얀치허 마을(烟秋村, 延秋村)에 있던 최재형의 집에서 사격연습을 했으며, 최재형은 거사를 위해 장도에 오르는 안중근에게 여비를 보조하기도 했다. 이후 최재형은 블라디보스토크의 한인 신문 ≪대동공보(大東共報)≫ 사장, 러시아 당국의 공인을 받은 한인 기관 권업회(勸業會)의 발기 회장(1911년 6월) 및 총재(1911년 12월)를 거쳐 권업회 회장(1913~1914년)을 지냈으며, 1914년에는 한인아령이주50주년기념회 회장을 지냈다.

러시아혁명 이후 최재형은 얀치허면 집행위원회 위원장으로 선출되었고, 1918년 6월 니콜스크-우수리스크(현재의 우수리스크)에서 개최된 제2회 특별전로한족대표회의(1918년 6월 13일부터 22일까지 개최)에서는 한인회 임시중앙총회로부터 보고를 위탁받아 초청된 대표로 참석했다.[48] 대회에서 안건 토의를 구성한 각 분과위원회 가운데 토지분과위원회 위원장으로 선출되었으며,[49] 또한 이 대회에서 조직된 전로한족중앙총회의 간부 선출에서 이동휘와 함께 만장일치로 명예회장으로 선출되었다.[50] 일본군이 1918년 8월 러시아혁명에 간섭하기 위해 출병하자 최재형은 가족을 이끌고 니콜스크-우수리스크로 이주했으며, 이후 우수리스크 젬스트보[郡會] 의원, 검사위원회 위원장, 니콜스크-우수리스크 부시장을 지냈다. 1919년 3·1운동 당시 최재형은 대한국민의회 외교부장으로 선출되었으며, 상해임시정부의 재무총장에 임명되기도 했다.[51] 1962년에는 그의 항일독립운동 경력과 일본군에 의해 피살된 사실이 대한민국 정부에 의해 인정되어 건국훈장 독립장을 수여받았다(최재형의 연보는 제1장 참조).

(2) 김이직(1875~1920)

김이직이 일본군에 의해 피살된 후 ≪독립신문≫ 1920년 5월 15일 자에 소개된 그의 약력은 다음과 같다.

김이직 씨는 평양인이니 금 46세라. 13년 전에 도강(渡江)하다. 씨는 소왕영 한인민단의 제1회 단장이라. 씨의 동포에 대한 공헌은 은연히 다(多)하야 난곤(難困)한 동포에게 밥 먹이며, 의복 입히며, 잠재우며, 노자 주기를 십년 일일같이 하다. 씨가 도아(渡俄)한 지 십여 년에 일 푼의 저축이 없음은 그 소득을 모다 교육 구제 등 자선사업으로 산(散)한 고(故)라.[52]

국내에서의 항일의병투쟁 이래 만주와 러시아지역에서 일어난 항일투쟁에 참여했고 우수리스크에서 김이직을 만난 적이 있는 이인섭에 따르면, 김이직은 1870년 평남 룡강군 알에곬[아래골?]에서 태어났으며 본명은 김정일이다. 그는 지방 군수와 관리들에 반항해 민요(民擾)를 일으킨 민란의 장두(狀頭)로서 봉건 관리를 처단하고 망명·도주하면서 이름을 김이직으로 고쳤다.[53] 한편 김이직의 친척이 국가보훈처에 제출한 자료에 따르면, 김이직은 고향에서 25세인 1900년경 명신학원을 설립해 육영사업을 했으며, 29세(1904년)에는 한국군 장교로서 봉직했다고 한다. 망명 당시 김이직의 여동생인 김윤신이 일본의 추격을 피해 오빠와 함께 러시아로 망명했다.[54]

앞에 인용한 것처럼 1920년 ≪독립신문≫ 기사 중에 "13년 전에 도강하다"라는 구절에 주목한다면, 김이직이 러시아로 망명한 시기는 1907년경으로 김이직의 망명이 군대 해산과 관련되었을 가능성도 없지 않다. 여하튼 이로써 망명 당시 김이직은 이미 반일적인 정치망명자로서 일제 당국의 주목을 받았던 신분임을 짐작할 수 있다.

김이직은 블라디보스토크에 당도해 평양 출신의 애국지사인 김치보가 경영하는 덕창국(德昌局)이라는 건재 약국에서 사업을 하며 생계를 유지했다.[55] 그는 이후 니콜스크-우수리스크에 덕창국의 지점이 설치되자 그 지점의 주임직을 맡았다. 덕창국은 '표면적으로는 실업기관인 동시에 민족해방투쟁을 준비하는 비밀장소'로서의 역할을 맡았다.[56] 니콜스크-우수리스크의 덕창국은 아스트라한스카야 거리 10번지(현재의 시비르체바 거리 10번지)에 위치해 있었다.[57]

김이직은 1912년 니콜스크-우수리스크의 가장 오래되고 대표적인 한인학교 동흥학교 설립에 참가하며 교육운동에도 뛰어들었다. 이후 1913년에는 권업회 니콜스크-우수리스크 지회장을 맡았으며, 니콜스크-우수리스크 지역 이갑 선생의 병 치료비 모금 책임자, 그리고 안중근 의사

전기 간행을 위한 기념사진 판매 책임자로 활약하기도 했다. 주목할 것은 한인 러시아 이주 50주년을 맞아 결성된 '한인아령이주50주년기념회'에도 30~40루블의 기부금을 냈다는 점이다. 1914년 4월 7일 니콜스크-우수리스크 권업회관에서 30명의 대표원이 모인 가운데 개최된 지방대표원 회의에서 1600원이 모금되었는데, '덕창호'(덕창국)가 의연자 목록에 들어 있다.[58]

김이직은 러시아 2월혁명 후인 1917년 10월 니콜스크-우수리스크 한인회 발기인 대표로서 한인회를 조직하고 초대회장에 선출되었다. 이후 김이직은 1918년 6월 니콜스크-우수리스크에서 개최된 제2회 특별전로한족대표회의에 니콜스크-우수리스크 한인회 대표로 참석했고,[59] 이 대회에서 선출된 전로한족중앙총회의 후보 상설의원에 선출되었다.[60] 또한 3·1운동 직전에 전로한족중앙총회가 확대·개편된 대한국민의회의 상설의원으로도 선출되었다.

김이직이 사회·교육·정치 활동을 할 수 있었던 근거는 역시 덕창국이었다. 블라디보스토크와 니콜스크-우수리스크의 덕창국은 러시아와 중국에서 활동하던 정치망명자들이 서신 연락을 하거나 유숙하고 가는 장소였으며, 경제적 원조를 받는 곳이기도 했다. 또한 덕창국 안에는 조선글로 쓴 서적들을 판매하는 덕창서점이 있었는데 이곳에서는 한인농촌에 설립되어 있던 사립학교에서 사용하는 교과서들을 배급했기 때문에 한인 교사들이 자주 드나들었다. 약을 지으러 오는 농민들, 서적을 사려는 교사들 중에는 혁명 기관의 연락원들도 섞여 있었다. 3·1운동 이후 무장투쟁이 활발해지면서 덕창국을 중심으로 니콜스크-우수리스크의 최재형, 김이직, 엄주필 등이 한인 빨치산부대들에게 식량, 의복, 신발, 기타 군수품을 공급하기도 했다.[61] 블라디보스토크의 김치보가 운영하는 덕창국 역시 이동휘 등 한인사회당 간부들의 비밀 연락 장소로 이용되었다.

김이직이 운영하던 덕창국이 니콜스크-우수리스크시의 주요한 항일운동 거점이었음은 ≪독립신문≫의 「마적화(馬賊化)한 일병(日兵)」이라는 제목의 기사에서도 확인할 수 있다.

10월 16일 새벽 2점종(二點鐘)에 아령(俄領) 니고리스크(蘇王營) 일헌병대에서 군인 2소대와 합하야 당지 거류 한인의 가옥을 수색하엿는데 문창범(文昌範) 씨 댁에서는 문서 조사한다 하고 철궤(鐵櫃)를 실어가고 김이직(金理直) 씨와 동 씨(同氏) 댁 사무원 5인과 문창범, 원세훈 양 씨 댁 부인 3인을 착거(捉去)하였다가 당야(當夜) 방송(放送)하다. 차(此) 수색중 김광숙(金光淑) 씨 댁에서는 금지환(金指環) 2개, 금시계 1개, 유(劉) 안드레 댁에서는 현금 2만여 원, 문창범 씨 댁에서는 금지환 1개를 피탈하다. 당시에 일병들은 문을 속히 아니 연다 하고 리소창(璃疎窓)을 집마다 파쇄하였으며 어떤 집에 가서는 문창범 씨를 내여 놓으라고 부인들을 총두(銃頭)로 난타하야 손목이 부러진 이도 있다.[62]

김이직은 동포에게 많은 공헌을 했는데, 어려움을 겪는 동포들을 밥 먹이고 옷 입히고 잠재우고 여비 주기를 10년을 하루같이 했다고 한다. 김이직이 러시아에 이민한 지 10여 년 동안 한푼도 저축을 하지 못했던

1875년	7월 17일, 평남 용강 출생
1885년(20세)	이후 한문 수학
1900년(25세)	향리에서 명신학원을 설립해 육영사업을 함
1904년(29세)	한국군 장교로서 봉직
1907년(32세)	을사늑약 체결 후 러시아 연해주(프리모레) 니콜스크-우수리스크로 망명
1912~1913년(?)	니콜스크-우수리스크에서 동흥학교 설립
1913년(38세)	1월 노동회 발기, 권업회 니콜스크-우수리스크 지회 총무로 선출됨
6월	니콜스크-우수리스크의 동진학교에 성금
1914년(39세) 1월	권업회 니콜스크-우수리스크 지회 재무로 선출
	이갑 선생 병 치료를 위한 의연금 모금 책임(니콜스크-우수리스크)
	안중근 의사 전기 간행을 위한 기념사진 판매 책임(니콜스크-우수리스크)
1917년(42세)	10월 니콜스크-우수리스크 한인회 발기인 대표, 초대 회장에 선출됨
1918년(43세)	6월 제2회 특별전로한족대표회의에 니콜스크-우수리스크 한인회 대표로 참석, 회의에서 조직된 전로한족중앙총회의 상설의원 후보로 선출됨
1919년(44세)	2월 대한국민의회 상설 의원
1920년(45세)	4월 4일 밤 일본군에 체포되어 4월 7일 피살됨
1977년	대한민국 정부 건국훈장 독립장 수여

것은 소득을 교육 구제 등 자선사업에 다 썼기 때문이다.

김이직에 대한 회상이 남아 있는데, 카자흐스탄 크즐-오르다에 살던 김이직의 조카 김 타마라 안드레예브나(1918년생)가 남긴 회상이다. 그에 따르면, 김이직은 우수리스크에 몇 개의 약국(덕창국)을 경영했는데, 이 약국들은 바로 조선 애국자들의 모임 장소였다.[63]

(3) 엄주필(1871~1920)

≪독립신문≫ 1920년 5월 15일 자에 소개된 엄주필의 약력은 다음과 같다. "엄주필 씨는 함북인이라. 10여 년 전에 도아(渡俄)하야 상업을 경

영하다. 씨는 다년 일반 청년의 발전을 위하야 진췌(盡瘁)했으며 재작년에 제3민단장에 선거되다."[64] 함경북도 출생이나 출생연도가 밝혀져 있지 않고, 1907~1908년경 러시아로 이주한 후 상업을 경영하며 청년들의 발전을 위해 노력했고, 1918년에 니콜스크-우수리스크 한인회 3대 회장으로 선출되었다는 것이다.

4월참변 당시 희생된 네 명의 애국지사의 역사에 관심이 많았던 이인섭은 엄주필에 대한 보다 자세한 기록을 남겼다. 이인섭에 따르면, 엄주필은 1871년 함경북도 성진에서 출생했으며, 청년 시절 한국 군대에서 복무했으나 일본의 한국 강점 이후에는 기독교 장로교 전도사를 가장해 반일운동을 하다가 러시아 연해주로 망명했다. 이때가 1914년경이다. 김이직과 마찬가지로 블라디보스토크를 거쳐 니콜스크-우수리스크로 이주했으며 이곳에서 김이직, 이갑, 최재형, 이동휘 등 반일애국지사들을 만나 반일운동에 참가했다. 엄주필은 니콜스크-우수리스크의 기독교 장로교회에서 집사로 일하면서 홀몸으로 아이들을 기르고 있던 이문숙과 재혼해 바래미 정거장 근처에서 농사를 지으면서 생계를 유지했다.[65]

이후 엄주필은 1918년 6월 니콜스크-우수리스크에서 개최된 제2회 특별전로한족대표회의에 니콜스크-우수리스크 한인회 대표로 참석해[66] 이 대회에서 조직된 전로한족중앙총회의 검사원으로 선출되었다.[67] 엄주필은 러시아 10월혁명 이후 1918년에 제3대 한인회장으로 선출되었는데, 일본군에게 피살될 때까지 이 직책을 유지했다. 한인회의 서기는 중국령 나재거우(나자구) 비밀사관학교 출신인 이춘갑이었다.[68]

엄주필은 한인회장으로서 1919년 1월 말부터 2월 초까지 니콜스크-

우수리스크에서 개최된 지방대표원 회의에 참여해, 최재형, 문창범, 한명세 등 다섯 명의 한인 지도자들과 함께 파리강화회의 파견 대표를 선정하는 데 영향력을 행사했다. 이는 당시 한인사회에서 그가 차지하고 있던 비중을 보여준다.[69]

한인회 회장으로서 엄주필은 1919년 3·1운동 당시 오성묵, 한군명(한에고르, 한창해, 후일 엠엘당의 간부인 한빈의 부친) 등과 함께 「독립선언문」을 인쇄하고 태극기를 제작해 배포했고, 3월 17일에 개최된 만세시위 운동을 이끌었다. 3·1운동 이후 연해주와 간도지역에서 항일 빨치산운동이 활발해지자 엄주필은 니콜스크-우수리스크시에서 최재형, 김이직 등과 같이 군자금을 모집하고 선포문을 인쇄·배포하는 작업을 적극적으로 진행했다.[70] 4월참변 약 3주일 전인 1920년 3월 14일에는 연해주지역의 한인사회주의자들이 대부분 참여해 개최한 한인사회당 총회에서 의사원으로 선출되었다.[71] 엄주필은 1995년 항일투쟁 공로가 인정되어 대한민국정부로부터 건국훈장 독립장을 수여받았다.

(4) 황경섭(?~1920)

4월참변 당시 피살된 네 명의 애국지사 가운데 가장 잘 알려지지 않은 사람이 황경섭(?~1920, 황 카피톤 니콜라예비치)이다. 그에 관한 기록도 거의 없다시피 하여 그의 출생지나 출생연도조차 알려져 있지 않다. ≪독립신문≫ 1920년 5월 15일 자 기사에 따르면, 황경섭은 아홉 살의 어린 나이에 러시아로 이주해 포드라드치크(청부업자)로서 큰 재산을 모았으며, 러시아은행의 신용이 매우 두터웠던 인물이다. 1910년까지만 해도

사업에만 열중해 러시아인들하고만 교류한 탓에 우리말을 몰랐다고 한다. 황경섭은 러시아군대에 소고기, 콩 등 여러 가지 식품을 납품하는 청부업을 했고, 곡식 건조 기계, 콩기름 짜는 기계(착유기), 고기 냉동시설 등을 소유하고 있었다. 그의 집은 니콜스크-우수리스크 자나드로브스카야 거리(현재의 치체리나 거리) 51번지에 위치했다고 하며, 그가 소유했던 냉장실, 기름 짜는 기계실은 니콜라엡스카야 거리(현재 크나스노 즈나미나야 거리)와 아스트라한스카야 거리(현재의 시베르체바야 거리)의 모퉁이에 위치했다.

일본 총영사 대리가 작성한 첩보보고서의 내용을 소개하고자 한다. 이 보고서에는 1912년 3월 11일 니콜스크-우수리스크시 일본인민회(日本人民會) 회장과 일본 의사가 초청한 저녁 식사에 블라디보스토크의 일본 총영사 대리 나헤이 효지(二甁兵二)가 참석했는데, 그곳에서 만난 '김'과 '황'이라는 조선인 두 사람에 관한 흥미로운 내용이 들어 있다. '김'과 '황'은 미리 통지를 받은 듯 먼저 와 있었고, 나헤이 효지와 그를 수행한 다나카(田中) 서기생, 일본인민회 부회장 등 모두 일곱 명이 저녁을 같이했다. 나헤이 효지에 따르면, "김과 황 두 사람은 니콜스크 지방에서 유력한 조선인이자 러시아군대의 어용 상인으로 우육(牛肉), 마량(馬糧) 등을 납(納)하고 있지만, 늘 일본인과 교제해 배일사상이 없는 자"라고 한다. 김과 황 "두 사람은 러시아에서 나서 러시아에서 교육받아 모국을 알지 못하지만, 특히 황의 아버지는 북한에서 군리(郡吏)를 지낸" 사람으로, 아들을 일본의 "경응의숙(慶應義塾)에 입학시키려 하고 있다"라고 소개하고 있다. 여기서 나헤이 효지가 소개하고 있는 '황'이라는 사람이 황경섭

이 아닌가 한다.[72]

1920년 당시 황경섭은 러시아 한인사회에서 최대 재산가였다. ≪권업신문≫의 기사에 따르면, 황경섭은 1914년 4월 7일 30여 명의 대표가 참가한 가운데 니콜스크-우수리스크 권업회관에서 개최된 한인아령이주 50주년기념회의 지방대표원회의에 참가했다.[73] 당시 회의에서 모금된 금액이 총 1600루블이었는데, 황경섭은 300루블을 기부해 최대 기부자로 기록되었다. 기념회 회장 최재형이 100루블을 기부한 것과 비교하면 황경섭이 대단한 재력가였음을 미루어 짐작할 수 있다.[74]

필자는 2006년 9월 7일 카자흐스탄 알마티에 살고 있는 황경섭의 아들 황 레오니드 카피토노비치과 손자 황 빅토르 레오니도비치를 만났다. 유감스럽게도 1917년생인 황 레오니드는 막내아들로서 겨우 세 살 때 세상을 떠난 부친에 대해 구체적으로 아는 바가 없었다. 황경섭과 자신의 관계를 기록한 출생증명서만이 그가 황경섭과 그의 부인 조 마리야 바실리예브나 사이에 태어난 아들임을 보여주고 있을 뿐이다. 황경섭의 아내는 남편이 사망한 지 1년 뒤인 1921년에 니콜스크-우수리스크에서 사망했다. 황경섭과 조 마리야는 3남 4녀를 두었는데, 지금은 모두 사망하고 막내아들인 황 레오니드만이 생존해 있었다. 그는 소련의 내무위원부(NKVD) 요원들이 자주 찾아왔던 탓에 모든 사진을 다 불태워버렸다고 한다. 황경섭의 부인 조 마리야의 사진이 이들 후손에게 남아 있는 황경섭과 관련된 유일한 자료였다. 사진 속 조 마리야는 흰 블라우스에 검은 치마를 받쳐 입고 목걸이를 착용하고 서구풍의 머리에 지갑을 든 귀부인의 모습으로, 황경섭이 재력가였음을 짐작케 했다.

필자는 인터뷰를 통해 황경섭의 둘째 딸 황 베라의 여식, 즉 황경섭의 외손녀가 자기 모친에게 들었던 황경섭의 외모에 관해 전해 들었다. 외손녀 발렌치나 필(80세)에 따르면 황경섭은 키가 조금 큰 편이며 눈이 크고 코는 보통의 고려사람과 같았으며, 프랑스 의복을 즐겨 입었고, 콧수염을 길렀으며, 머리를 뒤로 넘겨 빗었다고 한다.[75]

황경섭 사후 그의 딸은 최재형의 셋째 아들인 최 발렌틴 표트로비치와 결혼했다.

2) 피살

4월 4일 당일 아침 최재형은 일찍 집을 나갔고, 둘째 아들인 최 파벨 페트로비치(성학) 역시 빨치산부대와 함께 니콜스크-우수리스크시를 떠났다. 최재형은 저녁 늦게 귀가했는데, 부인과 딸들은 일본군의 보복을 걱정하며 선생에게 빨치산부대로 도피하라고 독촉했다. 그러나 최재형은 도피할 것을 거절하면서 "만약 내가 숨는다면 일본인들이 잔인하게 너희들에게 복수할 것이다. 나는 일본 사람들의 기질을 잘 안다. 내가 없으면 가족들을 잡아가서 고통을 줄 것이다. 나는 살 만큼 살았다. 차라리 내가 잡혀가는 것이 낫다"라고 말하며 부인과 딸들을 설득했다. 결국 최재형은 4월 5일 아침에 들이닥친 일본 헌병대에 의해 체포되었다.[76]

김이직의 매부(여동생 김 마리야의 남편) 김달하는 김이직의 마지막을 이렇게 회상했다. "4월 5일에 왜놈 헌병 10여 명이 덕창국에 들어와서 김이직 동지를 체포해 손과 발에 쇠로 만든 철갑을 채워서 가지여 갔고, 자기는 결박을 당해 헌병대로 안내되었으나 자기들이 갇히였던 감옥에는 김이직, 최재형, 엄주필 들은 없었다."[77]

엄주필의 의붓딸 부인 이문숙의 딸 이 베라는 4월참변 당시 엄주필이 체포되던 광경을 다음과 같이 회상하고 있다.

1920년 4월 5일 아침에 금방 날이 밝게 되자 천만뜻밖에 원세훈이라는 사람이 와서 우리 집 유리창 문을 뚝뚝 두드리며 '형님 전쟁이 났으니 속히 피신하시오' 하고서 그는 종적을 감추었다. 이어 왜놈 헌병 7, 8명이 집안에 달려들었다. 방금 변소에 갔다가 들어오는 엄주필을 결박하고서 '독립운동을 하기 위하여 민간에서 모집한 돈을 어디에 두었으며 선포문은 어디에 두었는가'고 문초하면서 온 집안을 모조리 수색하였으나 아무런 증거물도 얻어 보지 못하였다.[78]

일본 육군성은 최재형, 김이직, 엄주필, 황경섭 네 명의 피살과 관련해 다음과 같이 발표했는데, 이는 일본 신문 5월 6일 자로 보도되었다.

대부분은 즉시 방환하고 니콜스크 방면에서 인속(引續) 유치한 자는 76명 가운데 엄주필, 황경섭, 김이직, 최재형의 네 명에 불과하다. 이 네 명은 모두 배일선인단의 유력자로 4월 4~5일 사건에 제(際)하야도 무기를 갖고 아군에 반항한 일 명료함으로 이 조사를 계속하던 중 4월 7일 아헌병분대 숙사 이전과 함께 압송 도중 호송자의 허술한 틈을 노려 도주하였음으로 체포하려 한즉 그들의 저항이 심함으로 부득이 사격한 것이라.[79]

이에 대해 러시아에서 상해로 온 모 씨가 ≪독립신문≫ 기자에게 이러한 일본 육군성의 발표는 허무한 날조라면서 분개하며 반박했다.

김이직 씨는 시가전이 시(始)하기 바로 몇 분 전에 피포하고 그 외 삼씨(三氏)는 시가전 다음 날 피포하였소. 피포한 다음날 적(敵) 헌병대에 가서 잡힌 후의 소식을 물어보았소. 5일 후에, 10일 후에 가 물어보아도 대답을 애매히 하였소. 황경섭 씨 계씨(季氏)는 해삼위로 압송하였다는 말을 듣고 해삼위까지 가 보았소. 이제 본즉 사씨(四氏)는 잡힌 후 3일 만에 총살을 당하였으니 적이 대답을 불분명하게 할 때는 벌써 사후(事後)이었었소. 저항이오? 저항이 무엇이오? 적수(赤手)로 무슨 저항을 하겠소. 하물며 최재형 씨는 60노년(老年)으로 피포할 시에 피하라고 하여도 피하지 아니하였소. 도주라니요? 쇠사슬로 묶어서 자동차에 실려 가는데 도주란 무슨 말이오. 적의 이전한 숙사(宿舍)와 구(舊) 숙사와는 거리가 퍽 가까울 뿐만 아니라 대시가(大市街)가 연(連)하였고 이 시가 내로 압송해 가는 길에 도주하야 다시 체포하다가 부득이 총격하였다 하면 그 많은 사람 중에 어찌해서 이 사실을 아는 사람이 하나도 없단 말이오. 적은 악(惡)이 나서 때리며 찌르며 잡아가지고 심문도 잘 안 하고 때리며 차다가 사살한 모양이오. 하며 적(敵)의 잔인무도가 그 극에 달함을 술(述)하고 절치분개(切齒憤慨)하오.[80]

이들이 일본군에게 잔인하게 학살당한 이유에는 한 가지 공통점이 있다. 이들 모두 훌륭한 애국지사였다는 점이다. 이들은 당시 동포 사회에 큰 공헌을 했던 분이다. 이들은 한국과 러시아 두 민족에게 훌륭한 애국자였으며, 러시아를 침략한 일본에 반대했다는 사실 때문에 일본군이 아무런 근거도 없이 불법적으로 정식 재판을 거치지 않고 잔인하게 학살한 것이다.

여기서 황경섭과 관련해 덧붙일 내용이 있다. 최재형, 김이직, 엄주필과 비교할 때 황경섭은 일본 헌병대가 필히 처형할 만큼의 뚜렷한 반일 활동이 없는 인물이었다. ≪독립신문≫은 이런 의문에 대해 매우 설득력 있는 이유를 제시하고 있다. 황경섭은 볼세비키혁명 이후 자신의 재산이 몰수될 것을 우려해 수천 원 상당의 콩기름 짜는 기계와 건물의 명의를 사진업자이자 당시 니콜스크-우수리스크 일본인 민회장인 지쿠바(筑波)라는 사람에게 이전해 두었는데, 황경섭의 재산을 노린 지쿠바가 일본 헌병대와 짜고 황경섭을 체포·학살했다는 설명이다.[81]

일본 헌병대가 이 네 명의 애국자를 학살하기에 이른 것은 그동안 친일적 한인을 동원해 이들의 활동을 오랫동안 감시한 공작의 결과이기도 하다. 일본 헌병대가 이들을 지목해 구금하고 처형한 것은 바로 이들이 항일무장 혁명세력을 지원하고 있는 사정을 파악하고 있었기 때문이다.

당시 항일운동에 참여했던 이인섭의 회상기에 기록된 내용 가운데 이와 관련해 주목할 내용이 있다. 1918년 10월 말 한인사회당의 핵심 간부인 이동휘, 김립, 이인섭은 하바롭스크에서 니콜스크-우수리스크로 도피해 있었다. 1918년 8월 러시아 원동지역에는 출병한 일본군 헌병대 본대가 니콜스크-우수리스크에 주둔하고 있었고, 서북방의 한인 마을인 푸칠로프카(육성촌)에는 일본 수비대 분대가 주둔하고 있었다. 니콜스크-우수리스크에는 백위파 군대와 1918년 6월의 한인대회에서 "정치적 중립"을 선언한 전로한족중앙총회가 공개적으로 활동하고 있었다. 따라서 일본군과 백위파의 추적을 받고 있던 이들 세 사람은 니콜스크-우수리스크 동쪽에 위치한 한인 마을에서 회합을 갖고 혁명방안을 논의했다. 이들이 계획한 혁명사업 가운데서 주목할 것은 수이푼 신길동(솔밭관) 최의관(崔議官, 崔丙俊) 집에 머물고 있는 홍범도를 지도자로 하는 의병대(빨치산대)를 조직하기로 한 것이다. 이 계획을 구체적으로 추진하기 위해 이들은 당시 니콜스크-우수리스크 지역의 한인사회 지도자였던 최재형, 김이직, 엄주필 등을 비밀리에 만나 군량, 의복, 신발, 무기 등을 구입하기 위한 의연금을 지원해 줄 것을 요청했고 승낙을 받았다. 한편 이들은 공산주의 이론가이자 활동가인 이해사(유진구)를 수이푼 신길동의 최추송에게 파견해 빨치산을 조직케 했다. 이에 따라 후일 조직된 의병대가 솔밭관군대이다.[82] 니콜스크-우수리스크의 건재 약국 덕창국 주임이었던 김이직은 수이푼 솔밭관군대에 식료, 의복, 신발, 나아가서는 무기까지 공급했다.[83] 이것이 김이직이 일본 헌병대에 체포되어 학살된 가장 큰 원인이었다.

김이직의 덕창국은 당연히 일본인들이 주시하고 있었다. 덕창국 주변에는 병원을 운영하던 한인 의사 현용주와 일본인 민회장 등이 거주하고 있었는데, 특히 일본인들은 함동철에게 자금을 제공해 그를 덕창국의 동업자로 만들었고 애국지사들의 활동을 정탐케 했다. 당시 니콜스크-우수리스크 한인들 사이에는 함동철이 덕창국의 재정을 잠식하기 위해 김이직을 일본 헌병대에 무고했다는 소문이 돌았다고 한다. 함동철은 4월참변 당시 일시 체포되었다가 석방된 후 현용주 등과 일본의 지원을 받은 친일 조직인 간화회(懇話會)를 조직해 간부로 활동했다. 함동철, 현용주 등 간화회 간부들은 일본군 철수 이후 볼셰비키 혁명세력이 정권을 장악하자 중국 하얼빈으로 도주했다.[84]

김이직의 누이동생 김 마리야는 오빠가 피살된 후 시체를 찾기 위해 일본 헌병대를 찾아갔다. 그녀는 헌병대에게 시체를 내어달라고 강경하게 요구했으나 거절당했다. 그녀는 이에 굴하지 않고 많은 한인 여성을 동원해 헌병대를 매일같이 찾아가 시체를 내어놓으라고 강력히 항의했다. 일본 헌병들은 시체는 이미 불태워 재가 된 해골밖에 없다고 둘러댔다. 항의를 계속했으나 일본 헌병들은 끝까지 진실을 말하지 않았으며 화장했다는 곳조차 알려주지 않았다. 김 마리야는 여러 날을 종일토록 항의했지만 일본 헌병대는 끝까지 알려주지 않았다.[85] 일본군은 네 명의 애국지사들을 니콜스크-우수리스크 감옥에서 멀지 않은 왕바산재라는 산기슭에서 학살해 땅에 묻은 후 후손들이 찾지 못하도록 흔적을 감추기 위해 땅을 평토(平土)로 만들어놓았다고 한다.[86]

김이직이 피살된 후에도 그의 매부인 김달하가 솔밭관부대 등 한인 빨치산부대에 식료품과 의복 등을 계속 공급했다. 시베리아내전(원동해방전쟁)이 종결된 후에 김달하는 중국 상점 경발복(慶發福)에 1500루블의 외상을 지면서까지 빨치산부대에 군수품 공급을 계속했는데, 후일 혼자서 이 빚을 갚았다고 한다.[87]

최재형이 니콜스크-우수리스크에서 가족과 함께 살던 집은 필자가 2004년 9월에 열린 최재형 추모행사에서 그의 딸 최 루드밀라가 작성한 약도를 토대로 그의 손자 최 발렌틴과 함께 찾아냈다. 니콜스크-우수리스크에서 살았던 첫 번째 집은 현재 수하노브카 거리 32번지이고, 두 번째 집은 일본군에게 체포된 곳으로 현재 볼로다르스카야 거리 38번지이다. 이 집은 2005년 최재형 등 네 명의 애국지사의 추모식이 열린 드라마 티스키이 테아트르(드라마극장) 건물 바로 앞에 위치해 있다. 추모제 장소는 우리에게 또 다른 의미를 생각하게 했다.

5. 맺음말

일본군에 의해 최재형 등 네 명의 애국지사가 잔인하게 학살된 소식이 일본 신문(1920년 5월 6일 자)의 보도를 통해 알려지자 ≪독립신문≫은 일본의 만행을 규탄하고 추모하는 사설과 기사들을 게재했다(부록3 참조).[88]

1920년 5월 27일에는 상해민단 주최로 최재형, 민족대표 33인의 한 명으로 옥사한 양한묵(梁漢默), 그리고 독립운동 과정에서 희생된 순국열사들에 대한 추도회를 거행했다. 임시정부의 국무위원들이 모두 참여해 300여 명이 참석한 추도회에서는 러시아에서 최재형과 함께 활동했던 국무총리 이동휘가 최재형의 역사를 소개했다. 누구인지는 정확히 모르나 최재형의 영애(令愛)가 이 추도회에 참석했다.[89]

4월참변은 파리에 있는 우리 대표단에게도 알려져 국제사회의 조사를 요구하기도 했다. 주(駐)파리위원부 통신국에서 1920년 12월에 편찬한 「구주의 우리사업」에 따르면, 파리위원부는 "재시비리 대한국민의회"에서 보내온 "4월 4일 해항(海港, 블라디보스토크)에서 지낸 일본군의 제반 폭행에 대한 심사요구"의 통첩을 "4월 23일 쌍어레모시(市)에 개최 중인 평화회의 최고회의"에 전보로 제출했다.[90]

1920년 4월참변 당시 니콜스크-우수리스크, 블라디보스토크, 하바롭스크, 스파스크, 포시예트, 이만 등 연해주의 주요 도시에서는 수많은 한인이 일본군에 의해 체포되었다. 우수리스크에서 체포된 76명 가운데 최재형, 김이직, 엄주필, 황경섭 등 네 명은 니콜스크-우수리스크 지방의 지도자로서 아무런 정당한 절차를 거치지 않고 일본 헌병대에 의해 학살되었다. 이들이 어디에서 어떻게 왜 피살되었는지 어디에 묻혀 있는지는 아직까지 알려진 바가 없다. 현재 기록으로 남아 있는 당시 한인들의 회상에 따르면 네 명의 애국지사는 니콜스크-우수리스크 감옥에서 멀지 않은 왕바산재라는 산기슭에서 학살되었고, 땅에 묻은 후 흔적을 감추기 위해 땅을 고르게 만들어놓았다고 한다. 이러한 추정은 사실에 가까울 것으로 짐작된다.

이들 네 명 가운데 최재형에 대해서는 잘 알려져 있지만, 나머지 세 명에 대해서는 사진조차 남아 있지 않으며, 특히 황경섭은 출생연도마저 알려져 있지 않다. 네 명 가운데 최재형과 황경섭은 어린 시절에 러시아로 이주해 러시아에서 성공적으로 정착했으며 청부업 등 사업을 통해 출세한 인물이었다. 그러나 이들 두 사람은 한인사회에 대한 헌신성과 항일민족운동과의 관련성에서 커다란 차이가 있다. 최재형은 한인사회와 역사적 조국인 한국에 헌신해 자신의 재산과 생명까지 잃었다. 황경섭의 경우 그가 항일운동에서 최재형을 비롯한 다른 세 명과 달리 평소 크게 반일적인 인물이 아니었다는 점에서 그의 재산을 노린 일본인 민회장과 헌병대의 음모에 의해 피살된 것으로 추정되고 있다.

최재형의 경우 1906년 항일의병부대를 조직한 이래 지속적으로 항일 애국운동에 참여해 온 러시아 한인사회의 최고 지도자였으며, 김이직이 나 엄주필은 각각 국내에서의 반정부적·반일적 정치활동으로 더 이상 활동이 불가능한 상태에서 러시아로 망명해 니콜스크-우수리스크에 정 착한 후 한인사회의 지도자로 활동한 인물이다. 최재형, 김이직, 엄주필 은 니콜스크-우수리스크 한인사회를 이끌며 항일혁명운동을 지원한 애 국자들이었다.

이들이 피살된 1920년 4월참변 시기는 1920년 초 이래 러시아혁명세 력이 득세하기 시작하던 시기이자, 한인들이 의연금 기부, 빨치산부대 참가, 백위파와의 전투 참가 등으로 활발해지고 있던 빨치산운동(의병운 동)을 통해 러시아혁명세력과 연대적인 협력 활동을 강화해 가고 있던 시기였다. 일본 헌병대가 이들을 체포해 아무런 법적 절차를 거치지 않 고 서둘러 학살한 것은 러시아혁명세력과 한인 애국자들이 연대해 러시 아혁명과 한국 독립운동의 목표를 달성하는 것을 두려워했기 때문이다. 그렇게 되는 것이야말로 일본이 가장 우려하는 최악의 상황이었다.

제 2 장 주 석

1) 반병률, 「대한국민의회와 상해임시정부의 통합정부 수립운동」, 한국민족운동사연구회, ≪한국민족운동사연구≫ 2(1988년 3월), 120~211쪽. 연해주 임시정부는 사실상 볼셰비키들이 다수파를 점해 실권을 장악하고 있었다.

2) 「浦參第의三〇六號 續行하여」(1920.3.29), 『不逞團關係雜件 朝鮮人의 部 在西比亞』(日本外務省史料館 所藏) 9권(국사편찬위원회 소장본).

3) 山內封介, 『シベリイヤ秘史』(東京: 日本評論社出版部, 1923), p.230.

4) 山內封介, 『シベリイヤ秘史』, pp.238~239.

5) 「鮮人의 行動에 關한 件」(1920.2.14), 『不逞團關係雜件 朝鮮人의 部 在西比亞』(日本外務省史料館 所藏) 9권(국사편찬위원회 소장본).

6) 山內封介, 『シベリイヤ秘史』, pp.247~248.

7) 山內封介, 『シベリイヤ秘史』, p.262.

8) 姜德相, 『現代史資料』27, pp.245, 247.

9) ≪독립신문≫ 1920년 4월 15일 자 3면.

10) 「鮮人의 行動에 關한 件」(1920.2.14), 『不逞團關係雜件 朝鮮人의 部 在西比亞』(日本外務省史料館 所藏) 9권(국사편찬위원회 소장본).

11) 「鮮人의 行動에 關한 件」(1920.3.20), 『不逞團關係雜件 朝鮮人의 部 在西比亞』(日本外務省史料館 所藏) 9권(국사편찬위원회 소장본).

12) 「露國側에 對한 抗議事項 其七」(1920.3.27), 『不逞團關係雜件 朝鮮人의 部 在西比亞』(日本外務省史料館 所藏) 9권(국사편찬위원회 소장본).

13) 「國外情報: 不逞鮮人의 兇暴行爲에 關한 件」(1920.4.1), 『不逞團關係雜件 朝鮮人의 部 在西比亞』(日本外務省史料館 所藏) 9권(국사편찬위원회 소장본).

14) 「國外情報: 不逞鮮人의 兇暴行爲에 關한 件」(1920.4.1), 『不逞團關係雜件 朝鮮人의 部 在西比亞』(日本外務省史料館 所藏) 9권(국사편찬위원회 소장본).

15) 「鮮人의 行動에 關한 件」(1920.3·12), 『不逞團關係雜件 朝鮮人의 部 在西比亞』(日本外務省史料館 所藏) 9권(국사편찬위원회 소장본).

16) John J. Stephan, *The Russian Far East: A History*(Stanford: Stanford University Press, 1994), p.144.

17) Mukhachev B. I., *Istoriia Dal'nego Vostoka Rossii*, kniga 1(Vladivostok: Dal'nauka, 2003), p.348; 原暉之, 『シベリイヤ出兵-革命と干涉 1917~1922』(1989), p.521.

18) 原暉之, 『シベリイヤ出兵-革命と干涉 1917~1922』, pp.522~523.

19) 山內封介, 『シベリイヤ秘史』, pp.251, 255.

20) 原暉之, 『シベリイヤ出兵-革命と干涉 1917~1922』, p.524.

21) John J. Stephan, *The Russian Far East: A History*, p.145.

22) 原暉之, 『シベリイヤ出兵-革命と干涉 1917~1922』, p.525.

23) John J. Stephan, *The Russian Far East: A History*, p.146. 일본군이 사할린 북부에서 철병한 것

은 소일협약이 체결된 1925년 1월의 일이다.

24) 「日司令官의 警告: 韓人을 警備키 爲하야」, ≪독립신문≫ 1920년 4월 15일 자 3면; 「浦參第의三〇六號 續行하여」(1920.3.29), 『不逞團關係雜件 朝鮮人의 部 在西比利亞』(日本外務省史料館 所藏) 9권(국사편찬위원회 소장본).

25) 「日軍의 對俄抗議: 韓人의 獨立運動을 沮害할 目的으로」, ≪독립신문≫ 1920년 4월 15일 자 3면.

26) 「浦參第의三〇六號 續行하여」(1920.3.29), 『不逞團關係雜件 朝鮮人의 部 在西比利亞』(日本外務省史料館 所藏) 9권(국사편찬위원회 소장본).

27) 原暉之, 『シベリヤ出兵-革命と干涉 1917~1922』, p.529.

28) 原暉之, 『シベリヤ出兵-革命と干涉 1917~1922』, pp.530~531.

29) Mukhachev B. I., Istoriia Dal'nego Vostoka Rossii, kniga 1, p.369. 존 스테판에 따르면, 4월참변 당시 일본인들이 1000여 명, 대부분이 볼세비키인 러시아인들은 3000여 명의 사상자가 발생했다고 한다. John J. Stephan, The Russian Far East: A History, p.145.

30) 原暉之, 『シベリヤ出兵-革命と干涉 1917~1922』, p.531.

31) 반병률, 『성재 이동휘 일대기』(범우사, 1998), 209쪽.

32) 「馬賊化한 日兵」, ≪독립신문≫ 1919년 10월 28일 자 3면.

33) 姜德相, 『現代史資料』 27, pp.325~326; 原暉之, 『シベリヤ出兵-革命と干涉 1917~1922』, p.534.

34) 姜德相, 『現代史資料』 27, p.331.

35) 姜德相, 『現代史資料』 27, p.331.

36) ≪독립신문≫ 1920년 4월 20일 자 2면.

37) 엔·아 부쩨닌·엔·데. 부쩨닌, 「러시아내전에서의 한인들의 참전」, 한국외대 한국문화연구소, ≪역사문화연구≫ 24(2006년 6월), 99~100쪽.

38) 姜德相, 『現代史資料』 27, p.331.

39) 「鮮人의 行動에 關한 件」(1920.6.5), 『不逞團體雜件 朝鮮人ノ部 在西比亞』(日本外務省史料館 所藏) 10권(국사편찬위원회 소장본); 반병률, 「러시아 연해주 지역 항일여성운동, 1909~1920」, 한국외대 역사문화연구소, ≪역사문화연구≫ 23집(2005년 12월), 119~120쪽.

40) 姜德相, 『現代史資料』 27, pp.296~297.

41) 姜德相, 『現代史資料』 27, p.333.

42) 姜德相, 『現代史資料』 27, p.326.

43) 金規免, 「老兵 金規勉의 備忘錄에서」(수고본), 16쪽.

44) 엔·아 부쩨닌·엔·데. 부쩨닌, 「러시아내전에서의 한인들의 참전」, 99쪽.

45) 「電報譯」(1920.4.7), 『不逞團關係雜件 朝鮮人의 部 在西比利亞』(日本外務省史料館 所藏) 9권(국사편찬위원회 소장본).

46) 原暉之, 『シベリヤ出兵-革命と干涉 1917~1922』, p.534.

47) 이하의 내용은 필자가 발표한 「4월참변 당시 희생된 한인 애국지사들: 최재형, 김이직, 엄주필, 황경섭」, ≪역사문화연구≫ 26집(2007년 2월), 271~279쪽을 정리한 것이다.

48) 반병률, 「제2회 특별전로한족대표회의(1918년 6월)와 러시아 한인사회」, ≪역사문화연구≫ 17집(2002년 12월), 350쪽. 최재형처럼 임시중앙총회에서 보고를 위탁받아 초청된 인물은 김하구와 김창원이었다.

49) 반병률, 「제2회 특별전로한족대표회의(1918년 6월)와 러시아 한인사회」, 325쪽.

50) 반병률, 「제2회 특별전로한족대표회의(1918년 6월)와 러시아 한인사회」, 333쪽.

51) 최재형은 상해임정의 재무총장에 취임하지 않았다.

52) ≪독립신문≫ 1920년 5월 15일 자 2면.

53) 리인섭, 「저명한 애국자들인 최재형, 김리직, 엄주필 동지들을 추억하면서: 조선민족해방을 위하여 백절불굴하고 투쟁하다가 왜적들게 학살을 당한 40주년을 제하여(1920년~1960년)」(1960), 20쪽.

54) 박블라지미르, 「운명의 멍에」, ≪고려일보≫ 1998년 10월 15일 자 3면. 박블라지미르의 「운명의 멍에」는 카자흐스탄 크즐-오르다에 살던 김이직의 조카 김 타마라 안드레예브나(한국명 김영화, 1918년생)가 남긴 회상을 기초로 작성한 기사이다. 김 타마라의 어머니 김윤신(김안나)은 오빠인 김이직이 피살된 후 오빠의 원수를 갚기 위해 빨치산부대에 참가했고 이후 공산주의운동에 참여해 1928년 국내 공작원으로 평양으로 파견되었다가 체포되어 평양감옥에 투옥되었다. 김윤신은 출옥한 후 소련으로 돌아왔고 이후 1943년 카자흐스탄의 크즐-오르다에서 사망했다.

55) 1910년 5월 22일 자 ≪大東共報≫에 난 광고를 보면 덕창국의 주 업종을 짐작할 수 있다. "본국에서 약재를 多數貿來하야 唐草材를 勿論하고 廉價로 發賣하오니 첨君子난 죠량來買하시되 회상은 결불허홈 해샘 開拓里 德昌局主 최錫긔 金致보 告白." ≪대동공보≫ 1910년 5월 22일 자 4면 참조.

56) 리인섭, 「저명한 애국자들인 최재형, 김리직, 엄주필 동지들을 추억하면서: 조선민족해방을 위하여 백절불굴하고 투쟁하다가 왜적들게 학살을 당한 40주년을 제하여(1920년~1960년)」, 20쪽.

57) 리인섭, 「저명한 애국자들인 최재형, 김리직, 엄주필 동지들을 추억하면서: 조선민족해방을 위하여 백절불굴하고 투쟁하다가 왜적들게 학살을 당한 40주년을 제하여(1920년~1960년)」, 24쪽. 안정근이 안창호에게 보낸 편지에는 '金理直氏番地'가 'Mr. Kim ichik Actrahanckia Street# 10 Nikolick UCCR.'로 되어 있다. 「안정근이 안창호에게 보낸 편지」(1911년? 1912년?), 『도산 안창호자료집』 1권, 316쪽.

58) ≪권업신문≫ 1914년 4월 26일 자 3면.

59) 반병률, 「제2회 특별전로한족대표회의(1918년 6월)와 러시아 한인사회」, 345쪽. 당시 니콜스크-우수리스크 한인회 대표로 참석한 사람들은 김이직을 비롯해 원세훈, 엄주필, 유행지, 이병흡, 박봉순(Pak Ivan Ivanovich), 한군명(Khan Egor Petrovich)이었다.

60) 반병률, 「제2회 특별전로한족대표회의(1918년 6월)와 러시아 한인사회」, 332쪽.

61) 리인섭, 「저명한 애국자들인 최재형, 김리직, 엄주필 동지들을 추억하면서: 조선민족해방을 위하여 백절불굴하고 투쟁하다가 왜적들게 학살을 당한 40주년을 제하여(1920년~1960년)」, 21쪽.

62) 「馬賊化한 日兵」, ≪독립신문≫ 1919년 10월 28일 자 3면.

63) 박블라지미르, 「운명의 멍에」.

64) ≪독립신문≫ 1920년 5월 15일 자 2면.

65) 리인섭, 「저명한 애국자들인 최재형, 김리직, 엄주필 동지들을 추억하면서: 조선민족해방을 위하여 백절불굴하고 투쟁하다가 왜적들게 학살을 당한 40주년을 제하여(1920년~1960년)」, 29쪽.

66) 반병률, 「제2회 특별전로한족대표회의(1918년 6월)와 러시아 한인사회」, 345쪽.

67) 반병률, 「제2회 특별전로한족대표회의(1918년 6월)와 러시아 한인사회」, 333쪽.

68) 리인섭, 「저명한 애국자들인 최재형, 김리직, 엄주필 동지들을 추억하면서: 조선민족해방을 위하여 백절불굴하고 투쟁하다가 왜적들게 학살을 당한 40주년을 제하여(1920년~1960년)」,

16~17쪽.

69) 「講和會議와 朝鮮獨立運動에 關한 件」(1919년 2월 25일 자),『不逞團關係雜件 朝鮮人의 部 在西比利亞』(日本外務省史料館 所藏) 7권(국사편찬위원회 소장본). 엄주필 외 5명의 핵심 간부는 문창범, 최재형, 한명세(한 안드레이 아브라모비치), 김 알렉산드르 이바노비치, 김 야곱 안드레예비치이다.

70) 리인섭, 「저명한 애국자들인 최재형, 김리직, 엄주필 동지들을 추억하면서: 조선민족해방을 위하여 백절불굴하고 투쟁하다가 왜적들게 학살을 당한 40주년을 제하여(1920년~1960년)」, 17~18쪽. 오성묵의 회상에 따르면, 엄주필은 니콜스크-우수리스크 시내 청도공원 버드나무 밭속에서 동지들과 만나 비밀공작에 대한 설계를 토론했다고 한다. 리인섭, 같은 글, 18쪽 참조.

71) 姜德相,『現代史資料』27(みすず書房, 1977), p.276.

72) 「니코리스크地方朝鮮人狀況에 關하여 報告의 件」(1912년 3월),『不逞團關係雜件 朝鮮人의 部 在西比利亞』(日本外務省史料館 所藏) 4권(국사편찬위원회 소장본).

73) ≪권업신문≫ 1914년 4월 12일 자 1면.

74) ≪권업신문≫ 1914년 4월 26일 자 3면.

75) 반병률, 「황 레오니드 카피토노비치, 황 빅토르 레오니도비치와의 인터뷰」 2006년 9월 7일, 카자흐스탄 알마틔. 황경섭은 3남 4녀를 두었다. 1녀 황 올가(?~?), 2녀 황 베라(1901~1993), 장남 황 미하일(1905~?), 차남 황 표트르(?~1910), 3녀 황 류보뷔(1912~?), 4녀 황 니나(1914~?), 3남 황 레오니드(1917~).

76) 반병률, 『최재형(崔在亨, 최 표트르 세묘노비치): 러시아 고려인사회의 존경받는 지도자』(국가보훈처, 2006), 11쪽.

77) 리인섭, 「저명한 애국자들인 최재형, 김리직, 엄주필 동지들을 추억하면서: 조선민족해방을 위하여 백절불굴하고 투쟁하다가 왜적들게 학살을 당한 40주년을 제하여(1920년~1960년)」, 22~23쪽.

78) 리인섭, 「저명한 애국자들인 최재형, 김리직, 엄주필 동지들을 추억하면서: 조선민족해방을 위하여 백절불굴하고 투쟁하다가 왜적들게 학살을 당한 40주년을 제하여(1920년~1960년)」, 18쪽.

79) 「崔在亨氏外 三氏 被殺: 蘇王營 日兵의 暴虐」, ≪독립신문≫ 1920년 5월 15일 자 2면. 일본군이 옮겨가려고 했던 새 숙사는 '그랜드호텔(Grand Hotel)'이었다.

80) 「可憎한 敵의 捏造眞相: 逃走가 何며 抵抗이 何요 最近 俄領으로부터 온 某氏의 談」, ≪독립신문≫ 1920년 5월 15일 자 2면.

81) 「油房을 奪取하려고: 黃景燮씨 銃殺의 眞因」, ≪독립신문≫ 1920년 5월 15일 자 2면.

82) 리인섭, 「기서초안 리동휘」, 4~5쪽; 이인섭, 「한인사회당-한인공산당 대표회: 중앙간부에서 초의 결정한 주요한 문제들」, 7쪽.

83) 류학관, 「윤동섭의병대에 관한 회상기」, 1958년 1월 27일 자.

84) 리인섭, 「저명한 애국자들인 최재형·김리직·엄주필 동지들을 추억하면서: 조선민족해방을 위하여 백절불굴하고 투쟁하다가 왜적들게 학살을 당한 40주년을 제하여(1920년~1960년)」, 24쪽. 김이직의 여동생 김 마리야는 이후 김이직의 원한을 갚기 위해 평안남도 용강에 가서 김이직의 두 아들인 김린성·김남성 형제를 만나 일본 돈 5000원을 장만해 하얼빈으로 갔으나, 일본 헌병에게 수색당하고 돈까지 압수되었다. 이후 김 마리야는 다시 평양으로 들어가 김린성·김남성이 토지를 매각해 장만한 자금을 받아 지린성(吉林省) 둥닝현(東寧縣) 산채거우(三岔口)에 고무상점을 냈고 한 달 뒤 하얼빈으로 가서 그곳에서 상업을 하던 함동철을 살해했다. 김 마리야는

산채거우의 고무상점을 폐쇄한 후 니콜스크-우수리스크로 도피했는데, 이 이야기는 이인섭이
원동해방전쟁 후 김이직의 여동생인 김 마리야와 그의 남편 김달하를 만나 들은 것이다. 리인섭,
같은 글, 27~28쪽 참조. 이인섭의 글에서 김이직에 관한 부분은 대부분 김 마리야와 김달하의 회
상에 기초한 것이다.

85) 리인섭, 「저명한 애국자들인 최재형, 김리직, 엄주필 동지들을 추억하면서: 조선민족해방을 위
하여 백절불굴하고 투쟁하다가 왜적들게 학살을 당한 40주년을 제하여(1920년~1960년)」,
25~26쪽.

86) 리인섭, 「저명한 애국자들인 최재형, 김리직, 엄주필 동지들을 추억하면서: 조선민족해방을 위
하여 백절불굴하고 투쟁하다가 왜적들게 학살을 당한 40주년을 제하여(1920년~1960년)」, 26
쪽. 왕바산재는 당시 우수리스크 감옥 뒤편에 있던 자그마한 야산이다.

87) 류학관, 「윤동섭의병대에 관한 회상긔」, 1958년 1월 27일 자, 44쪽; 리인섭, 「저명한 애국자들인
최재형, 김리직, 엄주필 동지들을 추억하면서: 조선민족해방을 위하여 백절불굴하고 투쟁하다
가 왜적들게 학살을 당한 40주년을 제하여(1920년~1960년)」, 22쪽. 류학관에 따르면 솔밭관의
병대의 지도자였던 이중집은 군대 해산 후에도 자산이 남아 있었으나 김달하에게 돌려주지 않았
다고 한다.

88) ≪독립신문≫ 1920년 5월 15일 자 1면과 2면에 게재된 「崔在亨氏外 三氏 被殺 蘇王營 日兵의 暴
虐」, 「崔在亨 先生 以下 義士를 哭함」, 「哭四義士」(錦上生).

89) 「上海民團 主催의 故 崔在亨 梁漢默 兩先生 殉國諸忽 追悼會」, ≪독립신문≫ 1920년 5월 27일
자 2면.

90) 1919년 파리강화회의 당시 외교활동을 전개했던 '한국민대표기관'은 파리강화회의가 종결된 후
'주(駐)파리위원부'로 명칭을 바꾸어 활동을 계속했다. 주파리위원부는 4월참변에 대한 대한국
민의회의 심사요구서와 함께 이전에 제출했던 "한국독립안 토론 요구를 갱신"하자는 취지의 전
보를 발송했다. 「구주의 우리사업」, 국사편찬위원회 편, 『대한민국임시정부 자료집』 23(2008),
88, 134쪽 참조.

4월참변 당시 체포되어 가는 한인 지도자들과 러시아혁명가들

4월참변의 참혹상(스파스크, 1920년 4월 5일)

4월참변 장례식

최재형 등 네 명의 애국지사가 학살당한 사실을 보도한 ≪독립신문≫ 기사
(1920년 5월 15일 자 2면)

사설 「최재형 선생 이하 4의사를 곡함」 (≪독립신문≫ 1920년 5월 15일 자 1면)

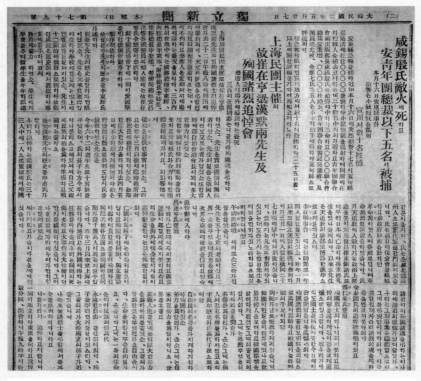

최재형, 양한묵 등에 대한 추도회 개최 기사(≪독립신문≫ 1920년 5월 27일자 2면)

곡사의사(≪독립신문≫ 1920년 5월 27일자 1면)

심장깊이에서 울려나온 시편들

(강태수 시인의 탄생 90 주년에 즈음하여)

지난 10 월 11 일 유명한 카자흐스딴고려인사시인 강태수선생은 90 고개를 넘어섰다. 강태수선생님이 걸어온 어렵고 모빈 생활 길을 살펴보면 그야말로 인간운명이란 임마나 복잡하고 험험하이란 것을 이해할수 있다. 한데 법린스께가 말하비와 같이 "시인이란 누구보다 더 한 자기 시대의 산물 (아들) 이다."

먼저 정치범수용소 (굴라그) 생활을 겪은 시인의 비극적 운명에 대해 립파하려 한다.

1937년 강태수주당시 크름오르다로.이사해 온 조선사람대로 피로생이던 강태수가 무슨 시들 썼을때 그 시를 대학교 벽보에 게시됐다. 시의 내용은 트백터운전수처럼에 대한 것이였지만 그 시련에 반소사상이 숨겨져있다며 이 인민위원뿐들은 그를 체포됐다. 그러고 그 때문에 체포됐다고 하지만 사실은 부근사한 조사이었다. 강태수가 체포되기 전에 그의 형 강경수씨가 체포됐다. 강경수씨는 아지각한 심뭥이 없이는 입하할수 없을던 쓰면에서 가장 위산맞는 탐리대학에입학 모조르터고려기생대트교. (신 우주비끼기) 쉽게자 또 풍묘르빌었나이 (에 한고 없다) 울었후 바이칼에 기사로 일한 사람이다.

...

크즐오르다에서 박 블라지미르

운명의 멍에

김 따마라 할머니의 회상

우리들중에는 자기가 살아온 생활이 조국의 운명과 밀접히 연관있는 사람들이 있다. 그린 사람들의 오빈 생활과정에는 특별히 주목할만한 사연도 많다.

...

크즐오르다에서 박 블라지미르

한국인에게 КИМЭП 명예박사칭호 수여

10 월 9 일, 알마띠, 카자흐경제경제대학원 (КИМЭП) 에서 한국 민주화운동당 지도부위원은 귀한 부여를 이수상씨에게 한국명예박사칭호를 수여하는 예식이 있었다.

이수상씨는 한국에서 가장 유대있는 유럽세윌대학교에서 30년간을 교원을 감임했다. 일마.,..

사진: 방찬영 (원쪽에서) 이사장, 싸쯔밭긴 부총장, 이성수 민주통령수석부의장, 흐라파노브 상 따마르시장.

노인의 날

손위세대앞에 존경심을 표시하여...

카자흐스딴고려인협회 까라간다지부에서는 노인의 날을 윗달 이미 전봉으로 되었다. 지난 10 월 1 일 우리는 문화음양 황홀에서 노인을 위한 경로들 가졌다. 바로 노인들 항당이 이전에 경험된 까라간다...

카자흐스딴고려인협회 까라간다지부 위원장 김 윌리야

4월참변 추모비(우수리스크) ⓒ 반병률

4월참변 추모비 앞에서 최 발렌틴(2004년 9월) ⓒ 반병률

4월참변 추모비 앞에서 러시아 군인들과 답사단(2002년 7월) ⓒ 반병률

황경섭의 부인 조 마리야 　　황경섭의 아들 황 레오니드 카피토노비치와
ⓒ 반병률 　　손자 황 빅토르 레오니도비치 ⓒ 반병률

'이달의 독립운동가'로 지정된 최재형 팸플릿 　　2006년 4월 개최된 4월참변 추모제에 배포된
(국가보훈처, 2004년 9월) 　　최재형 약전 표지 ⓒ 반병률

최재형 추모제 안내 팸플릿(2005년)

최재형 추모제 행사(2004년 9월 27일) ⓒ 반병률

최재형 추모제 행사장 카레이스키돔 앞에 서 있는 최 발렌틴(2004년 9월) ⓒ 반병률

최재형 추모제에서 인사말을 하는 최 발렌틴(2004년 9월) ⓒ 반병률

최재형 추모제에서 최 발렌틴과 필자(우수리스크, 2004년 9월) ⓒ 반병률

최재형 등 네 명의 한인 지도자 위패(4월참변 추모제, 2007년 4월) ⓒ 반병률

4월참변 한·러합동추모제(우수리스크 영원의 불꽃 광장, 2007년 4월) ⓒ 반병률

헌화하는 러시아군의장대(4월참변 한·러합동추모제, 2006년) ⓒ 반병률

헌화를 옮기고 있는 러시아군의장대(4월참변 한·러합동추모제, 2006년) ⓒ 반병률

4월참변 한·러합동추모제에 참석한 한·러 주요 인사들(2006년) ⓒ 반병률

4월참변 희생 인사들 위패와 한·러 참석 인사들(4월참변 한·러합동추모제, 2006년) ⓒ 반병률

아리랑가무단의 추모 공연(4월참변 한·러합동추모제, 2006년) ⓒ 반병률

4월참변 한·러합동추모제에 참석한 고려인과 러시아인들
(우수리스크 영원의 불꽃 광장, 2006년) ⓒ 반병률

4월참변 한·러합동추모제의 한 장면
(우수리스크 영원의 불꽃 추모기념탑 앞, 2007년 4월) ⓒ 반병률

4월참변 한·러합동추모제에 참석한 고려인과 러시아인 학생들(2006년) ⓒ 반병률

고 박병천 선생의 진혼굿(4월참변 한·러합동추모제, 2006년) ⓒ 반병률

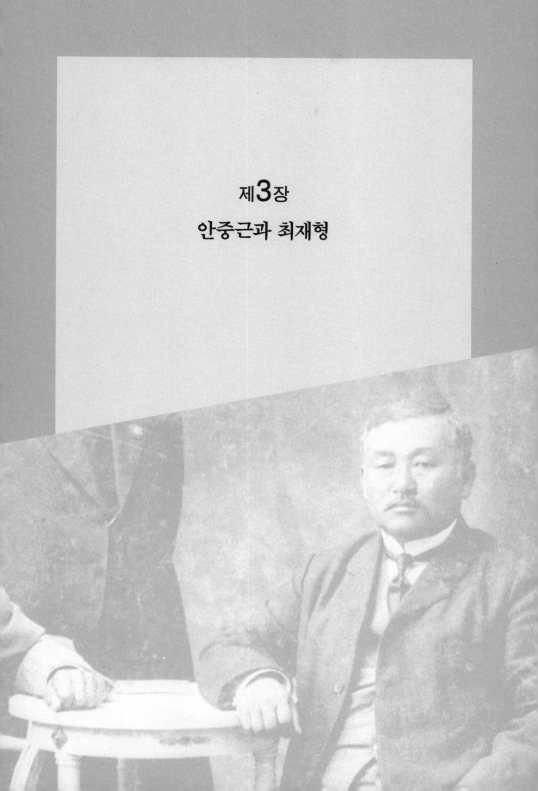

제3장
안중근과 최재형

1. 머리말

한국 근현대사에서 해외동포는 '역사적·혈통적 조국'과 '현실적·법적 조국'이라는 두 개의 조국을 갖고 있다. 해외동포가 두 개의 조국 모두에 충실한 삶과 역할을 담당한다는 것은 참으로 어려운 일이 아닐 수 없다. 최재형(崔在亨, 1860~1920)은 해외동포의 역사에서 두 개의 조국에 충실했던 흔치 않은 인물 가운데 단연 돋보이는 인물이다. 제정러시아의 마지막 연흑룡주 총독으로 1917년 러시아혁명을 맞이했던 곤다치(1860~1946, 총독 재임 기간은 1911~1917)는 1912년 블라디보스토크의 신한촌을 방문한 자리에서 한인들에게 "한국을 사랑하지 아니하는 사람은 러시아에서도 원치 않는 백성"이라고 역설했다.[1] 그렇다! 최재형이야말로 한국을 사랑하고 러시아에서도 환영받았던 인물이다.

최재형은 한국과 러시아라는 두 조국에 모두 충실한 삶을 살았기 때문에 일본 제국주의자들의 집요한 감시 끝에 제거된 음모의 희생자가 되었다. 이런 점에서 최재형은 오늘날의 해외동포 사회가 본받고 따라야 할 롤 모델로서 전혀 손색이 없는 인물이다. 최재형은 1869년 러시아로 이주해 1920년 일본군에 의해서 학살되기까지 연해주 한인사회의 시대적 흐름을 대표했던 인물이다. 1917년 러시아혁명 이전 시기에 최재형만큼 러시아 한인사회에서 영향력을 끼친 인물도 드물다.

이 글은 최재형의 삶과 활동 자체를 소개하는 데 그 목적이 있지 않다. 오히려 안중근이 러시아 연해주지역에서 전개한 다양한 구국 활동과 관련된 최재형의 삶과 활동의 일단을 살펴봄으로써 안중근 연구의 폭과 시각을 넓히고 다양화하는 데 일조하는 것이 이 글의 주목적이다. 이 글은 안중근이 쓰러져가는 국권을 회복하고자 러시아 연해주로 건너간 1907년 가을부터 하얼빈의거 이후 이국땅 중국에서 불귀의 객이 된 약 2년의 시기를 집중적으로 다뤘다. 안중근의 길지 않은 32년의 생애에서 러시아에서의 마지막 2년은 그가 가장 치열하고 뜨겁게 살았던 시기라고 할 것이다.

그동안 안중근에 관한 연구가 많이 진행되었고, 그중에는 이 장의 주제이기도 한 최재형과 관련된 연구 성과도 있다.[2] 이 글은 이러한 선행연구에서 다룬 주제는 가능한 한 배제했으며, 그동안 미처 다루지 못했거나 논란의 여지가 있는 주제에 대해 사실 여부를 밝히는 한편, 논의를 진전시키기 위한 문제를 제기하고자 했다.

2. 동의회와 연해주 항일의병

최재형(최 표트르 세묘노비치, 1860~1920)은[3] 1860년 8월 15일 함경북도 경원의 소작농 집안의 둘째 아들로 태어나 아홉 살인 1869년 함경도 지방에 찾아온 대흉년을 겪고 부친을 따라 최초의 한인 이주자들에 의해

1863년에 조성된 한인 마을 지신허 마을(地新墟, 레자노보라고도 불림)로 이주했다. 이후 최재형은 자수성가해 러시아 한인사회의 대표적인 인물로 출세했다. 그리하여 최재형은 제정러시아 시기의 한인사회 역사를 논하면서 그를 빼놓고는 설명이 불가능할 정도로 중요한 비중을 차지하는 인물이 되었다.

최재형은 지신허 마을로 이주한 직후인 1868년 이 마을에 설립된 러시아어소학교에 다녔다. 이 소학교에 다니던 최재형은 한인 학생 최세묜, 정이반, 김일리야 등 세 명의 한인 아이와 함께 페름 대주교 관구 신부 바실리 피얀코프가 설립한 블라디보스토크 기숙사에 입양되어 교육을 받았다. 이 네 명의 한인 학생은 이후 바실리 피얀코프 신부가 청원하고 연해주 군정순무지사(軍政巡撫知事) 크로운 장군이 동의해 시험을 거쳐 소볼(Sobol)함 수병으로 임명되었다.[4]

최재형은 소년 시절 러시아인 선장 부부의 도움으로 선원 생활을 하면서 폭넓은 견문과 경험을 축적했고, 이후 연추(煙秋, 延秋, 얀치허) 마을에 정착해 철도도로건설국의 통역[通譯, 당시 한인들은 통사(通辭)라 칭했다]을 거쳤다. 1893년에는 연추 지방 최초의 한인 도헌(면장)으로 선출되어 15년간 근무했다. 특히 최재형이 철도도로건설국의 통역으로 근무할 당시 노보키옙스크(현재의 크라스키노)에 주둔하던 러시아 경무관(警務官)은 최재형에게 영군(營軍) 300명을 데리고 노보키옙스크에서 바라바시(한국식 명칭은 맹고개, 맹령 또는 멍구가이)까지 도로를 개축하게 했다. 1890년대에 이르러 최재형은 전 러시아 면장대회(1894년)와 니콜라이 2세 대관식(1896년)에 참석하는 등 러시아 한인사회의 대표로서의 위상을 갖게 되었다.

최재형은 1905년 이후 일제의 침략으로 대한제국이 국권 상실의 위기에 처하자 항일애국운동에 가담했다. 그리하여 1908년에는 동의회(同義會)를 조직해 한말 연해주 의병운동을 이끌었으며, 이후 ≪대동공보≫ 사장(1909년), 권업회 발기회 회장(1911년 6월) 및 총재(1911년 12월, 도총재 유인석, 총재 최재형, 이범윤, 김학만)와 회장(1913년), 로마노프 황실 300주년 기념행사 참가 한인 대표(1913년), 권업회 회장 및 한인아령이주50주년기념회 회장(1914년), 휼병회(恤兵會) 발기인(1915년) 등의 직책을 맡아 민족운동을 꾸준하게 전개했다.

러시아혁명 이후에도 그는 연추면 집행위원장(1917년), 니콜스크-우수리스크 군자치회(젬스트보) 의원 겸 검사위원장(1918년), 제2회 특별전로한족대표회의 명예회장(1918년, 최재형과 이동휘가 공동 명예회장이었다), 시베리아의회 파견 한인 대표(1918년), 대한국민의회 외교부장(1919년) 등 주요 단체 핵심 인물로 활동했다.

최재형은 러시아 한인사회의 교육과 실업 발전을 위해 물적·정신적으로 공헌해 한인사회의 후일에 대비했고, 한말 이래 항일운동 전선에서 활동했기 때문에 수많은 재산을 상실하기도 했다. 그는 결국 두 개의 조국에 충성한 경력 때문에 1920년 4월참변 당시 시베리아를 침략한 일본 헌병대에 의해 체포·학살되고 말았다.

열아홉 살 차이가 나는 안중근과 최재형은 여러 가지 면에서 차이점과 공통점이 있다. 동의회를 이끌었던 동지로서 두 사람은 조국을 사랑한 애국자였다. 그들은 비록 국적이 달라 각자의 정치적·법률적 조국(한국과 러시아)은 달랐지만, 혈통적·역사적 조국인 한국에 대한 애국심을 공유하고 있었다. 두 사람은 출신 성분도 달랐다. 무관 집안의 양반 출신이던 안중근은 망국의 정치적 망명객으로서 먼저 이주해 정착한 유력인사의 신세를 져야 했고, 소작농 출신이던 최재형은 이국땅에 기반을 잡은 부유한 이주자로서 한말 이래 정치적 이유로 망명해 온 애국지사에게 숙식 등 편의를 제공하는 아이러니한 상황이었다. 이처럼 처지가 달랐지만 최재형과 안중근은 의기투합해 공동의 원수인 일본에 맞서 싸웠다는 점에서는 공통점을 지니고 있다.

그 때문에 두 사람 모두 일본 제국주의의 희생자가 되고 말았다. 한 사람은 일방적이고 공정하지 못한 정치적 재판으로, 다른 한 사람은 아무런 재판도 없이 불법적으로 학살되고 말았다. 오늘날까지 시신의 행방조차 찾을 수 없는 이 두 애국자의 비극적 종말이야말로 왜곡되고 크게 굴절되어 온 한국 근현대사의 어두운 면을 보여주는 단적인 사례라 할 것이다.

안중근이 국내에서 해외로 이주한 것은 1907년 가을이다. 1907년은 이토 히로부미(伊藤博文)가 주도한 강제적인 정미7조약이 체결된 해이자, 군대 해산에 항거해 의병이 각지에서 봉기하고 있던 절박한 시국이었다. 그는 국외에서 후일을 도모하기 위해 해외행을 결심했다. 안중근의 해외행에는 김달하(金達河)의 장남인 김세하(金世河)가 동행했다. 안중근은 서울을 떠나 원산, 성진을 거쳐 북간도에 도착해 3~4개월을 보낸 후 러시아의 연추를 거쳐 포시예트에서 배를 타고 블라디보스토크로 들어갔다.[5] 그는 곧바로 블라디보스토크 구개척리 당지에 조직되어 있던

청년회에 가입하고 임시사찰에 선임되었다.[6]

안중근은 절박한 상황에 빠져 있는 조국의 국권을 회복하고자 거병할 방법을 모색했다. 안중근이 거병을 논의하기 위해 첫 번째로 선택한 인물은 전(前) 간도관리사 이범윤으로, 그는 러일전쟁 때 충의병(忠義兵)을 조직해 러시아 편에서 참전했기 때문에 한인사회에서 명성이 높았다. 안중근은 이범윤에게 "각하께서 다시 의병을 일으켜 일본을 친다고 하면 그것 또한 하늘의 뜻에 순응하는 것"이라며 거의를 촉구했으나, 이범윤은 "말인즉 옳다마는 재정이나 군기를 마련할 길이 전혀 없다"라며 결단을 내리지 못했다.[7]

결국 안중근은 스스로 거병을 준비하기 위해 동지를 규합하고, 수청(水淸, 蘇城, 수찬, 현재의 파르티잔스크 일대), 수이푼(秋豊), 연추 등지의 동포 사회를 순행하며 유세했다. 거병에 필요한 자금과 의병을 모집하는 것이 그 목적이었다. 당시 안중근과 뜻을 같이해 결의를 모은 동지들을 '87형제'라 했는데, 이들 가운데 가장 가까운 엄인섭(嚴仁燮), 김기룡(金基龍)과는 특별히 의형제를 맺었다.[8] 엄인섭은 최재형의 생질이자 최측근 인물이었다. 안중근은 블라디보스토크에서 가진 애국지사들의 모임에서 후일 하얼빈의거의 동지인 우덕순(禹德淳. 가명 禹鴻)을 만났다.[9]

비밀결사 '87형제'의 중심 인물인 안중근, 엄인섭, 김기룡은 탕랑수(濁浪水, 현재의 라즈돌리노예강 하구 삼각주 지역의 타브리찬카), 수청 등지에 소재한 한인 마을을 방문해 의병 활동에 필요한 자금과 총, 그리고 의병을 모집했다. 안중근이 연해주 각지를 순행하며 동포를 상대로 비분강개한 논조로 행한 연설의 요지는 다음과 같았다.

국치민욕(國恥民辱)이 극도에 이른 오늘날에 너는 소와 말이 되고 나는 종과 하인이 되어 이역풍상(異域風霜)에 유리(遊離)하면서 구구히 목숨을 보존하는 것보다 한 번 소리치고 일어나 살아서 의로운 사람이 되고 죽어서 의로운 귀신이 되는 것이 우리 대한 백성 된 자의 당연한 의무라.[10]

안중근, 엄인섭, 김기룡의 활발한 유세 활동으로 많은 청년이 자원해 의병으로 나섰고, 동포들이 의연금과 총기를 내놓았다. 이리하여 안중근 등이 거병할 수 있는 조건이 성숙되어 갔다.[11] 거병의 조건이 무르익었다고 판단한 안중근 등은 1908년 3월 블라디보스토크로 되돌아왔다. 연해주 지방의 의병 세력은 당시 러시아 한인사회의 최유력자인 연추의 최재형을 중심으로 결집하기 시작했고, 안중근, 엄인섭, 김기룡을 중심으로 한 '87형제'파도 의병 본부에 대거 합류했다. 이렇게 하여 안중근은 엄인섭, 김기룡과 함께 동의회 소속 청년들의 지도자로 부상했다.[12]

한편 제정러시아의 수도 페테르부르크에 머물고 있던 전(前) 주러한국 공사 이범진(李範晉)은 연추 방면에서 의병봉기 준비가 점차 활기를 띠어 간다는 소식을 접하고는 아들 이위종(李瑋鍾)으로 하여금 금 1만 루블을 휴대하고 페테르부르크를 떠나 블라디보스토크로 가도록 했다. 장인 놀켄 백작이 이위종과 동행했다.[13] 남우수리 지방 국경행정관(commissar) 스미르노프가 플루그 연해주 군무지사에게 보낸 1908년 4월 3일 자(신력 4월 16일 자) 보고서에 따르면, 노보키옙스크에 머물고 있는 이범윤 휘하의 정치망명자들이 동요하기 시작했고 이위종도 옮겨왔으며 한국군 지휘관들과 40여 명의 의병이 함께 왔는데, 이들은 자금과 활동 준비를 진행해 왔다고 한다.[14] 안중근과의 첫 만남에서 거병 제의에 주저했던 이범윤 역시 거병에 동조했는데, 최재형과 이위종이 강하게 권유했기 때문이다.

동의회를 조직하는 과정에서 주도적인 역할을 담당한 사람은 페테르부르크에서 온 이위종이었다. 안중근은 뤼순 감옥에서 일본 경시(警視)의 신문에 답하면서 다음과 같이 말했다. "[1908년 봄] 이위종이 노도(露都, 페테르부르크)로부터 와서 동포가 도처에서 생활하나 공사, 영사를 두어 보호를 받는 일이 없고 노국(露國, 러시아)에 입적한 자는 노국에 의뢰해 보호를 받을 것이나 그렇지 않은 우리는 하등 의뢰할 기관이 없으므로, 동포가 일치단결하여 화난(禍難)을 서로 구하고 또 노인(露人, 러시아인)의 압제에 대항하려면 단독 자립해도 불가능하다. 해외동포는 하국인(何國人)이라도 또한 일개 단체가 되어 외부에 당(當)하는 것이 상례이다"라고 제안해 동의회가 조직되었다는 것이다.[15]

계봉우 역시 「만고의사 안중근전」에서 동의회가 이위종의 주도로 조직되었다고 기록하고 있다. 동의회 창립 전후의 사정을 계봉우는 다음과 같이 쓰고 있다.

이에 공[안중근_필재이 엄인섭으로 더불어 … 이듬해 3월에 해삼위로 돌아오니 이때에 의병 총장은 우수리 지방의 주인공 되는 최재형(崔在亨)이더라. 다행히 모든 일이 잘되어 갈 즈음에 아라사(俄羅斯) 서울에 유(留)하는 전 공사 이범진이 그 아들 위종을 보내어 군수금 만 환을 기부하고 동의회를 설립하여 군사 모집한 것이 6백여 명에 이른지라. 6월 초나흗날에 군사를 거느리고 두만강을 건너갈 제 공은 우영장(右營將)이 되었더라.[16]

러시아 측 문서 자료에는 최재형과 이범윤이 정신적인 기질과 사회적 신분 차이로 인해 협력할 상황이 아니었으나, 재정 문제로 인해 최재형을 중심으로 통합을 이루었다고 기록하고 있다. 즉, 양반 출신인 이범윤은 "활동적이고 가문 좋은 사람으로서 한인들 사이에서 영향력을 행사하고 있었"던 데 반해, 최재형은 "출생이 미천하고 명성이 의심스럽다"는 것이다. 그리하여 최재형이 노령 내에서 선동하고 있는 양반 출신의 망명자들과 결합할 가능성이 없다고 기록하고 있다. 그런데도 최재형이 의병 세력의 중심 인물이 될 수 있었던 것은 재정 문제 때문이었다. "어디로부터인가 의병대 조직을 위한 자금이 송달되었고 연흑룡주에서도 모금이 되었는데 그 대부분이 최[재형]의 손에 들어갔다"는 것이다. 이 문서의 작성자는 최재형이 이들 자금을 "자기 상업활동(육류 거래)을 위해 전용했다"라고 비판하면서도, 당시 최재형이 연해주 한인사회에서 차지하고 있던 영향력은 인정하고 있다.[17]

1908년 4월 연추에서 조직된 동의회는 창의회(倡義會)로 불리기도 했다[최재형의 동의회와 이범윤의 창의회가 별도의 조직으로 존재했던 것처럼 말하는 것은 잘못된 주장이다. '창의(회)'는 의병계통의 거의(擧義)나 단체를 일컫는 일반 명칭(보통명사)이다]. 일제 첩보자료에는 동의회 창립 과정이 매우 자세히 기록되어 있다. 동의회 발기인은 이위종을 비롯해 최재형, 이범윤, 지운경(池云京), 장봉한(張鳳漢), 전제익(全濟益), 전제악(全濟岳), 이승호(李承浩), 이군보(李君甫), 엄인섭(嚴仁燮), 안중근, 백규삼(白奎三), 강의관(姜議官), 김길룡(金吉龍, 김기룡), 조순서(趙順瑞), 장봉금(張奉金), 백준성(白俊成), 김치여(金致汝) 등이다. 1908년 4월 연추의 최재형 집에서 동의회를 조직하기로 결의하고 수백 명이 참가한 총회가 개최되었다. 이위종이 임시 회장으로 회의를 주재했다. 처음에는 총장에 최재형, 부총장에 이위종이 선출되었으나 한 표 차이로 뒤진 이범윤이 크게 화를 내자 이위종이 자신의 부총장 당선을 고사하고 이범윤에게 양보함으로써 이범윤을 위무하고 사태를 수습했다. 이어 계속된 임원 선출에서 이위종이 회장, 엄인섭이 부회장, 백규삼이 서기, 그리고 발기인 전원이 평의원으로 선출되었다. 동의회 의병을 위해 기부된 자금은 이위종이 가져온 1만 루블을 비롯해 최재형이 출자한 약 1만 3000루블, 수청 방면의 동포들이 낸 6000루블 등이었고, 각지 동포 사회에서 기증받은 군총이 약 100정이었다.[18]

창립 당시 이범윤의 불만으로 표출된 바 있는 동의회의 내부 갈등은 결국 최재형파와 이범윤파로 분열되는 출발점이 되었다. 이범윤파의 대장 김찬오(金燦五)가 100여 명의 부하를 이끌고 동의회 소속 군총보관소를 습격해 군총 83정을 약탈하는 사건이 발생하자, 양 파는 도저히 화합할 수 없는 지경에 이르렀다. 당시 이범윤은 고종 황제의 밀칙을 받들어 일을 일으켰다고 주장했다. 안중근은 김찬오 등 이범윤파가 지목한 최재형파의 핵심 인물 아홉 명 중 하나였다. 이범윤파는 안중근 외에 지운경, 전제익, 전제악, 백규삼, 김기룡, 강의관, 장봉한, 엄인섭 등 최재형파의 핵심 인물 아홉 명을 지목했고, 각소에 첩지를 돌려 이들이 어명(御命)을 어긴 모반인들이라고 공격했다. 이러한 상황에서 최재형과 이위종은 김찬오의 총기 약탈 사건에 보복하자는 강경파를 위무하고 120정의 총을 새로 구입해 보충했다고 한다.[19] 이후 연해주 의병의 국내 진공작전은 지휘 체계를 일원화하지 못한 상태에서 최재형파와 이범윤파가 각각 분리되어 추진되었다.

동의회 지도부를 장악한 최재형파의 조직을 보면, 도영장(都營將) 전제익, 참모장 오내범(吳乃凡), 참모 장봉한, 지운경, 군의(軍醫, 미국에서 온 자로 성명 미상), 병기부장 김대련(金大連), 병기부장(副長) 최영기[崔英基, 어위장(御衛長) 겸임], 경리부장 강의관, 경리부장(副長) 백규삼, 좌영장 엄인섭, 제1중대장 김 모, 제2중대장 이경화(李京化), 제3중대장 최화춘(崔化春)[갈화춘], 우영장 안중근과 중대장 세 명이었다.[20]

동의회는 창립 직후 총장 최재형, 부총장 이범윤, 회장 이위종, 부회장 엄인섭 등의 명의로 1908년 5월 10일 자 ≪해조신문≫에 그 취지서를 공포했다. 이 취지서에 따르면, 동의회는 교육에 의한 조국 정신의 배양, 지식 함양과 실력 양성, 단체 조직에 의한 일심동맹을 제1방침으로 내세웠다. 그러나 동의회는 이와 같은 취지만을 위해 조직된 단체는 아니었다. 이 취지서 끝부분에는 "우리도 개개히 그와 같이 철환(鐵丸)을 피(避)치 말고 앞으로 나아가서 붉은 피로 독립기를 크게 쓰고 동심동력하야 성명을 동맹하기로 청천백일에 증명하노니 슬프다 동지 제군이여"라고 밝혀, 의혈·무장투쟁의 뜻을 굳이 숨기지 않았다.[21]

동의회는 연추에 본부를 두고 블라디보스토크에 지회를 두었다. 조선통감(統監)의 보고서에 따르면, 동의회의 주요 인물은 총장 최재형을 비롯해 부총장 이범윤, 회장 이위종, 부회장 엄인섭이었고, 평의원은 안중근, 함동철(咸董哲), 정순만(鄭淳萬), 전명운, 이홍기(李鴻基), 김용환(金龍煥), 한경현(韓景鉉), 김기룡, 손모(孫某) 등 20~30명이었으며, 회원 총수는 2000~3000명에 달했다고 한다.[22] 이위종은 동의회의 블라디보스토크 지회장을 겸임했다.[23] 안중근의 하얼빈의거 동지인 우덕순 역시 동의회 회원이었다. 그는 동의회에 가입하면서 '우홍(禹鴻)'이라는 가명을 썼다.[24]

동의회 소속 의병들은 총 360명으로 지신허 마을의 엄인섭 자택에서 6월 13일부터 출동 준비를 했는데, 지신허 마을의 김운경(金云京)이 매일 소 한 마리씩을 10일 동안 기부해 의병들을 먹였다. 마침내 지신허 마을을 떠난 의병부대는 7월 4일 오후 8시 작은 배 여덟 척으로 두만강을 건너 신아산(新阿山)을 공격해 점령하고 약 1개월 간 여러 지역을 전전(轉戰)했지만, 중과부적으로 마침내 일본군에 패하고 말았다. 안중근은 가까스로 도망해 8월 6일 연추로 귀환했다.[25] 한편 우덕순은 연해주 의병의 국내 진공전 당시 안중근과 동의회 소속 의병부대를 지휘했던 의병 간부였는데, 패전 후 일본군에 체포되어 헌병대 감옥에 투옥되었다가 탈옥해 1909년 봄 원산을 거쳐 다시 블라디보스토크로 탈출했다.[26]

국내로 진입한 의병부대들이 결국 실패하고 귀환한 것은 일본군에 비해 무기와 군인 수에서 압도적인 열세였기 때문이기도 했지만, 그보다 더 중요한 원인은 의병진 내부의 분열 때문이었다. 예를 들어 국내 진입 초반에 경흥 홍의동을 점령하면서 '교통(交通)'으로 파견되어 온 일본 병사 네 명을 살해한 일을 두고 안중근과 엄인섭 간에 의견이 일치하지 않아 엄인섭 부대가 귀환했다. 이후 회령군 영산에서 안중근이 소속된 부대의 전제익 대장과 신아산에서 첫 승리를 거둔 이범윤파 김(찬오?)이 지휘권을 둘러싸고 분열되어 통일된 지휘 체계를 갖추지 못했다. 이 의병들은 회령군 영산에서 일본군의 집중 공격을 받아 지리멸렬한 상태에서 악전고투 끝에 패잔해 노령으로 귀환할 수밖에 없었던 것이다.[27]

동의회 의병 활동 당시 안중근과 최재형의 관계는 원만했던 것으로 보인다. 하얼빈의거 후에 쓴 기록이기는 하나, 유인석(柳麟錫)은 동의회 연해주 의병운동 당시 안중근과 최재형의 관계에 대해 다음과 같이 평가한 바 있다.

안응칠은 일찍이 도헌[최재형_필자] 휘하의 병사가 되어 도헌의 집에 머물면서 늘 다시 거의(擧義)하여 원수를 갚고 나라를 되찾을 것을 의논했습니다. 이제 안응칠이 바로 복수를 하였는데 나라를 회복하는 일을 도헌이 자기 힘으로 하지 않고, 안응칠을 저버릴 수 있겠습니까? 의리상으로도 마땅히 이 일을 해야 하는 데다 안응칠이 일찍이 도헌과 한마음으로 같이 일했으니 지금 이 일에 자연히 드러날 것이라 왜적들의 의심을 면하기 어려울 것이니 형세 또한 뭔가를 하지 않을 수 없습니다.[28]

동의회를 중심으로 한 연해주 의병이 실패로 돌아가자, 연추와 블라디보스토크를 오가며 형세를 관찰하던 이위종은 페테르부르크로 귀환했다. 이위종이 귀환하게 된 것은 연해주 의병이 실패했기 때문이기도 하지만, 이범윤과의 의견 충돌이 더 큰 원인이었다.[29] 이범윤은 고종이 내린 간도관리사라는 관직과 마패를 활용해 자신의 권위를 과시했고[30] 의병 자금을 유용한 혐의도 받고 있었다.[31] 서양식 교육을 받은 이위종으로서는 받아들이기 어려웠을 것이다. 안중근 역시 이범윤과는 의견이 맞지

않아 의병을 일으키는 데 행동을 같이한 적이 없다고 말했다.[32] 1932년
의 기록이기는 하지만, 최호림은 동의회를 좌우 두 파로 나누어 우파는
이범윤을 주석으로 한 조맹선, 조순서, 장봉금 등 "완고 무쌍하고 고집
불통한 수구주의자들"로, 좌파는 최재형을 주석으로 한 엄인섭, 장봉한,
안중근, 최병준, 황병길로 구성되었다고 평가했는데, 최호림의 평가는
바로 이러한 측면에 주목한 결과라 할 것이다.[33]

3. 동의단지회

　　국내 진공전을 끝내고 연추로 귀환한 안중근은 "피골이 상접하여 전혀
옛적 모습이 없었기 때문에" 친구들이 안중근을 전혀 알아보지 못했다.[34]
계봉우 역시 참혹한 전투를 치르고 귀환한 안중근의 처지를 다음과 같이
기록했다.

　　우덕순 등 몇 사람으로 더불어 손을 붙들고 아령으로 돌아올 새 공의 그
　　때의 정황을 어찌 차마 말하리까. 먹지 못한 것이 며칠이요, 자지 못한 것이
　　며칠이요, 비를 맞은 것이 며칠이요, 길을 잃은 지 며칠이요, 발이 부르튼
　　지 며칠이요. 두만강을 건너오기 전 열이틀 동안에 밥을 먹은 것이 겨우 두
　　번이라. 우덕순은 일병(日兵)에게 생금(生擒)되고 공이 혼자 연추에 돌아
　　오니 몸에 걸친 것이 다 썩어서 없어지고 기력이 이미 진(盡)한 고로 한 달
　　동안 치료하였더라.[35]

안중근은 연추에서 10여 일을 묵으며 치료한 뒤 블라디보스토크로 갔다. 안중근의 만류에도 불구하고 그를 위한 환영회가 열렸다.[36] 우덕순에 따르면, 안중근이 자기[우덕순]가 일본군에게 잡혀 죽었다고 말해 추도회가 열리기까지 했다고 한다.[37]

1908년 10월 이래 안중근은 다시 연해주를 비롯한 러시아 원동지역의 한인 마을을 순방했다. 1907~1908년 겨울과 달리 안중근은 기선을 타고 아무르강(흑룡강)을 거슬러 올라가 하바롭스크와 중러 국경 지역의 한인 마을인 사만리(블라고슬로벤노예) 등 그 유역 일대의 한인 마을을 방문하고 돌아오면서 수청 등지도 방문했다. 그는 교육에 힘쓰기도 하고 단체를 조직하기도 했다.[38] 아울러 안중근은 한인사회를 순방하면서 의병을 모집하고 군수전(軍需錢)을 모금하고자 했으나, 뜻을 이루지 못했다.[39] 안중근의 한인사회 순방은 1909년 봄까지 계속되었던 것으로 보인다. 즉, 국내에서 탈출한 우덕순이 1909년 블라디보스토크로 귀환해 안중근을 비롯한 여러 동지를 만났는데, 안중근은 여전히 각지 동포를 역방하며 애국사상을 환기하기에 분주했다고 회상했다.[40] 안중근의 한인사회 순방은 여의치 못했다.[41] 당시 안중근이 방문한 러시아 한인사회는 한 해 전인 1907~1908년 겨울에 비해 국내외적 여건이 크게 바뀌어 있었다.

1908년 여름 일어난 연해주 의병의 국내 진공전 이후 연해주 의병은 퇴조기에 들어갔다. 그 배경과 원인은 다음 세 가지로 정리할 수 있다.

첫째, 러시아 지방 당국자들이 그동안 보여왔던 '비지원(非支援)·비금지(非禁止)'의 방관적 정책을 버리고 한인들의 의병활동을 적극적으로 금지하기 시작했기 때문이다. 일본의 항의를 받은 러시아 중앙정부는 연흑

룽주 총독에게 이범윤이 다시 의병운동을 재개할 경우 그를 체포하라고 지시했다. 그리하여 러시아의 국경지방 당국자들은 두만강 일대에 군부대를 주둔시켜 의병부대의 출입을 철저히 금지했을 뿐만 아니라, 연해주 각지에서도 의병 훈련과 무기 소지를 단속하기 시작했다.[42] 러시아 국경지방 당국자들이 한인 의병운동에 대해 취한 강경한 탄압정책은 연해주 남부 우수리 크라이(변강) 국경수비위원회가 연해주 군정순무사에게 올린 1909년 2월 6일 자 보고서에 잘 나타나 있다. 이 보고서에서 위원회는 최재형, 이범윤, 엄인섭 등 연해주 의병진의 주요 지도자들에 대한 체포 및 내지로의 추방과 경찰 감시, 이주 제한 등의 조치를 제안하고 있다.[43]

둘째, 연해주 의병세력 내부의 알력과 분열 대립 때문이었다. 동의회가 창립된 이후 표면화되었던 의병진 내부의 분열과 갈등은 1908년 가을 이후 한층 악화되어 갔다. 의병진 내부의 갈등은 국내 진공전에서 고립 분산적인 작전과 분열로 드러났으며, 연해주로 퇴거한 이후에는 노골적인 상호 비방과 배척 양상을 띠어갔다. 최재형파와 이범윤파 간의 갈등은 국내 진입전이 끝난 후 오히려 한층 심화되었다. 최재형 의병진, 그 가운데서도 특히 엄인섭 부대가 귀환한 이후에는 양측이 결별할 정도로 악화되고 말았다. 앞에서 언급한 대로, 엄인섭 부대는 안중근과의 의견 불일치로 러시아로 귀환했다. 우덕순에 따르면, 국내 진입 직후 일본군이 곳곳에 배치된 상황에서 일본군의 등쌀에 발붙일 곳이 없어지자 엄인섭은 전투를 그만두고 돌아가자고 주장했고, 안중근은 일본군과 결사전을 치르자고 주장했다. 결국 의병의 4분의 3이 엄인섭의 의견을 따르기로 함으로써 안중근 부대와 우덕순 자신의 부대가 합류하게 되었다고 한

다.[44]

　귀환하는 과정에서 엄인섭 부대는 서수라(西水羅)를 습격해 일본인 어부 10여 명을 살해하고 재산을 강탈했다.[45] 이들은 또한 함경북도 웅기의 마을로 쳐들어가 일단의 일본 상인을 약탈하고 돌아오면서 두만강 연안의 일본군 초병들과 전투를 벌였다. 이 습격 사건으로 서수라의 한인주민들은 공포에 떨었고, 국경 주민들이 러시아의 한인 마을인 나고르나야(臥峰. 현재의 하산)로 도망쳐오고, 일본군들이 크라스노예 셀로(녹둔도)에 총을 발사하는 일이 발생했다. 귀환한 엄인섭 등은 블라디보스토크에서 일본인들에게 강탈해 온 재산을 팔아 금전적인 이익을 취했다. 한인들은 엄인섭 부대의 국내 습격이 약탈을 노린 단순한 강도 행위에 불과할 뿐 애국적인 결단이라고 보지 않았다. 이에 앞서 엄인섭은 흑룡주, 연해주, 또는 하얼빈으로 사람을 파견해 한인들로부터 군자금이라는 명목으로 금곡(金穀)을 모집했다. 이러한 행위를 거론하며 이범윤파는 최재형파의 행동을 강력히 비판했다.[46]

　엄인섭은 그동안 이범윤의 통역으로 러시아 당국자들과의 교섭에서 중요한 역할을 수행했지만, 1908년 여름 이후 이범윤 곁을 떠났다. 이후 최재형은 엄인섭에게 수청 지방으로 가서 의병 자금을 모집할 권한을 위임했다. 이를 두고 당시 한인들은 이미 상당한 기부금을 모으고 살인까지 저지른 엄인섭이 은신한 것으로 간주하고 있었다. 러시아 당국자 역시 엄인섭을 사기와 카드놀이에 능하며 몇 명의 첩을 거느리고 있는, 방탕하며 품행이 좋지 않은 인물로 평가하고 있었다.[47]

　셋째, 의병운동이 퇴조한 가장 큰 원인은 동의회의 핵심 인물인 최재형 자신이 의병운동에 대해 거리를 두기 시작했기 때문이다. 국적을 불문하고 러시아 내 한인사회에서 가장 유력한 인물로서,[48] 러시아 한인사회의 전폭적인 의병운동 지원을 이끌어냄으로써 동의회 출범을 가능하게 했던 최재형의 입장 변화가 결정적인 요인이었다. 이처럼 최재형의 입장이 변화된 데는 여러 가지 요인이 있다. 우선 최재형과 의형제 관계인 최봉준(崔鳳俊)이 의병운동을 적극적으로 반대하고 있었다. 1908년 봄 연해주 의병운동이 개시된 이래 일관되게 군사적 활동을 반대해 왔던 최봉준은 러시아 당국에 최재형의 협조 요구를 거부해 달라고 요청했다. 이뿐만 아니라 최봉준은 포시에트로 가서 최재형과 이범윤을 방문해 이들을 비판했고, 특히 최재형에게는 의병부대의 해산을 촉구하기도 했다. 최봉준은 여기에서 더 나아가 블라디보스토크의 한인 상인인 김학만, 차석보, 이영춘 등과 공동으로 ≪대동공보≫에 광고를 싣고, 한인들이 의병지도자들의 요구에 응하지 말 것을 촉구하기도 했다.[49]

1909년 1월 20일 자 ≪대동공보≫에 게재된 최재형의 광고는 1908년 가을 이래 변화된 최재형의 입장을 잘 보여준다. 최재형은 한인들의 애국심을 이용해 자금을 모집·남용하고 무례한 행동을 저지르고 있는 의병을 혹독하게 비판하면서, 앞으로 자신의 이름을 도용해 자금을 모집하는 의병들에 대해 지원을 중단할 것을 한인들에게 촉구했다. 최재형의 광고는 명백히 이범윤과 그의 휘하 의병들을 겨냥한 것으로, 사실상 의병운동에 대한 지지를 철회했음을 선언한 것이나 다름없었다.[50] 최재형이 이처럼 공개적으로 의병들을 비판하고 나선 것은 연해주 한인사회, 특히 부유한 원호인들의 여론을 반영한 것이기도 하지만, 러시아 당국의 정책 변화를 고려한 결과이기도 했다. 얼마 뒤의 일이지만 일본의 협조 요청을 받은 것이 틀림없는 영국과 미국 정부가 러시아에 외교적으로 압력을 가했고, 블라디보스토크의 러시아 당국은 1909년 2월 15일 최재형을 소환해 의병 세력과 관계를 끊을 것을 요구했다.[51]

일본 관헌의 보고에서 의병운동은 "더 이상 우려하지 않아도 될 정도가 되었다"라고 결론을 내린 것처럼, 연해주 의병운동은 1908년 여름을 고비로 급격하게 퇴조하기 시작했다. 이러한 분위기는 1910년 여름 일본의 한국 '강제병탄' 문제로 한인사회에서 항일 분위기가 다시 고조될 때까지 계속되었다.[52] 무장투쟁을 통한 국권 회복을 도모해 '급진운동(急進)'으로 불렸던 의병운동이 퇴조함에 따라 연해주 한인의 민족운동은 점차 교육·문화 활동에 중점을 둔 이른바 '완진운동(緩進運動)'이 주를 이루게 되었다. 1908년 11월 ≪대동공보≫ 창간과 곧 이은 1909년 1월 최재형의 ≪대동공보≫ 사장 취임은 바로 이러한 변화를 보여주는 단적인 사례라 할 수 있다.[53]

안중근은 후일 뤼순 감옥에서 있었던 일본 경찰의 신문에서 이범윤을 다음과 같이 평가했는데, 이는 당시 상황을 정확히 지적한 것이다.

두만강을 건너 실전(實戰)에 종사한 것은 앞에 진술한 것같이 단 한 번에 지나지 않는다. 또 의병에 대하여 러시아 관리는 결코 후원을 하는 따위의 일은 없을 뿐만 아니라 대단히 이를 혐오하여 이범윤 등도 러시아 관헌에서 포박하려고 논의가 엄밀하므로 목하 도망하며 다니고 있다. 이범윤은 의병을 일으킬 군자금으로 인민으로부터 다액의 돈을 말아 올리고 있기 때문에 의병을 일으키지 않으면 인민에게 피살되고 일으키면 러시아 관헌에게 포박될 처지가 되어 목하 크게 곤각(困却)하고 있는 모양이다.[54]

안중근은 당시 연해주의 침체된 상황을 정리해 "의병은 신뢰하기에 부족하고 강동(江東, 연해주)의 유지(有志)는 말하기에 부족해 민심의 통일을 기하기 어렵다"라고 했다. 그리하여 안중근이 "고심초려(苦心焦慮)한 결과" 조직하기로 한 것이 '단지동맹', 즉 동의단지회(同義斷指會)라고 하면서 단지동맹을 통해 후일을 기약하고자 했다는 것이다.[55]

단지동맹의 결성 과정을 살펴보자. 동의단지회에 앞서 연추의 유지인 사들이 조직한 것이 한인일심회(韓人一心會)였다. ≪대동공보≫ 사장 최재형과 김지창이 일심회의 취지와 회원들의 열성에 감복해 입회했으며, 집 한 채를 세내어 아편 먹는 동포 십여 명을 모아 약을 먹이고 유숙비를 대주는 등 적극 후원에 나섰는데, 당시 한인일심회의 회원은 60여 명에 달했다.[56] 일심회의 주요 회원은 동의회 회원들이었다. 즉, 동의회는 1909년 2월 15일 수청파를 중심으로 일심회(一心會)로 개편되었는데, 표면상으로는 아편 금지와 상부상조를 내세웠고 의병과는 전혀 관계없는 것처럼 했다.[57] 일심회는 성격상 아편금지회였는데, 이를 통해 안중근은 동지들을 확보하고자 했다.[58]

일제의 첩보자료에 따르면, 일심회 회원들 가운데 안중근을 비롯한 열두 명의 핵심 인물이 일본의 주요 지도자들과 친일적인 한인들을 처단하기로 결단하고 단지동맹[동의단지동맹(同義斷指同盟)]을 결성했다고 한다.[59] 단지동맹의 목적은 한국과 일본의 주요 인물을 암살하는 것인데,

안중근과 엄인섭은 이토 히로부미를, 김기룡(김태훈) 등 세 명은 이완용, 박제순, 송병준 등을 암살하기로 역할을 분담하고, 하늘(天)에 제사 지내 동맹하고는 그 증거로서 왼손의 무명지 제1관절부로부터 절단했다고 한다.[60] 안중근 자신은 「안응칠 역사」에서 단지동맹의 목적이 "일심단체(一心團體)로 나라를 위해 몸을 바쳐 기어이 목적으로 달성하도록 하는 것"이라고 하여 구체적인 활동 계획에 대해서는 언급하지 않았다.[61]

단지동맹의 정식명칭은 동의단지회(同義斷指會)였다. 계봉우의 「만고 의사 안중근전」에서는 동의단지회의 결성 과정을 다음과 같이 설명하고 있다.

"우리 동포는 다만 말로만 애국이니 일심단체이니 하고 실지로 뜨거운 마음과 간절한 단체가 없으므로 특별히 한 회를 조직하니 그 이름은 동의 단지회라. 우리 일반 회우(會友)가 손가락 하나씩 끊음은 비록 조그마한 일 이나, 첫째는 국가를 위하여 몸을 바치는 빙거(憑據)요, 둘째는 일심단체하 는 표(標)라. 오늘날 우리가 더운 피로써 청천백일지하(靑天白日之下)에 맹세하오니, 자금위시(自今爲始)하여 아무쪼록 이전 허물을 고치고 일심 단체하여 마음을 변치 말고 목적을 도달한 후에 태평동락을 만만세로 누리 옵시다" 하였고 공이 회장이 되어 처음 회를 열고 회무(會務)를 처리하니, 때는 단군 4242년 2월 초이렛날이더라.[62]

이후 안중근은 노보키옙스크, 곧 연추에 있는 한 집에서 ≪대동공보≫ 의 연추지방 탐방원 및 중간 판매원으로서 배달부 두세 명을 고용해 일하면서 때때로 블라디보스토크를 왕래했다.[63] 하얼빈의거 직전인 1909년 10월 10일 당시 대동공보사 사장은 러시아인 미하일로프, 발행인은 유진율(유가이 니콜라이), 주필은 정재관, 기자는 윤일병(윤욱), 이강(이정래), 정순만(왕창동)이었다. 우덕순은 집금회계원으로 일하고 있었다.[64] 우덕순은 당시 "안중근 씨는 여전히 각지 동포를 역방하며 애국사상을 환기하기에 분주하엿습니다"라고 회고한 바 있는데, 이는 안중근 자신이 단지동맹(동의단지회)을 결성한 이후 "각처로 왕래하며 교육에 힘쓰고 국민의 뜻을 단합하고 신문을 구독하는 것으로써 일을 삼았다"[65]라고 회고한 바와 부합한다.

우덕순은 자신의 회고담에서 하얼빈의거 직전의 상황을 다음과 같이 회고했다.

이듬해 봄에 나는 원산으로 해서 다시 해삼위로 들어가 안중근을 비롯하야 여러 동지들을 맛나 보앗습니다. 나는 대동공보 회계 주임으로 사무를 보고 잇섯고 안중근 씨는 여전히 각지 동포를 역방하며 애국사상을 환기하기에 분주하엿습니다.

이등의 도만소식(渡滿消息)

그해 음 9월 초생에 하얼빈서 발행되는 원동보(遠東報)를 보니 9월 중순쯤 이등박문이가 도만하야 하얼빈서 노국대장(露國大藏) 대신과 회견하고 귀로에는 해삼위를 경유하야 일본에로 돌아가리라는 소식이 게재되어 잇더군요. 이것을 본 당지 조선인 청년들은 한편으로 권총을 준비하면서 속으로 동요되기 시작하므로 우리가 그것을 엄금(嚴禁)하엿지오. 공연히 한

번만 수상(殊常)하게 보이면 정작 일할 때는 발도 붓칠 수업게 되겟던군요.

어느 날 밤이 좀 깁허진 다음에 대동공보 편집국장 유진율 씨와 동 주필 이강 씨가 나를 차저왓습네다. 그때 유지들의 제일집회소는 우리 집이고 제2집회소는 앤안중근의 처소엿지오. 밤이 깁허 마을꾼이 다 간 다음에 유(兪)와 이(李)가 차저와 이번 조혼 기회에 어찌하면 조흐냐고 의론을 내놋습데다. "나는 동지를 기다리네." "누구? 안(安)?" "그러치 그 사람하고 의론해 보겟네." "그럼 얼는 안(安)을 불르게." "걱정들 말고 가만히들 잇기만 하게 우리들이 하여 볼러허니…." 이러케 대강 말하고 훗허젓습니다.

거기서 한 6~7백 리 떠러저 잇는 연추(煙秋)라는 곳에는 아마 조선인 중에 제일 유력한 최재형(崔載亨)이라는 사람이 잇서 우리 일을 만히 돌보아 주엇는데 안중근은 그때 거기 가서 잇다가 전보(電報)를 밧고 8일 저녁에….[66]

우덕순은 자신의 회고담에 이토 히로부미 처단계획을 논의하는 과정을 기록했는데, 이 계획 수립에 ≪대동공보≫의 유진율과 이강이 관련되어 있다는 점, 이들 사이에서 안중근을 유력한 동지로서 거론했다는 점이 눈길을 끈다. 또 하나 이토 히로부미의 만주 방문 소식이 전해져 우덕순, 유진율, 이강이 이토 처단계획을 논의하고 안중근을 블라디보스토크로 불러들이기로 합의했을 때 안중근은 연추에 머물고 있었다는 점, 그리고 최재형이 당시까지 '안중근과 우덕순' 등 동지들의 일을 많이 돌봐 주고 있었다는 사실을 강조하고 있는 점이 주목된다.

한편 최재형의 다섯째 딸인 최 올가(올랴) 페트로브나가 회고한 바에 따르면 안중근이 하얼빈으로 떠나기 전 노보키옙스크의 최재형 집에 거주하면서 '테러사건'을 준비했다고 한다. 최 올가는 "노보키옙스크 우리집에 안응칠이 살았는데, 안인사인가 뭔가라고 불렀다. 그는 테러를 준비했다. 벽에 세 사람을 그려놓고 이들을 사격하는 연습을 했다. 우리는 언제인가 언니 소냐와 함께 마당에서 놀면서 이 광경을 보았다. 안응칠이는 하얼빈으로 떠나갔다"라고 회상했다.[67]

현재 안중근이 하얼빈으로 떠나가기 전에 최재형에게 자신의 의중을 밝혔는지, 밝혔다면 어느 정도 구체적으로 이토 히로부미 처단계획을 협의했는지는 확인할 수 없다. 그러나 안중근이 하얼빈으로 떠나기 전까지 노보키옙스크의 최재형 집에 기식하면서 후원과 보호를 받았음을 미루어 짐작할 수 있다.

4. 안중근의 공판투쟁과 '팔도 의병 총독 김두성' 문제

하얼빈의거 직후 일제 당국은 사건 연루혐의자로 지목한 서른일곱 명 중 최재형을 첫 번째 인물로 꼽았다.[68] 앞에 인용한 우덕순의 회고에 따르면, 안중근은 이토 히로부미가 하얼빈으로 간다는 신문 보도를 접하기 전까지 연추에서 최재형의 도움을 받으며 머물고 있다가 이토 히로부미의 하얼빈행에 관한 전보를 받고 블라디보스토크로 왔다고 한다. 신문기사를 보고 안중근은 "참말 일어서서 춤을 덩실 덩실 추었"다는 것이다.[69]

최재형이 안중근의 거사계획을 사전에 알고 있었는가는 확인할 수 없지만, 일제 측은 최재형이 하얼빈 사건에 대한 사전 정보를 알지 못했던 것으로 파악하고 있었다. 일제 첩보자료는 하얼빈의거 소식을 접한 최재형의 흥미로운 반응을 기록하고 있다. 즉, 사건에 대해 통지를 받은 최재형은 "무뢰(無賴)로써 늘 사람의 재물을 약탈하는 데만 급급하던 안중근이 이 장거(壯擧)를 했다니 앞서의 협잡자가 지금 국가 제일 공신이 되었다"라고 상탄(賞嘆)하고 그 서한에 금 400원을 첨부해 곧 대동공보사로 송부해 왔다는 것이다.[70] 안중근에 대한 최재형의 논평을 액면 그대로 받아들일 수 없지만, 최재형이 안중근의 하얼빈의거를 통쾌해하며 환호했음을 알 수 있다.

안중근의 하얼빈의거 이후 최재형은 또 다시 항일의병의 거사에 중심이 될 인물로 주목받은 것으로 보인다. 유인석이 사건 직후 최재형에게 편지를 보내 1908년 동의회 시절의 동지적 관계를 거론하면서 항일의병의 거의를 다음과 같이 촉구했기 때문이다.

이미 강동의 영웅들을 일으켰는데 최 도헌이 급하게 다시 일어나지 않을 수 있겠습니까? 하물며 안응칠은 일찍이 도헌 휘하의 병사가 되어 도헌의 집에 머물면서 늘 다시 거의(擧義)하여 원수를 갚고 나라를 되찾을 것을 의논하였습니다. 이제 안응칠이 바로 복수를 하였는데 나라를 회복하는 일을 도헌이 자기 힘으로 하지 않고 안응칠을 저버릴 수 있겠습니까? 의리상으로도 마땅히 이 일을 해야 하는 데다 안응칠이 일찍이 도헌과 한마음으로 같이 일하였으니 지금 이 일에 자연히 드러날 것이라 왜적들의 의심을 면하기 어려울 것이니 형세 또한 뭔가를 하지 않을 수 없습니다. 도헌을 위하여 헤아려 보건대 마땅히 몸소 일을 꼭 맡아야 하고 철저히 해가야 할 것입니다. 의리로든 형세로든 참으로 맡아야 합니다. 하물며 이 일이 얼마나 커다란 의리가 있는 큰 일입니까? 커다란 의리가 있는 큰 일이 있음에도 하지 않은 것이 어찌 적지 않을 수 있겠습니까? 감당할 만해서 하는 것 또한 많다 할 수는 없을 것이니, 해서 이뤄진다면 또한 장하지 않겠습니까? 도헌께서는 깊이 생각해 보십시오.[71]

안중근의 공판투쟁에서 주목해야 하는 것은 안중근이 심문·공판 과정에서 방어하고자 했던 것(숨기고자 했던 것)과 얻고자 했던 것이 무엇인지를 밝히는 것이다. 우선 안중근은 자금과 논의의 핵심이던 ≪대동공보≫와의 관계, 특히 유진율, 이강과의 관련성을 방어하고자 했다. 우덕순이 회고한 것처럼 이들은 자금 100루블과 단총을 제공한 핵심 인물이었다.[72] 안중근은 심문 과정에서 이 대동공보 인물들과의 관계를 끝까지 방어하는 데 성공했다.

다음으로 공판 과정에서 언급된 '팔도(八道) 총독(總督) 김두성(金斗星)'에 관한 문제를 검토해 보기로 하자. 안중근은 공판 심문 과정에서 자신은 "전부터 의병의 참모중장(參謀中將)으로 추천되어 있었"다고 주장하면서, '직접 상관'으로 '팔도의 총독(總督)'인 강원도 출신의 '김두성(金斗星)'을 지목했다. 이에 대해 일찍이 조동걸 교수는 김두성을 가명으로 간주하며 당시 연해주에 있던 유인석으로 추정한 바 있다. 이에 대해 신용하 교수는 「안응칠 역사」를 인용해 "의병부대의 총독(總督)에는 이범윤이 추대되고, 총대장(總大將)은 김두성(金斗星)이 맡았으며, 안중근은 참모중장의 임무를 맡았다. 무장한 부대원은 약 300명이었다"라고 설명했다. 아울러 "이 부대의 총대장 김두성에 대해서는 논란이 많을 수 있으나, 그는 실재 인물이었다"라면서 그 근거로 일본 측 첩보자료를 제시하고 있다.[73] 그 자료에 나오는 김두성은 실재 인물로 평안남도 평양군 남채사면 송정동에 사는 스물일곱 살의 전직 순사였다가 사직(辭職)하고 왔는데, 단발에 양복을 입고 있었다고 한다.[74] 더군다나 신용하 교수의 해석은 「안응칠 역사」에 기록된 대로 '총독 김두성, 대장 이범윤'의 순서를 따르지 않고, 이를 무시한 채 '총독 이범윤, 총대장 김두성'으로 그 서열을 바꾸어놓았다.

1910년대에 연해주 신한촌에는 김두성이라는 인물이 실제로 살고 있었다. 하지만 이 사람은 신용하 교수가 제시한 평양군 송정동의 순사를 지낸 스물일곱 살의 '김두성(金斗星)'과는 다른 인물로, 1913년경 러시아 연해주에도 그런 이름의 애국적 인물이 있었던 것이다. 그 증거로 '고본단' 청입인(請入人) 명단에 신한촌 거주 '김두성'이 1원을 냈다는 광고문이 있고,[75] 신한촌에서 살다가 병사한 김학서의 장례비를 의연한 명단에도 '김두성'이라는 인물이 20전을 기부한 것으로 올라 있다.[76] 또한 1914년 1월 19일 권업회 총회(2월 1일 개최 예정) 준비 모임에 참석한 인물 21명 가운데에도 김두성이 포함되어 있다.[77]

김두성의 신원 문제는 안중근이 왜 김두성이라는 인물을 거론했는가 하는 그의 공판전략에 초점을 맞추어야 한다. 공판 과정에서 김두성을 언급한 안중근의 진술 내용을 인용해 보자.

문: … 본 건에 관하여는 우(禹) 외에는 상의한 일이 없다고 그대는 진술하였으나 아까 자기는 의병의 참모중장으로서 결행하였던 것이라고 말했는데 우(禹) 이외에는 달리 상의한 사람이 없는가?

답: 별로 상의한 일은 없다. 나는 전부터 의병의 참모중장으로 추천되어 있었으며 동지자는 다 각자의 업무를 하여 각각 한국의 독립을 위해 일하기로 동맹하고 있지만 나는 특파독립대(特派獨立隊)로 합이빈에 와서 이등을 살해한 것이다. 만약 이렇게 일이 급하지 않았더라면 병(兵)을 불러올 수가 있고 또 나에게 병력이 있었다면 대마도 근처쯤으로 출동해 가서 이등이 타고 오는 배도 전복할 심산이었다.

문: 그대는 의병이라고 말하는데 그 통할 자는 누구인가?

답: 팔도(八道)의 총독(總督)은 김두성(金斗星)이라 부르며 강원도 사람이지만 지금의 거처는 모른다. 그 부하에 허위(許蔿), 이강년(李康年), 민긍호(閔肯鎬), 홍범도(洪範道), 이범윤(李範允), 이운찬(李運瓚), 신(申)돌석 등이 있지만 그중에는 지금에는 없는 사람도 있다.

문: 그대의 직접 상관은 누구인가?

답: 김두성이다.

문: 그대는 특파원으로서 합이빈에 왔다고 말하나 그것은 김두성으로부터 지휘를 받았다는 것인가?

답: 이번 새삼 명령을 받은 것이 아니고 이전에 연추 부근에서 나는 김두성으로부터 청국과 노령 부근의 의병 사령관으로 일하라는 명령을 받았다.

문: 그 일 하는 데 대하여 소요될 비용은 김두성으로부터 받고 있는가?

답: 특별히 김(金)으로부터 직접 받은 일은 없다. 나는 각 부락에 가서 유세

(遊說) 등을 하고 기증해 주는 것을 비용에 충용하고 있었다.[78]

여기에서 김두성의 부하로 거론된 인물들을 보면 각 도의 대표적인 의병장이다. 13도창의대장인 이인영을 넣고 '함경도 의병대장'인 홍범도와 북간도 의병의 상징적인 이범윤을 빼면 1907년 12월 양주에 집결했던 13도연합의병(13도창의대진소)을 연상할 수 있는 의병 간부진 구성이다.[79]

문제를 복잡하게 하는 것은 안중근이 자신이 직접 쓴 「안응칠 역사」에서도 김두성을 언급하고 있다는 점이다.

> 그때 김두성(金斗星)과 이범윤(李範允) 등이 모두 함께 의병을 일으켰다. 그 사람들은 전일(前日)에 이미 총독(總督)과 대장(大將)으로 피임된 이들이요. 나는 참모중장(參謀中將)의 직책에 피선되었다. 의병과 군기 등을 비밀히 수송하여 두만강(豆滿江) 근처에서 모인 다음 큰 일을 모의하였다. 그때 내가 의논을 끌어내어 말하되[80]

여기에서 김두성은 연해주에 체류하면서 '총독'으로서 '대장'인 이범윤과 함께 의병을 일으킨 실재 인물로 기록되고 있다. 김두성과 이범윤은 각각 '총독'과 '대장'의 직책에 피임되었고, 안중근은 '참모중장'에 피선되었다. 이들 세 명이 한자리에서 피임 또는 피선된 것이다. 김두성을 실재 인물로 간주하고 그의 역할을 적극적으로 평가한 연구자가 오영섭 교수이다. 오영섭 교수는 공판 과정에서 행한 안중근의 답변과 「안응칠 역사」의 기록을 액면 그대로 받아들여 다음과 같이 의미를 부여하고 있다. "안중근 의거의 막후 주역인 미지의 인물 김두성에 대해서는 유인석설(조동걸)과 김두성설(신용하)이 있다. 그런데 한 가지 분명하고도 주목할 만한 사실은 그가 김두성이든 유인석이든 간에 연해주 의병에 대한 총괄책임을 부여받은 고종세력의 밀사나 협력자였을 가능성이 높다는 사실이다." 김두성은 연해주 의병에 총괄책임을 부여받은 고종세력의 밀사나 협력자일 뿐만 아니라 하얼빈의거의 '막후 주역'이라는 것이다.[81]

'팔도의 총독 김두성'의 문제는 안중근의 공판투쟁 전략과 관련된 것으로 보인다. 결론적으로 말하면 안중근이 공판정에서 염두에 두고 진술한 연해주 의병의 조직적 실체는 동의회이며, 공판정에서 안중근이 진술한, 자신에게 '연추 부근에서' '청국과 노령 부근의 의병 사령관으로 일하라고 명령'을 내린 '팔도 총독' 김두성의 실체는 동의회 총장 최재형으로 보는 것이 타당하다. 동의회는 사실상 의병조직이었고, 앞에서 살펴본 것처럼 총장은 최재형, 부총장은 이범윤, 회장 이위종, 부회장 엄인섭이었다. 그렇기 때문에 「안응칠 역사」 등의 자료를 토대로 「만고의사 안중근전」을 쓴 계봉우(檀仙)는 김두성에 대해 일체의 언급 없이 "이에 공이 엄인섭으로 더불어 (중략) 이듬해 3월에 해삼위로 돌아오니 <u>이때에 **의병 총장**은 우수리 지방의 주인공 되는 **최재형**(崔在亨)이더라</u>. 다행히 모든 일이 잘 되어갈 즈음에 아라사(俄羅斯) 서울에 유(留)하는 전 공사 이범진(李範晉)이 그 아들 위종(緯鐘)을 보내어 군수금 만 환을 기부하고 동의회를 설립하여 군사 모집한 것이 6백여 명에 이른지라"라고 썼던 것이다(밑줄과 강조는 필자).

아울러 공판정에서 안중근 자신이 임명되었다고 말한 '참모중장'직은 안중근이 동의회 소속으로 있으면서 의병부대가 국내 진공할 당시에 맡았던 '우영장' 직책을 말한 것으로 보아야 한다.

안중근이 실제 사실과 부합하지 않는 김두성이라는 인물을 제시한 것은 그의 공판전략으로 보이는데, 안중근의 김두성 관련 진술은 경찰과 검찰의 심문 과정에서는 전혀 언급되지 않은 내용이며 1910년 2월 7일에 열린 제1회 공개 공판정에서 안중근이 처음으로 진술한 것이라는 점에 주목할 필요가 있다.

안중근이 공개 공판정에 가서 처음으로 김두성이라는 인물을 내세운 것은 어떤 이유에서였을까? 첫째, 안중근은 자신을 의병세력의 전국적 조직에 연결시켜 참모중장으로서의 위상을 내세움으로써 국제법에 의한 '전쟁포로'로 대우해 줄 것을 요구하고자 했던 것으로 보인다. 하얼빈의 거가 한국과 일본 간의 관계, 특히 1905년의 '5조약', 1907년의 '7조약' 이후 노골화된 일본의 한국 침략과 이에 대한 한국민들의 저항으로 발생한 전쟁의 진행 과정에서 발생한 사건임을 부각시키고자 한 것이다. 그러나 대표성이나 권위에서 연해주의 일개 의병조직에 불과했던 동의회 조직은 이러한 안중근의 공판전략에 부합할 수 없었다. 또한 제3자가 볼 때 동의회 총장이던 최재형은 러시아 국적을 가진 '외국인'이므로 전체 한국민을 대표하기에는 적합하지 않기 때문에 안중근은 사실대로 최재형을 언급하지 않았을 것이다.

둘째, 독립운동 진영과 그 후원 세력을 보호하려는 의지가 확고했던 안중근은 동의회 총장으로서 연해주 의병조직의 최고 책임자였던 최재형을 보호하고 그와 관련된 사실을 숨기고자 했던 것으로 판단된다. 안중근은 검찰 신문과 공판 과정에서 몇 가지 중요한 사실을 최대한 숨기고자 했다. 즉, 안중근이 숨기고자 했던 사실은 우덕순과의 공모 사실, ≪대동공보≫ 관계자들의 관여 사실(유진율, 이강이 자금과 총기를 제공한 문제), 1908년 여름 동의회 소속 의병부대가 국내 진공작전에 참여한 사실, 단지동맹의 결성 사실 등이다.[82] 이러한 사실들, 특히 1908년 여름 있었던 동의회 의병진의 국내 진공 및 단지동맹 등과 관련해 최재형은 핵심적인 연결고리가 될 수 있는 인물이다. 신문 과정에서 안중근은 1908년 여름 동의회 평의원으로서 국내 진입 의병부대의 우영장으로 활약한 사실을 숨기고자 했지만, 정대호가 이 사실을 (단지동맹 조직 건과 함께) 뤼순 감옥의 전옥(典獄)에게 말하는 바람에 이를 숨기려던 계획은 수포로 돌아갔다.[83]

이처럼 '팔도 의병 총독 김두성'이라는 발상은 안중근이 명분과 실리 양면을 고려해 채택한 매우 효과적인 전략이었다. 따라서 현재 사료적 뒷받침이 전혀 없는데도 불구하고 재판 과정에서 나온 안중근의 진술 하나만을 토대로 연해주 의병이나 하얼빈 사건과 관련시켜 '의병 총독 김두성'을 '실재 인물'이나 '실제적 사실'('실재'가 아닌 '실제')로, 그리하여 그와 안중근의 관계를 실제적인 역사적 사실로 부각시키려는 주장은 무리한 추정이라 판단된다. 더구나 김두성이 연해주 의병에 대한 총괄책임을 부여받은 고종세력의 밀사나 협력자일 뿐만 아니라 하얼빈의거의 막후 주역일 것이라고까지 상정하는 것은 지나친 확대 해석이라 할 것이다.

5. 맺음말

최재형의 딸들이 남긴 회상록에는 안중근의 아내와 아이들이 최재형의 집을 알고 찾아와 머물렀고, 최재형의 아내가 이들을 친절하게 대접한 사실이 기록되어 있다.[84] 일제의 첩보자료에도 1911년 1월 당시 안중근의 아내와 아이들이 연추 최재형 집에서 숙식한 사실이 기록되어 있어, 최재형 딸들의 회상 내용과 일치한다.[85] 안중근과 최재형 두 사람의 관계가 이들의 사후에도 두 가족 간의 끈끈한 인연으로 지속되었음을 미루어 짐작할 수 있다.

일본군이 러시아혁명에 무력 개입한 이후인 1918년 8월 29일의 국치일을 기념해 연추에서 거행된 연극회에 관해 일제 측 첩보기록이 남아 있다. 이에 따르면 이 연극회는 연추민회 회장인 최재형을 비롯해 '아르마스 학교' 교사 정남수(鄭南洙) 등 다섯 명의 주최로 8월 19일 밤부터 4일간 오후 5시부터 11시까지 매일 계속되었는데, 안중근의 이토 히로부미 처단 사건이 주요한 내용이었다고 한다. 8월 19일 밤에는 연추 부근은 물론 멀리 수청에서도 한인들이 몰려와서 약 1200명이 관람했다고 한다.[86]

1908년 여름 함경도 두만강 국경 지역의 일본군 수비대를 공격했던 연해주 의병운동의 중심 조직은 동의회였다. 최재형은 동의회의 총장으로, 안중근은 평의원으로 선임되었으며, 국내로 진공한 최재형파의 동의회 의병부대 조직에서 안중근은 우영장으로 활동했다. 하얼빈의거의 동지인 우덕순 역시 동의회 회원이었다. 동의회의 중심 세력은 안중근과 그의 의형제인 엄인섭, 김기룡을 중심으로 한 '87형제파'의 청년들이었다.

1893년 이후 러시아 정부에서 연추면 도헌(都憲)에 임명된 최재형은 1908년 당시 한인사회에서 가장 영향력 있는 지도자였다. 그가 동의회의 최고 지도자가 될 수 있었던 것은 러시아군대를 상대로 하는 청부업과 상업 활동을 통해 축적한 경제력, 러시아 지방 당국자와 한인 농민들 사이에서 얻은 두터운 신망을 바탕으로 한인사회에 미치고 있던 그의 영향력 때문이었다. 국내에서 망명해 오는 대부분의 애국지사는 연추 마을과 노보키옙스크(1905년 이후)에 위치한 최재형의 집에서 식객으로 머물렀고, 안중근도 예외가 아니었다.

동의회가 최재형파와 이범윤파로 분열·대립되었을 때, 안중근은 최재형파에 속했다. 안중근은 이범윤 측이 지목한 최재형파 핵심 인물 아홉 명 중 한 사람이었다. 안중근은 이범윤의 권위주의적이며 봉건적인 태도를 달가워하지 않았으므로, 후일 하얼빈사건 심문 과정에서도 "이범윤과는 의견이 맞지 않아 행동을 같이한 적이 없다"라고 말한 바 있다. 이에 반해 유인석이 최재형에게 보낸 편지에서 평가한 바에 따르면, 안중근은 최재형과 동지적 관계였다. 즉, 유인석은 안중근이 "일찌기 도헌[都憲, 최재형] 휘하의 병사가 되어 도헌의 집에 머물면서 늘 다시 거의(擧義)하여 원수를 갚고 나라를 되찾을 것을 의논했"다고 했다. 1932년에 쓴 책에서 최호림이 동의회를 좌우 두 파로 나누고, 안중근을 엄인섭, 장봉한, 최병준, 황병길과 함께 '동의회 좌파'인 최재형파 인물로 분류했던 것도 이와 같은 맥락에서 이해할 수 있다.

1908년 국내 진입 의병운동에서 패퇴한 후 안중근은 연해주와 흑룡주

(아무르주)의 한인 거주지들을 순방했는데, 북으로는 멀리 러시아의 아무르강 인근과 중국의 국경지대에 위치한 사만리(블라고슬로벤노에) 마을까지 찾아갔다. 수청 지방에서는 일진회 회원들에게 잡혀 목숨을 잃을 뻔했다. 1908년 이후 의병운동이 쇠퇴한 가장 큰 원인은 의병 활동을 금지하는 러시아 당국의 정책 때문이었지만, 이에 못지않게 한인사회의 의병 활동에 대한 부정적인 입장, 특히 의병운동의 최대 후원자였던 최재형이 의병운동과 거리를 두게 된 것 역시 주요한 원인이었다. 그렇지만 최재형은 1909년 봄 안중근 등 수청파가 중심이 된 한인일심회를 적극적으로 협조했다. 이후 하얼빈의거에 이르기까지 안중근은 각지를 순방하면서 교육에 힘쓰고 국민 단합을 고취했는데, 노보키옙스크에서는 최재형 집에 머물면서 도움을 받았다.

1908년 여름 전개된 국내 진공작전 이후 침체된 상황에서 안중근이 중심이 되어 연추에서 결성한 동의단지회는 "일심단체(一心團體)로 나라를 위해 몸을 바쳐 기어이 목적을 달성하도록 하는 것"을 목표로 삼았다. 안중근 등 열두 명이 결성한 동의단지회와의 관련성을 확인할 수 없으나 "최재형이라는 사람이 있어 우리 일을 만히 돌보아 주엇"다는 우덕순의 회고를 보건대, 최재형이 안중근이 회장이었던 동의단지회 등의 활동을 여러 가지로 지원했을 것으로 짐작된다.

현재로서는 안중근이 하얼빈으로 떠나기 전에 최재형에게 자신의 의중을 밝혔는지, 밝혔다면 어느 정도 구체적으로 이토 히로부미 처단계획을 협의했는지는 확인할 수 없다. 그러나 안중근이 블라디보스토크를 거쳐 하얼빈으로 떠나기 전까지 노보키옙스크의 최재형 집에 기식하면서 후원과 보호를 받고 있었던 사실은 확인할 수 있다.

하얼빈의거 직후 일본 당국이 하얼빈의거 연루혐의자로 지목한 서른 일곱 명 중 첫 번째 인물로 최재형을 지목한 것은 우연이 아니다. 유인석도 최재형에게 보낸 편지에서 이렇게 될 것을 예상하고 있었다고 썼다. 안중근이 하얼빈의거 공판투쟁에서 방어하고 숨기고자 했던 여러 사실 가운데 하나가 최재형과의 관계였다. 안중근은 일본 당국자들의 집요한 추적에 우덕순과의 공모 사실이나 1908년 여름 동의회 의병의 국내 진공작전에 참여한 사실, 단지동맹의 결성 사실 등을 방어하는 데는 실패했지만, ≪대동공보≫ 관계자들의 관여 사실(유진율, 이강이 자금과 총기를 제공한 문제)이나 최재형과의 관계를 숨기는 데는 성공했다.

안중근이 1910년 2월 7일 열린 제1회 공개 공판정에서 '팔도(八道) 의병 총독(總督)'으로 김두성이라는 인물을 내세운 것 역시 한편으로는 자신의 공판투쟁 전략에 따른 것이었다. 이와 아울러 이 전략을 통해 최재형을 보호하고 그와 관련된 사실을 숨기고자 했던 것이라 판단된다. 즉, 안중근은 '팔도 의병 총독 김두성'을 매개로 자신을 의병세력의 전국적 조직에 연결시켜 참모중장으로서의 위상을 내세우려 했고, 그 귀결로 자신을 국제법에 의한 '전쟁포로'로 대우해 줄 것을 요구하고자 했던 것이다. 대표성이나 권위 면에서 연해주의 일개 의병조직에 불과했던 동의회 조직은 안중근의 공판투쟁 전략에는 부합할 수 없었다. 또한 제3자가 볼 때 동의회 총장이던 최재형은 러시아 국적의 '외국인'이므로 전체 한국민을 대표하기에는 부족하다고 판단했을 것이다.

이 장에서는 러시아 연해주를 활동무대로 한 항일전선에서 희생된 안중근과 최재형, 이 두 인물을 비교하고자 했다. 하지만 의도한 만큼의 성과를 거두지는 못했다. 안중근과 비교해 최재형은 자신의 생각을 직접 드러낸 글이 거의 없다. 이러한 상태에서 두 사람을 비교하는 것, 특히 내면적인 생각을 비교하는 것은 결코 쉽지 않은 일이다. 따라서 일본 첩보자료에 의존할 수밖에 없는 경우가 많다. 이 글에서 최재형에 대한 안중근의 평가를 깊이 있게 다루지 못한 이유는 최재형에 대한 안중근의 평가가 정상적인 상황이 아닌 구금·재판 과정에서 나온 것이므로 액면 그대로 받아들일 수 없기 때문이다. 이 점은 향후 안중근 연구에서 깊이 고려해야 한다. 안중근이 거론한 '팔도 의병 총독 김두성' 문제 역시 이러한 문제의식에서 새롭게 해석해 보았다. 안중근의 정치사상, 특히 군주제와 공화제에 대한 그의 심도 있는 사상에 대해서는 분석 작업이 병행되어야 할 것이다. 이는 최재형의 경우에도 해당되는 바이다.

제 3 장 주 석

1) 「논설 권업회신년총회」, ≪권업신문≫ 1914년 2월 8일 자 1면.

2) 선행연구로서 이 글의 주제와 관련해 필자가 주목한 글은 다음과 같다. 이정은,「최재형의 생애와 독립운동」,『한국독립운동사연구』10(독립기념관 한국독립운동사연구소, 1996), 291~319쪽; 박환,「구한말 러시아 연해주 최재형 의병 연구」,『한국독립운동사연구』13(독립기념관 한국독립운동사연구소, 1999), 29~41쪽; 윤병석,「安重根의 沿海州 義兵運動과 同義斷指會」,『한국독립운동사연구』14(독립기념관 한국독립운동사연구소, 2000), 111~125쪽; 박환,「러시아 연해주에서의 안중근」,『안중근과 한인민족운동』(한국민족운동사연구 30, 국학자료원, 2002), 61~94쪽; 오영섭,「간도지역 독립운동과 안중근이 지도한 의병전선」,『안중근의거 99주년 기념 국제학술회의: 동북아평화와 안중근 의거 재조명』(안중근·하얼빈학회, 동북아역사재단, 2008), 13~34쪽.

3) 최재형에 관한 서술은 별도의 주석이 없는 한 반병률,「최재형(崔在亨, 최 표트르 세묘노비치), 러시아 고려인사회의 존경받는 지도자」(국가보훈처, 2004·2006)를 참조한 것이다(이 책의 제1장). 최재형에 관한 대중적 전기로는 박환,『시베리아 한인민족운동의 대부 최재형』(역사공간, 2008)이 있다.

4) 올가 보리소브나 린샤,「한인들의 학교교육 보급을 위한 러시아정교의 활동: 19세기 70년대와 90년대 초 남우수리스크 지방」,『러시아의 대한(大韓)정책과 한.러관계의 역사적 성격』, 동북아역사재단·한러협력연구소 주최, 2007 한·러공동학술회의(2007년 11월 28일), 동북아역사재단, 69~70쪽.

5) 「書信」(1909년 10월 29일 자, 大垣丈夫가 佐竹秘書官에게),『한국독립운동사 자료』6(국사편찬위원회, 1983), 255쪽;「警秘 第290號」(1909년 10월 30일 자),『한국독립운동사 자료』7(국사편찬위원회, 1983), 256쪽; 안중근,「국역 안응칠 역사」, 尹炳奭 譯編,『安重根傳記全集』(국가보훈처, 1999), 157쪽.

6) 「국역 안응칠 역사」, 157쪽.

7) 「국역 안응칠 역사」, 158~159쪽.

8) 檀仙(계봉우),「만고의사 안중근전(10)」, ≪권업신문≫ 1913년 8월 29일 자; 尹炳奭 譯編,『安重根傳記全集』, 527쪽. 그리하여 나이 많은 엄인섭이 안중근의 형이 되고, 나이가 적은 김기룡은 동생이 되었다. 안중근은 엄인섭과 김기룡을 "좋은 인물 두 분"으로 "자못 담략과 의협심이 뭇사람을 뛰어나"다고 했다. 한편 계봉우는 「만고의사 안중근전(3)」에서 '87'명이 아닌 '78'명으로 쓰고 있는데 숫자상 착오로 보인다. 「만고의사 안중근전(3)」, 514쪽 참조.

9) 「被告人 安應七 第9回 訊問調書」,『한국독립운동사 자료』6, 255쪽;「禹德淳 先生의 懷古談」,『안중근의사자료집』(독립기념관 독립운동사연구소, 1999), 195쪽. 해방 후 우덕순은 "내가 안중근 씨를 처음 만나기는 개국 4240년에 해삼위에서 만났습니다. 특별한 동기가 잇는 것도 아니오 그 때 애국지사들이 모히는 자리에서 우연히 만낫지마는 자연히 서로 지기상통(志氣相通)되어 곳 숙친(熟親)하여것습니다"라고 회상했다.

10) 檀仙(계봉우),「만고의사 안중근전(10)」, ≪권업신문≫ 1913년 8월 29일 자; 尹炳奭 譯編,『安重

根傳記全集』, 527쪽.

11) 「국역 안응칠 역사」, 161쪽. 특히 비입적 한인(여호인) 농민들이 많이 거주하고 있던 수청 지역에서 많은 의병이 응모했기 때문에 안중근 등 87형제들이 중심이 된 의병그룹은 '수청파' 또는 '소성파(蘇城派)'라 불리었다.

12) 「憲機第2634號-別紙第1號 安應七및 그 同類에 關한 調書」(1909년 12월 30일 자), 『한국독립운동사 자료』 7, 244쪽.

13) 「排日鮮人 退露處分에 關한 件」(1915년 5월 17일 자), 『不逞團關係雜件 朝鮮人의 部 在西比利亞』(日本外務省史料館 所藏) 5권(국사편찬위원회 소장본).

14) 「스미르노프 남우수리스크 지방 국경행정관이 플루구 연해주 군무지사에게 보낸 보고서」, 『한국 최초의 주러시아 상주공사 이범진의 생애와 항일독립운동』(외교통상부, 2003), 207쪽. 안중근은 이위종은 "나이가 20가량이고 노경[露京, 페테르부르크]에 있는데 블라디보스토크에 왔을 때는 러시아 여관에 숙박하는 것이 상례이고 올 때마다 각지에 산재하는 동포의 상황을 시찰하고 돌아가는 것을 상례로 한다. 의병으로 행동한 일은 없다"라고 회상했다. 「境 警視의 訊問에 대한 安應七의 供述(第2回)」(1909년 11월 26일), 『한국독립운동사 자료』 7, 403쪽 참조.

15) 「境 警視의 訊問에 대한 安應七의 供述(第9回)」(1909년 12월 6일), 『한국독립운동사 자료』 7, 437쪽.

16) 「만고의사 안중근전(10)」, 527쪽.

17) 「연해주의 군총독 각하께」(남부우수리크라이 국경수비위원회, 1909년 2월 6일), 『한국독립운동사 자료』 34(러시아편 1)(국사편찬위원회, 1997), 39~40쪽.

18) 「排日鮮人 退露處分에 關한 件」(1915년 5월 17일), 『不逞團關係雜件 朝鮮人의 部 在西比利亞』 5권(국사편찬위원회 소장본).

19) 「排日鮮人 退露處分에 關한 件」(1915년 5월 17일), 『不逞團關係雜件 朝鮮人의 部 在西比利亞』 5권(국사편찬위원회 소장본).

20) 「排日鮮人 退露處分에 關한 件」(1915년 5월 17일), 『不逞團關係雜件 朝鮮人의 部 在西比利亞』 5권(국사편찬위원회 소장본). 미국에서 돌아온 군의는 국내 진입전 때 회령에서 일본군에게 잡혀 총살되었고, 병기부장 김대련은 후일 일본총영사관의 밀정으로 포섭되었으며, 제1중대장 김모는 한인 마을 온타우재(連島)에서 병사했다. 최화춘은 갈화춘의 오류라 보인다.

21) 「동의회취지서」, ≪해조신문≫ 1908년 5월 10일 자 1면.

22) 「統監報告」(1909년 10월 30일), 『한국독립운동사 자료』 7, 256쪽.

23) 「記錄 1909年 安重根及合邦에 關한 書類(93)」(1910년 1월 20일), 『한국독립운동사』 1(국사편찬위원회, 1983), 982쪽.

24) 「報告」(1909년 11월 2일), 『한국독립운동사 자료』 7, 156쪽; 「禹德淳 先生의 懷古談」, 199, 202쪽.

25) 「排日鮮人 退露處分에 關한 件」(1915년 5월 17일), 『不逞團關係雜件 朝鮮人의 部 在西比利亞』 5권(국사편찬위원회 소장본).

26) 「禹德淳 先生의 懷古談」, 199, 203~206쪽.

27) 「境 警視의 訊問에 대한 安應七의 供述(第9回)」, 434~436쪽. 연해주 의병의 국내 진입과 전투에 대해서는 여러 기록이 있지만, 「국역 안응칠 역사」와 안중근 자신의 회상에 기초한 계봉우의 「만고의사 안중근전(10)」(≪권업신문≫ 1913년 8월 29일 자)에 압축적으로 잘 정리되어 있다.

28) 유인석, 「최재형에게」(1909년 10월), 유인석, 『국역 의암집』 2(의암학회, 2007), 337쪽.

29) 「排日的 韓人에 관한 調査의 件」, 『한국독립운동사 자료』 7, 222쪽; 「電報」(1909년 12월 10일

자),『한국독립운동사 자료』7, 225쪽.

30) 『한국독립운동사 자료』12, 258쪽;「이범윤과 의병」,≪신한민보≫ 1910년 5월 25일 자.

31) 「被告人 第6回 訊問調書」(1909년 11월 24일),『한국독립운동사 자료』6, 168쪽.

32) 「境警視 安應七을 訊問한 供述(第1回)」(1909년 11월 26일),『한국독립운동사 자료』7, 396쪽.

33) 최호림,『遠東邊疆高麗人生活 歷史抄錄』第一冊(하바롭스크: 手稿本, 1932), 15쪽; 반병률,『항일혁명가 최호림과 러시아지역 독립운동의 역사』(한울아카데미, 2020), 48쪽.

34) 「국역 안응칠 역사」, 168쪽.

35) 「만고의사 안중근전(10)」, 528쪽.

36) 「국역 안응칠 역사」, 168쪽.

37) 「禹德淳 先生의 懷古談」, 205쪽.

38) 「만고의사 안중근전(10)」, 528쪽;「국역 안응칠 역사」, 168쪽;「公判始末書」,『한국독립운동사 자료』6, 312쪽.

39) 「만고의사 안중근전(10)」, 528쪽.

40) 「禹德淳 先生의 懷古談」, 205쪽.

41) 「만고의사 안중근전(10)」, 528쪽.

42) 반병률,「노령 연해주 한인사회의 한인민족운동(1905~1911)」,≪한국근현대사연구≫ 7(1997), 82쪽.

43) 「연해주의 군총독 각하께」(남부우수리크라이 국경수비위원회, 1909년 2월 6일),『한국독립운동사 자료』34, 42쪽. 3개 항의 단속조치 내용은 첫째, 한국 국적의 '리 니콜라이'를 강도·약탈자로 체포해 경흥시의 일본 당국에 넘길 것, 둘째, 한국 망명객인 이범윤을 하바롭스크로 보내어 경찰의 감시를 받도록 하고 다른 곳으로 떠나지 못하게 할 것, 셋째, 연추 마을의 최재형과 지신허 마을 농민인 엄인섭을 블라고베시첸스크로 보내어 1년 동안 경찰의 감시를 받도록 할 것 등이다.

44) 「禹德淳 先生의 懷古談」, 197쪽.

45) 「兇行者及 嫌疑者 調査書」,『한국독립운동사 자료』7, 276쪽.

46) 「연해주의 군총독 각하께」(남부우수리크라이 국경수비위원회, 1909년 2월 6일),『한국독립운동사 자료』34, 40~41쪽;「兇行者及 嫌疑者 調査書」,『한국독립운동사 자료』7, 276쪽.

47) 「비밀: 한국어통역관 9등문관 팀(Tim)이 남부우수리 크라이 국경수비위원에게 보낸 보고서 사본」(1909년 1월 30일),『한국독립운동사 자료』34(러시아편 1)(국사편찬위원회, 1997), 38쪽.

48) 「兇行者及 嫌疑者 調査書」,『한국독립운동사 자료』7, 284쪽. 당시 일본 첩보 당국은 "러시아에 귀화 또는 이곳 재류자 가운데 가장 세력이 있는 자를 최재형이라 하고 그다음은 이상설로, 이범윤, 유인석은 제3위이다"라고 결론지었다.

49) 반병률,「노령 연해주 한인사회의 한인민족운동(1905~1911)」, 83쪽.

50) 최 비지깨 재형(崔才亨),「광고」,≪대동공보≫ 1909년 1월 20일 자.

51) 『한국독립운동사 자료』13, 803쪽. 최재형 부대 소속이라는 증명서가 없거나 이범윤 부대원 출신들은 아무도 받아주지 말라는 최재형의 공고로 인해 의병들은 만주로 도피할 수밖에 없었다. 최재형과 이범윤 양 파 사이에는 불화가 심화되어 갔다.「비밀: 한국어통·역관 9등문관 팀(Tim)이 남부우수리 크라이 국경수비위원에게 보낸 보고서 사본」(1909년 1월 30일),『한국독립운동사 자료』34, 38쪽 참조.

52) 『한국독립운동사 자료』15, 160쪽.

53) 반병률,「노령 연해주 한인사회의 한인민족운동(1905~1911)」, 82쪽.

54) 「境警視 安應七을 訊問한 供述(第9回)(1909년 12월 6일), 『한국독립운동사 자료』 7, 436~437쪽.

55) 「境警視 安應七을 訊問한 供述(第9回)(1909년 12월 6일), 『한국독립운동사 자료』 7, 437쪽.

56) 「잡보 會務就緒」, 《대동공보》 1909년 3월 31일 자 3면.

57) 『한국독립운동사 자료』 13, 470쪽.

58) 「憲機 第2634號-別紙第1號 安應七 및 그 同類에 關한 調書」(1909년 12월 30일), 『한국독립운동사 자료』 7, 244쪽. 물론 안중근은 뤼순 감옥에서 경찰신문에 답하면서 동의회 명칭을 '일심회'로 개칭하고 그 사업방침으로 아편 금연을 내세웠지만 실행되지 못했다고 하면서 일제 측이 '의병의 근거 운운'하는 것은 자신과 엄인섭 등이 입회하고 있어 나온 설이라고 반박했다. 「境警視 安應七을 訊問한 供述(第9回)(1909년 12월 6일), 『한국독립운동사 자료』 7, 437쪽 참조.

59) 동의단지회 12명의 명단은 안중근이 신문·공관 과정에서 동지들을 보호하기 위해 의도적으로 정확히 진술한 바 없기 때문에 실명을 확인하는 데 많은 혼란이 있어왔다. 그러나 러시아 한인사회의 역사를 정리한 바 있는 최호림은 동의단지동맹의 맹원으로 안중근, 황병길, 백규삼, 조응순, 김기룡, 유치홍, 강승규, 정주원, 강창도, 김을령, 박석봉, 갈화천 12명을 기록하고 있다. 최호림, 『遠東邊疆高麗人生活 歷史抄錄』第一册(手稿本), 16쪽; 반병률, 『항일혁명가 최호림과 러시아지역 독립운동의 역사』(한울아카데미, 2020), 47쪽 참조. 강승규는 강순기, 강창도는 강창두라 보아야 할 것이다.

60) 「兇行者及 嫌疑者 調査書」, 『한국독립운동사 자료』 7, 276쪽.

61) 「국역 안응칠 역사」, 169쪽.

62) 「만고의사 안중근전(10)」, 525쪽.

63) 「警秘 第237號의 1」(1910년 1월 17일), 『한국독립운동사 자료』 7, 263쪽.

64) 「憲機 第2634號」(1909년 12월 20일 자), 『한국독립운동사 자료』 7, 249쪽.

65) 「국역 안응칠 역사」, 169쪽.

66) 「禹德淳 先生의 懷古談」, 206~207쪽.

67) V. V. Tsoi, *Chkhve Dzhekhen, Tsoi Pyotr Semenovich(1860~1920)*, Moskovskaia Obshchestveenaya Organizatsiya Potomki Bortsov za Nezavisimost Korei. Almatinskoe Obshchestvo Pomtomki Bortsov za Nezavisimost(Almaty: Korei Doknip, 2001), p.146.

68) 「兇行者及嫌疑者調査書」, 『한국독립운동사자료』 7, 279쪽. 최재형과 함께 지목된 주요 혐의자는 이위종, 이상설, 엄인섭, 김기룡(김태훈) 외 2명, 이범윤, 유인석, 박태암, 김인수, 유진율, 윤욱(윤일병), 한형권, 이강, 함동철, 박영갑, 김석영, 김낙훈, 기산도, 박대성 등이다.

69) 「禹德淳 先生의 懷古談」, 207쪽.

70) 「憲機 第2634號」(1909년 12월 20일 자), 『한국독립운동사 자료』 7, 251쪽. 역시 통지를 받은 최봉준은 2000원을 증정했다고 한다.

71) 유인석, 「최재형에게」(1909년 10월), 337쪽. 최재형은 안중근의 거사를 상찬했으나 유인석의 제안을 받아들이지는 않았다.

72) 「禹德淳 先生의 懷古談」, 『안중근의사자료집』(독립기념관 독립운동사연구소, 1999), 206~207쪽.

73) 신용하, 『한국민족독립운동사연구』(을유문화사, 1986), 163쪽.

74) 「憲機第2309號」(1909년 11월 19일 자), 『한국독립운동사 자료』 7, 219쪽.

75) 《권업신문》 1913년 1월 2일 자 3면.

76) 《권업신문》 1913년 6월 15일 자 4면.

77) 「浦潮發情報」(1914년 2월 5일), 『不逞團關係雜件 朝鮮人의 部 在西比利亞』 3권(국사편찬위원

회 소장).

78) 「公判始末書」(1910년 2월 7일), 『한국독립운동사 자료』 6, 333쪽. 이 내용은 安鶴植, 『義士 安重根 傳記』(萬壽祠保存會, 1963), 147~148쪽에 수록되어 있는데, 조동걸, 『한국현대사의 이상과 형상』(푸른역사, 2001), 111쪽에 재수록되었다.

79) 1907년 12월 양주에 집결한 연합의병부대들을 중심으로 조직된 13도창의군의 직책은 13도창의대장 이인영(李麟榮), 전라창의대장 문태수(文泰洙), 호서창의대장 이강년(李康秊), 교남창의대장 신돌석(申乭石), 진동창의대장 허위(許蔿), 관동창의대장 민긍호(閔肯鎬), 관서창의대장 방인관(方仁寬), 관북창의대장 정봉준(鄭鳳俊)이었고, 1개월 후인 1908년 1월에 개편된 조직은 13도창의대장 이인영, 군사장 허위, 관동창의대장 민긍호, 호서창의대장 이강년, 교남창의대장 박정빈, 진동창의대장 권중희(權重熙), 관서창의대장 방인관, 관북창의대장 정봉준 등이었다. 오영섭, 『고종황제와 한말의병』(선인, 2007), 319~320쪽 참조.

80) 「국역 안응칠 역사」, 161쪽.

81) 오영섭, 『고종황제와 한말의병』, 181, 203쪽. 오영섭 교수에 따르면, 김두성은 1867년생으로(사망 시기 불명) 연고는 함남 단천(端川)이고 중추원의관, 내장사 수륜과 봉상사 주사를 지냈으며 이승재(李昇宰), 오주혁(吳周爀), 오영조(吳永祚) 등과 한일의정서 반대통문을 발송한 바 있는 인물이다(1904년 7월). 오영섭, 『고종황제와 한말의병』, 185쪽 참조.

82) 이 중 일본 측의 집요한 수사와 다른 연루자들의 진술에 의해 우덕순의 공모 사실, 1908년 여름 동의회 의병의 국내 진공전 참여 사실, 단지동맹의 결성 사실 등이 드러났으나, ≪대동공보≫와의 관계는 성공적으로 방어했다.

83) 「被告人 第6回 訊問調書」, 『한국독립운동사 자료』 6(국사편찬위원회, 1983), 179~181쪽.

84) V. V. Tsoi, *Chkhve Dzhekhen, Tsoi Pyotr Semenovich(1860~1920)*, p.146.

85) 「安恭根의 企劃한 寺內總督暗殺의 風說云云에 關한 件」(1911년 2월 1일), 『不逞團關係雜件 朝鮮人의 部 在西比利亞』 2권(국사편찬위원회 소장).

86) 「煙秋在住鮮人의 排日的演劇擧行의 件安」(1918년 8월 31일), 『不逞團關係雜件 朝鮮人의 部 在西比利亞』 7권(국사편찬위원회 소장).

최재형 등 네 명이 학살·매몰된 것으로 추정되는 곳에서 최 발렌틴
(우수리스크 감옥 뒤 야산, 2007년) ⓒ 반병률

고려사범대학 건물(현 파제예브 명칭 도서관) 앞에서 최 발렌틴
(2004년 9월) ⓒ 반병률

가수 서태지가 후원해 세운 지신허기념비 앞에서 답사 일행(2004년)
ⓒ 최 발렌틴

지신허 마을 터에 서태지가 세운 기념비 앞에서 최 발렌틴과 필자(2004년 9월)
ⓒ 반병률

최재형 가족이 니콜스크 - 우수리스크로 갓 이주해 와 거주했던 집
(드랴보프의 집, 2004년) ⓒ 최 발렌틴

최재형이 일본군에 체포될 때까지 거주했던 집(우수리스크 볼로다르스카야 거리) ⓒ 최 발렌틴

11살의 최재형이 러시아 선원들에게 발견된 곳인 포시예트만(2004년) ⓒ 최 발렌틴

하연추 마을 근처 들판에서 최 발렌틴(2004년) ⓒ 반병률

볼로다르스카야 거리의 최재형 집(2004년) ⓒ 반병률

우수리스크의 최재형 집 ⓒ 반병률

**Этот план нарисовала Людмила Пет-
ровна (дочь Петра Семеновича в 2000 г.)**

Комментарии по воспоминаниям других
детей.

1. Дом Дрямова. Здесь жила вся семья, когда
только переехали в Никольск-Уссурийский.

2. Дом Якова Андреевича, зятя. "Здесь мы
жили после отца".

3. Корсаковская улица. Здесь была япон-
ская жандармерия, куда увели Петра Семе-
новича. Сюда ходила Елена Петровна (его
жена)

4. Ул. Занадворовская

5. "Из этого дома ушел наш отец". Он второй
от Барановской. Дом на высоком кирпичном
фундаменте, со ставнями. Первый дом низ-
кий, одноэтажный, белый, двери на улицу.

6. Ул Александровская. Наш дом был на-
против Народного дома. Это точно.

7. Крытый рынок. Он был ниже Народного
дома (не как на схеме), почти выходил на
Сухановскую.

8. Народный дом. Огромное здание, крас-
ное с большим парком. Здесь корейская ин-
теллигенция устраивала праздники, собрания.

9. Парк-сад занимал почти весь квартал,
"куда мы, дети, бегали играть".

10. Сухановская улица.

11. Реальное училище.

12. Барановская улица.

13. "Дом, где мы жили до Занадворовской"

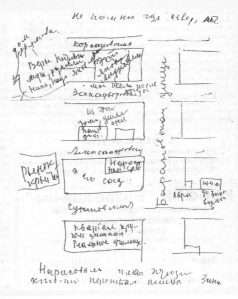

최재형의 딸 루드밀라가 1998년 작성한 약도로,
최재형이 일본군에 체포될 당시 가족이 거주했던 집 주변의 약도
(≪고려신문≫ 2004년 11월 10일 자)

블라디보스토크의 최재형 집 ⓒ 반병률

최재형 가족이 이주해 정착했던 지신허 마을 터에서
(최 발렌틴과 현지 거주인 시디코프 씨, 2004년 9월) ⓒ 반병률

포시예트만 바닷가에서 최 발렌틴(2004년) ⓒ 반병률

슬라반카 항구(2004년) ⓒ 최 발렌틴

붉은광장에서 최 발렌틴(2004년) ⓒ 반병률

추카노브카 마을(옛 하연추 마을) 입구에서 최 발렌틴 ⓒ 반병률

추가노보 마을에서 최 발렌틴 ⓒ 반병률

ЧХВЕ ДЖЭХЁН ЖИЛ ЗДЕСЬ!

Наша газета уже рассказывала о том, что спустя 84 года в Уссурийске найден дом, где жил выдающийся деятель корейского движения Цой Петр Семенович (Чхве Джэхён). Сегодня мы публикуем подробности поиска. Рассказывает его внук Валентин Цой.

Честно говоря, я уже и не надеялся, не рассчитывал ни на что. Уж больно давно это было, столько людей, столько событий минуло. Кто помнит, что осталось с тех времен? Да и не больно востребовано это, куда ни обращался. Это сегодня имя Петра Семеновича зазвучало, а когда я начинал поиск, о нем знали лишь редкие историки. А ведь когда-то его имя гремело по всему Приморью, матери называли своих детей Петрами, его хорошо знали в Корее, Китае, Японии и даже США.

И вот я вам скажу, каждый раз, когда я затевал дедовские дела, в ход вмешивается провидение, и начинают свершаться чудеса. Проходит самые невероятные варианты. Так было, когда я начал вытаскивать из забвения свершения чудеса. Мыслимо ли ожидать чего-то, пытаясь его Республика Корея еще в 1962 г., в самый разгар "холодной войны". Мыслимо ли ожидать чего-то, пытаясь вести переписку за тридевять земель с чужим государством, не зная языка и толком сути дела? Однако свершаются подряд несколько чудес. И вот в 1995 г. в Сеуле Елизавете (дочери Петра Семеновича) и мне торжественно вручают ту награду! Или еще. Когда бы я начал собирать материалы о нем, то даже представить не мог, что смогу издать книгу. Однако книга вышла, причем в двух изданиях в течение трех лет в Москве и Казахстане! От-

реевича мы жили после отца..." Мила прислала подробный, наиболее точный (как потом оказалось) план расположения дома. В тот год ей исполнилось 90 лет. У нее профессиональная память, она долго работала учительницей химии в сельской школе.

Далее надо было проверить полученные описания, поискать в домах на Занадворовской и Александровской. Опять, все за заочно, за тридевять земель. Мне нафотографировали кучу этих домов, я разослал фотографии сестрам, но они дом не узнали.

И вот в одно прекрасное утро 22 сентября сг. раздается волшебный звонок из Владивостока: "Не смогли бы вы приехать на торжества, посвященные Чхве Джэхену? Что за вопрос! Какие могут быть сомнении! 25 сентября во Владивостоке меня встречает, конечно же, историческая Родина, в лице Ким Кванг Сопа, профессора Пан Бён Юля и сотрудника Министерства по делам патриотов и ветеранов Шин Ре Ладо оказать, что я просто ... место, где жил и работал Петр Семенович. И многое другое. Ну, об этом отдельный разговор.

хивав. И вот оно - Александровская это улица Володарского, Занадворовская - Чичерина, Корсаковская - Тимирязева, Барановская - Горького, Сухановская - Суханова! Скорей туда! По коням! Мчимся изо всех сил, будто бы имена, что улицы могут исчезнуть. Чичерина, Володарского. Второй дом от угла! Есть! Стоит! Володарского, 38! "Большой белый дом с выходом на улицу, со ставнями, напротив Народного дома". С ума сойти! Мы обнимаемся, что-то кричим, радуемся, как футболисты! 80 лет минуло, а стоит! Можно представить, что и испытал, когда коснулся рукой деревянной стены дома. Будто щелкнул телевизор: подъехала коляска с китайцами на козлах, из дома грузно вышел Петр Семенович, отличный костюм голландского сукна, трость, кони заплясали, коляска мягко качнулась и покатила...

И потом мы нашли еще "дом, где жили до Занадворовской", и "дом Яко-

ректор Международного центра корееведения МГУ им. Ломоносова, ученый с мировым именем и старейшина корейской диаспоры заметил: "Петр Семенович достоин настоящего памятника, не то что дощечки". Слова его были поддержаны бурными аплодисментами. И все.

Валентин ЦОЙ,
специально для "Корё синмун"

КОММЕНТАРИИ СПЕЦИАЛИСТА ▼

Действительный член Русского Географического общества, член уссурийского краеведческого общества.
Николай ПАНИЧКИН.

После окончания русско-японской войны на территории Дальнего Востока был создан корейский антияпон-

2004년 최재형 추모제 후 ≪고려신문≫에 실린 최 발렌틴의 기고문
(≪고려신문≫ 2004년 11월 10일 자)

잊혀진 영웅 두번째 이야기

российское общество корейцев, объединившее в своих рядах как русскоподданных, так и зарубежных корейцев. Это общество оказывало огромное влияние на политические настроения корейцев и сыграло важную роль в подготовке парижской мирной конференции. Делегатом от лей антияпонского движения Приморской области Петр Семенович Цой (Чхве Джэхён). 1 ноября 1918 г. Вышел первый номер газеты "Голос учащихся", который издавала литературная секция кружка учащихся-корейцев г. Никольска-Уссурийского Номер открывался статьей с призывом "Молодое поколение Кореи! Отныне направляте все способности и мощь, образуйте себе знания развивайте вашу независимость, а свободу" Эти горящие в сердце каждого истинного корейца слова мы поставили одной из целей нашего издания. Несмотря на разногласия, корейские патриоты различных движений, корейские патриоты использовали сложившуюся политическую обстановку для достижения своей цели - независимости Кореи. 17 марта 1919 года Всекорейский национальный совет в Никольске-Уссурийском принял Декларацию независимости Кореи. В тот же день по призыву Совета в Никольске состоялась большая антияпонская демонстрация, в которой приняли участие несколько сот корейских граждан. 4,5 апреля 1920 года японцы нарушили мирное соглашение в Приморье и устроили провокационное выступление повсюду, где стояли их гарнизоны. Они неожиданно напали на расположения партизанских частей и военно-революционных сил. С особой жестокостью они расправлялись с корейскими партизанами. Японцы рассчитывали жестокостью запугать корейских граждан, отказаться от участия в активной вооруженной борьбе. Однако после событий 1920 года активность корейских партизан только ...

송님의 말에서 나는 어떤 것에 대해서도 기대하거나 생각하지 않았었다. 이미 매우 오랫동안 및 명의 사람들과 몇 차례의 시간들이 지나가고, 끝났다. 이 시간들에 있었던 일을 누가 기억하는가? 결국 어느 곳에도 호소할 수 없던 이러한 이야기들을 많았고, 탐구를 시작했을 때 프로젝트 세토나베시에 대해서 알게 되었다.

연세가 그의 이름이 연해주의 모든 지방에서 울려 퍼지기 않았던가? 그의 이름은 한국, 중국, 일본 그리고 미국에서도 잘 알고 있었...

내용의 전화였다. 무슨 말인지 알 수가 없다. ... 9월 25일 블라디보스토크에서 김광섭과 반뵨율...

（내 몇 세 동안이었는가. ...

... 1962년 내년 중 대한민국이 ...

2004년 최재형 추모제 후 ≪고려신문≫에 실린 최 발렌틴의 글
(≪고려신문≫ 2004년 11월 10일 자)

안중근의 단지동맹비 앞에서 최 발렌틴(2004년 9월) ⓒ 반병률

단지동맹비 앞에서 최 발렌틴과 필자(2004년 9월) ⓒ 반병률

최재형 흉상(우수리스크) ⓒ 정민수

러시아 한인이주 140주년 기념식에 참석한 최 발렌틴
(블라디보스토크 붉은광장, 2004년 9월) ⓒ 반병률

러시아 한인이주 140주년 기념식에서 단상에 앉아 있는 최 발렌틴
(2004년 9월) ⓒ 반병률

제4장

한국인의 러시아 이주사
연해주로의 유랑과 중앙아시아로의 강제이주

1. 머리말

1989년 현재 구소련 내의 한인 수는 약 45만 명이다. 그중 중앙아시아에 거주하는 한인은 65%가량인 29만 명 정도로, 우즈베키스탄 18만 3000여 명, 카자흐스탄 10만 3000여 명이다. 그리고 나머지는 러시아연방(15만 1000여 명)에 거주하고 있다. 현재 중앙아시아에 살고 있는 '고려사람' 또는 '고려인'으로 불리는 한인들의 선조는 19세기 후반 이래 연해주로 이주한 농민들로서 구소련 한인사회의 주류라 할 수 있다. 한편 일제 말기에 징용으로 끌려간 남부 사할린의 한인들은 1945년 일본의 패망으로 소련에 편입된 사람들이다. 이들 '조선인'은 1948년 이후 중앙아시아에서 온 한인, 즉 '큰땅배기' 사람들로부터 '일본어만 알고 러시아어도 못 한다'라는 비판을 받았으며, 심지어는 '친일분자'라는 의혹을 받으며 차별받기도 했다. 최근에는 이처럼 동쪽의 사할린에서부터 유럽러시아에 걸쳐 살고 있는 한인들을 포괄해 '유라시아고려인'으로 통칭하기도 한다.

이들 한인은 19세기 후반 조선 정부의 차별정책과 지방 관리들의 착취에 따른 경제적 궁핍을 피해 불모지였던 연해주지역의 농토를 가꾸며 어렵게 정착했다. 그 후 1917년의 러시아혁명과 내전, 1937년 스탈린에 의

한 중앙아시아로의 강제이주와 한인 지도자들에 대한 대탄압, 그리고 가장 최근에는 소련 붕괴라는 세계사적인 대변혁과 민족주의의 발흥으로 인해 아직도 불안정한 생활을 하고 있다. 세계 각지의 해외동포 모두가 낯선 이국에 정착하는 과정에서 온갖 고난을 겪어온 것이 사실이지만, 구소련의 한인들에 비견할 수는 없을 것이다.

2. 러시아 이주의 역사적 배경

고대 만주와 연해주지역은 우리 선조의 하나인 부여족이 거주했던 지역이다. 부여족이 세운 부여는 송화강 유역에서 번영했는데, 그 역사적 실체는 오늘날 지린성(吉林省) 창춘시(長春市) 북방에 있는 '부여'라는 조그만 시의 이름으로 남아 있다. 부여족의 일파가 압록강 중류 유역에 세운 고구려(B.C.37~A.D.668)는 전성기에 한반도 중부에서 북쪽으로는 송화강, 서쪽으로는 랴오둥반도, 그리고 동쪽으로는 연해주 일대에 이르는 광대한 지역을 통치했다. 지배계급과 주민의 인종적 구성에 대해 남·북한, 중국, 일본 학자들 간의 논쟁이 계속되고 있지만, 고구려의 계승자임을 자처했던 발해(699~926) 역시 고구려 영토의 대부분과 흑룡강(아무르강) 하구까지 통치했다. 그러나 926년 발해가 거란에 의해 멸망한 이래, 만주와 연해주지역은 '고토(故土)'로서의 의미만 지니게 되었고, 한민족의 영토는 한반도 내로 축소되고 말았다.

후삼국을 통일한 고려(918~1392) 역시 고구려의 계승자임을 내세우며

'고토' 회복을 위한 적극적인 북진정책을 폈지만, 그 북방경계는 압록강에서 원산만에 이르는 선에 머물렀다. 압록강과 두만강을 경계로 한 현재의 국경선은 조선(1392~1910) 세종 때에 두만강 연안에 육진(六鎭)을, 그리고 압록강 유역에 사군(四郡)을 설치한 이후에 정해진 것이다.

여진족의 후예인 만주족의 청(淸)은 자신들의 '발상지'인 만주를 '봉금지역(封禁地域)'으로 설정하고 이민을 철저히 금지했다. 청의 봉금정책에 부응해 조선도 국경을 넘는 이들을 월경죄(越境罪)로 엄격히 다스렸다. 19세기 이후 청의 국력이 약화되면서 국경 통제가 느슨해졌고, 조선 역시 세도정치와 삼정(三政)의 문란으로 농민의 불만이 고조되어 갔다. 1811년 발발한 홍경래의 난은 평안도지역을 몇 개월 동안 반란의 소용돌이에 빠뜨렸다. 농민의 불만과 저항은 1862년의 진주민란을 비롯한 삼남민란 때 최고조에 이르렀고, 점차 많은 함경도와 평안도의 농민이 국경을 넘어 만주와 연해주지역으로 이주를 감행했다.

조선이 러시아와 최초로 접촉한 때는 청의 요청으로 1654년과 1658년 각각 150명, 200명 규모의 군대를 파견했던 나선정벌(羅禪征伐) 때였다. 200년 후인 1854년, 러시아 해군제독인 푸치아친이 원산만에 와서 무역과 조약체결을 요구하면서 조선과 러시아 간의 접촉이 다시 시작되었다. 러시아는 1858년에는 청과 맺은 아이훈조약으로 흑룡강 이북(아무르주)을, 1860년에는 베이징조약으로 우수리강 이동(以東)의 연해주지역을 확보함으로써 마침내 조선과 두만강을 경계로 국경을 접하게 되었다.

3. 제정러시아 시기의 한인사회

1) 국교 수립 이전의 초기 이민(1863~1884)

한인이 최초로 러시아로 이주한 것은 1863년 겨울로, 함경북도 국경 지역의 13가구가 두만강을 건너 노보고로드만의 포시에트 항구 북방 약 5킬로미터의 지신허강 계곡에 정착한 것이었다. 조선 정부나 러시아 당국의 허가 없는 불법 이민이었다. 당시 월경죄인으로 잡히면 처형되었으므로 목숨을 걸고 감행한 이주였다. 이들은 노보고로드 경비대 책임자 레자노프 중위에게 정착을 허용해 줄 것과 만주 마적인 홍후즈(紅鬍賊)의 약탈로부터 보호해 줄 것을 요청했다. 러시아 당국은 이 첫 이주민들에게 토지 경작을 허용했을 뿐만 아니라 씨앗과 식량도 주었다. 연해주 군무지사는 1863년 11월 30일 자로 이주 한인들에 관해 최초로 보고한 레자노프의 이름을 따 최초의 한인 마을을 '레자노보'라고 명명했다.

1869년에 연이은 대흉년으로 국경 육진지방의 농민들이 북간도와 연해주로 대규모로 이주했다. '한 줌의 벼도 거둘 것이 없던 전례 없는' 대흉년으로 밤사이에 마을 전체가 텅 비게 된 곳이 다했다. 당시 수많은 굶주린 사람들이 먹을 것을 찾아 길거리를 헤맸고 시체들이 길거리에 즐비했으며, 심지어는 사람을 잡아먹기까지 했다고 한다. 당시 약 50만 명이 기근으로 사망했다는 기록도 있다. 그해 6월부터 12월까지의 6개월 동안 약 6500명의 농민이 지신허 지방으로 이주했다. 그 가운데 4500명이 12월 초에 이주했는데, 3분의 2가 아무것도 지니지 않은 채로였다. 결국 하루에 수백 명씩 굶어 죽었고, 그나마 러시아 당국이 제공한 식량 덕택에 불과 반 정도만 살아남았다. 후일 한인들은 이 대흉년을 '기사흉년(己巳凶年)'으로, 대량이주를 '경오도강(庚午渡江)'이라고 불렀다.

연해주 군무지사 푸루겔름은 트루베츠코이를 경흥부사에게 파견해 한인 이주민들을 조선으로 귀환시키기로 합의했다. 그러나 한인 이주민들은 조선으로 귀환하라는 푸루겔름의 명령을 거부했다. 이들은 귀환은 사형선고나 마찬가지이니 차라리 러시아에서 굶어 죽겠다고 버텼다. 결국 푸루겔름은 새로운 이주민들의 러시아 내 정착을 허락했다.

조·청·러 국경 지역에 다수의 한인 이주민들이 거주함으로써 발생할 제반 문제들을 우려한 러시아 당국은 이들을 국경지방으로부터 멀리 떨어진 지역으로 재차 이주시켰다. 푸루겔름은 최근 이주자들을 항카호(興凱湖)에서 흘러나오는 수이푼강, 슈판강, 레프강 등의 유역으로, 그리고 나중에는 연해주 동남지역의 수청강 유역으로까지 이주시켰다. 1871년 봄에는 동시베리아 총독 시넬리니코프가 포시예트 지역의 한인 103가구 431명을 아무르주(흑룡주)의 아무르강 지류인 사마라강 어구로 이주시켰다. 이 새로운 한인촌은 러시아어로 '축복이 내린 마을'이라는 뜻을 가진 블라고슬로벤노예라 불렸고, 한인들은 '사만리'라고 불렀다. 이들은 1861년의 이민촉진법에 따라 영구적인 인두세 면제, 20년간의 토지세 면제 혜택을 받았고, 러시아 국적을 취득하고 러시아 정교를 믿었으며, 러시아 농민과 마찬가지로 가구당 100데샤친(270에이커)의 토지를 부여받았다.

1863년 이후 1884년에 이르는 시기, 즉 조선과 러시아 간에 외교적 관계가 수립되지 않았던 시기에 러시아 당국자들은 한인 이주자들을 매우 우호적으로 받아들였다. 연해주지역은 인구밀도가 매우 낮고 또 조속한 식민화가 절실한 상태였으므로 식량과 노동력의 공급자로서의 한인 이주민들을 환영했다. 러시아인만으로 이 지역을 식민화한다는 것은 당시로서는 매우 비현실적이었다.

1882년 현재 연해주지역 한인의 수는 1만 137명으로 연해주지역 전체인구의 10.9%를 차지해 러시아인 수 8385명을 앞섰다. 이들 한인 이주자는 러시아 농민들보다 훨씬 뛰어난 농민이었으며, 대부분 카자크와 러시아 농민들의 농토를 소작했다. 한인 이주민들은 식량과 값싼 노동력, 농업기술을 제공해 연해주의 경제발전에 크게 기여했다.

2) 국교 수립 이후의 한인 이민(1884~1905)

1880년대에 들어오면서 러시아 당국은 '러시아인을 위한 러시아'라는 슬로건을 내세워 러시아인 이주장려책을 적극적으로 채택했다. 이는 청의 적극적인 만주 식민화 정책과 군사력 증강에 대한 우려의 소산이기도 했다. 1882년 러시아 정부는 우선 시베리아지역의 외국인에 대해 토지 소유를 금지하는 법령을 제정했다. 또한 남부 러시아 오데사에서 이주해오는 이민자들에게 해운·운송에 대한 재정적 지원을 하기로 규정한 법(1879년)을 의욕적으로 추진했다. 러시아 정부는 남부 러시아로부터 이주민을 유치하기 위해 '남우수리재정착법'을 반포했는데, 이 법에서는 토지의 무상할당(1인당 15데샤친, 가구당 최대 100데샤친)은 물론, 5년간의 세금 면제, 18개월간의 식량 공급, 건축자재와 농기구 제공 같은 특혜를 규정했다. 러시아 정부는 또한 1884년 동시베리아 총독이 관할하던 자바이칼주, 흑룡주, 연해주와 사할린을 분리해 하바롭스크의 연흑룡주 총독부에서 관할케 했다.

이러한 정책의 결과, 연해주지역의 러시아인 수가 급격히 늘어났다. 1882년에 8385명으로 전체 인구의 9%에 불과했던 러시아인의 수가 10년 후인 1892년에는 무려 5만 7000명으로 급증해 연해주 전체 인구의 38.6%를 차지했고, 인종별 구성에서도 최대 점유율을 차지했다. 러시아인 이민은 계속 증가해 1908년에는 38만 3083명으로 연해주 전체 인구의 절대다수(72.9%)를 차지하게 되었다.

한편 러시아 정부는 1884년 7월 7일 조선과 조러수호통상조약(朝露修好通商條約)을 체결하고 양국 국민의 국경 통과를 법적으로 통제케 했다. 이어 러시아 정부는 초대 주한공사 베베르로 하여금 조선 정부와 국경지대에서의 무역에 관한 협약 교섭을 추진하게 했다. 베베르는 1884년 이전에 이주한 한인들에게 러시아 국적을 부여하는 조항을 협약에 포함할 것을 제안했고, 조선 정부 교섭 대표인 김윤식도 이에 동의했다. 그러나 이주 한인들의 러시아 입적을 달가워하지 않았던 조선 정부는 이를 명문화하는 데 동의하지 않았는데, 이런 상태에서 1888년 8월 20일 두만강 연안 지역의 무역과 국경왕래에 관한 '조러육상통상장정(朝露陸上通商章程)'을 체결했다. '조러육상통상장정'에서 명문화하지는 않았으나, 양국 정부는 1884년 이전에 이주한 한인들에게 러시아 국적을 부여하기로 했다. 그러나 이주 한인에 대한 국적 부여와 토지할당을 원치 않았던 연흑룡주 초대 총독 코르프(1884~1893년 재임)와 연해주 군정순무사 운테르베르게르(888~1897년 재임)가 이를 적극적으로 추진하지 않았다.

그러나 1890년 청이 북간도지역 한인에 대해 강력한 입적추진정책을 취하자, 이에 자극을 받은 코르프 총독은 모든 한인 이주민을 세 가지 범주로 나누어 명령을 내렸다. 첫째 범주에 속한 한인 이주민은 1884년 이전에 이주한 자들로, 이들에게는 러시아 입적과 함께 15데샤친(40.5에 이커)의 토지할당을 약속했다. 둘째 범주의 한인 이주민은 1884년 이후에 이주한 자들로, 2년 이내의 유예기간을 주고 사업을 정리케 하되, 그 동안은 첫째 범주의 한인들과 같은 납세·부역의 의무를 이행하도록 했다. 이들은 2년 후에는 셋째 범주의 한인, 즉 외국인으로서 일시적으로 체류한 자들과 마찬가지로 러시아와 조선 정부가 발행하는 여권을 갖고 있어야 했다.

코르프 총독이 사망한 후 연이어 부임한 두 총독 두호브스코이(1893~ 1898년 재임)와 그로데코브(1898~1902년 재임)는 전임자와 달리 한인 이주민에게 매우 우호적인 정책을 취했다. 이들은 한인 이주민을 연해주 식민화에 적극적으로 활용하기 위해 국적 부여와 토지할당, 그리고 적극적인 러시아화를 추진해야 한다는 입장을 갖고 있었다. 그리하여 러시아 당국은 1895년 9월 연해주지역에 거주하는 한인의 인구수와 호수를 조사했고 1896년 제1범주에 속하는 가구 1500호에 러시아 국적을 부여했다. 또한 이들은 러시아 농민과 동일하게 가구당 15데샤친의 토지를 할당받았고, 인두세 면제, 20년간의 토지세 면제 혜택을 받았다. 두호브스코이 총독은 1884년 이후에 이주한 자들도 체류 기간을 연장해 주고 러시아 입적 여부를 심사케 했다. 그로데코브 총독은 한 걸음 더 나아가 1898년 러시아 국적을 받지 못한 제1범주의 한인들에게 국적을 부여하고, 5년 이상 거주한 제2범주의 한인들에게도 입적을 약속했다. 그 결과 특히 제2범주의 많은 한인이 연해주 북부지역으로 이주해 한인 촌락을 건설했다. 이들 역시 5년 이내에 러시아 국적을 부여받았다.

두호브스코이와 그로데코브 두 총독의 정책에 힘입어 입적 한인은 1892년 1만 2940명에서 1902년 1만 6140명으로 증가했고, 이주 한인의 수도 꾸준히 증가했다. 같은 기간에 1만 6564명에서 3만 2410명으로 두 배 증가했고, 1898년 초에는 한인의 수가 러시아인, 원주민, 중국인에 이어 네 번째를 차지했다. 이주 한인들의 86%는 남부 우수리 지역에 집중적으로 거주해 우수리 지역 전체 인구의 20%를 차지했는데, 이는 러시아인에 이어 두 번째로 많은 수였다.

초기에 입적한 이 한인들을 원호인(元戶人, 原戶人)이라 칭했는데, 이들은 입적하지 않은 여호인(餘戶人. 流戶人이라고도 함)과 구별되었다. 이들 외에도 품삯을 벌기 위해 조선에서 온 '외품자리'라 불린 떠돌이 임금노동자들도 있었다. 『한국과 그 이웃나라들(Korea and Her Neighbors)』의 저자인 이사벨라 버드 비숍 여사는 조선 내 지방을 여행한 후 1897년 남부 우수리 지역의 한인 촌락을 방문했는데, '기근을 피해 이주한 굶주린 무리'들이 '정직한 행정당국의 보호'하에 '생기 넘치고 윤택한 농민들'로 변모한 이주 한인들의 생활상태를 보고 크게 감명받았다고 기록했다(Bishop, 1986: 18).

원호인들 가운데는 '포드라드치크'라 불린 이들이 있었는데, 러시아어에 능통한 이들은 러시아군대와 관청에 소고기와 같은 물품을 군납하거나 군사시설 건설공사의 청부업을 해서 부를 축적했다. 1880년대 초에 이미 한두 명의 포드라드치크가 출현했지만, 대부분은 1890년대 후반 시베리아 횡단철도나 동중철도(東中鐵道) 건설 붐에 힘입어 등장했으며, 1900년의 의화단사건과 러일전쟁으로 인해 증가한 러시아군대의 군수품을 청부하면서 막대한 부를 축적했다.

경제적인 부의 축적과 법적인 지위 향상을 배경으로 1890년대 후반 일부 원호인이 러시아와 조선에서 출세하기도 했다. 1895년 8월 일본인들에 의해 을미사변을 겪은 고종이 1896년 러시아공사관으로 피신하는, 이른바 아관파천(俄館播遷)으로 친러내각이 들어서자 조선 정부 내에서 러시아의 영향력이 커졌다. 이에 따라 연해주 한인 52명이 공사관 직원이나 군사교관의 통역으로 차출되어 조선으로 나갔다. 이들 가운데는 조선 정부의 요직에 임명된 자들도 있었다. 최재형의 경우도 고종이 여러 차례 불렀으나 응하지 않았다고 한다. 1896년 5월 26일에 거행된 러시아황제 니콜라이 2세 대관식에는 전권공사로 파견된 민영환의 수행원으로 김도일이 따라갔고, 포시예트 구역의 초대 도헌(都憲, 면장에 해당)인 최재형이 연해주의 한인 대표로 참석했다. 원호인들 가운데는 1904~1905년의 러일전쟁기에 러시아 측에 가담한 이들이 많았다.

3) 보호통치하의 한인 이민(1905~1910)

1905년의 이른바 을사조약 체결과 1910년 국권 상실을 전후해 국내에서 의병전쟁과 애국계몽운동에 참여했던 애국지사들을 비롯한 많은 이들이 정치적 이유로 러시아로 이주했다. 러일전쟁에서 패배한 러시아 관헌들의 우호적인 태도 역시 이들의 노령행을 촉진했다. 1906년에서 1912년에 이르는 기간에 연해주지역의 한인 인구는 3만 4399명에서 5만 9715명으로 74% 증가했는데, 이것은 비입적 한인, 즉 원호인이 증가했기 때문이다(1만 7334명에서 4만 3452명으로 증가). 통계에 잡히지 않은 약 30%의 비공식 이주민들을 포함하면 이보다 더 많을 것이다. 그리하여 1910년 무렵에는 한인이 8만~10만 명에 달했다.

한인 이주민이 증가했음에도 입적 한인의 수는 1902년의 1만 6140명에서 1912년의 1만 6263명으로 거의 증가하지 않았다. 이것은 연해주 군정순무사였던 운테르베르게르가 1900년 발간한 『연해주, 1856~1898』에서 주장한 '러시아인을 위한 러시아'라는 입장이 러시아 당국자들에게 상당한 영향을 주었기 때문이 아닌가 한다(Unterberger, 1900: 114~115).

더욱이 운테르베르게르는 연흑룡주 총독으로 재임한 기간(1905~1910)에 한인 이주민들을 겨냥한 부정적인 캠페인을 전개했다. 1908년에 내무부에 제출한 보고서에서도 운테르베르게르는 러시아가 일본이나 중국과 전쟁상태로 들어갈 경우, 한인 이주자들이 적국(敵國)을 위한 "광범한 첩보조직의 매우 유리한 근거"가 될 것이라고 경고했다(Glave, 1912: 134~135).

운테르베르게르 총독의 입장은 당시 연해주로의 러시아인 이민이 폭발적으로 증가하고 있던 상황과 밀접한 관련이 있다. 특히 1900년 자바이칼철도의 개통, 1902년 동중철도의 개통은 러시아인의 이민을 촉진해 1900~1908년 동안 러시아인 이민은 이전 시기와 비교해 네 배 반이나 증가했다. 이에 따라 러시아인 농민과 노동자를 보호해야 한다는 여론이 형성되고 있었다.

이러한 여론을 배경으로 1907년 11월에 새로 수립된 보수적인 두마(Duma, 의회)가 외국인 이주민들을 제한하기 위한 입법을 추진했다. 두마는 1910년 7월 4일 연흑룡주지역 한인과 중국인의 노동을 금지하는 법안을 통과시켰다. 그러나 이 법은 결국 값싼 한인 노동자의 고용으로 혜택을 보고 있던 러시아인 금광업자들의 반발을 사는 등 난관에 봉착했고, 마침내 1911년 3월 23일 폐지되었다.

이러한 정책 변화는 1911년 운테르베르게르를 대신해 곤다치(1911~1917년 재임)가 새로운 연흑룡주 총독으로 임명된 사정과 밀접한 관련이 있다. 곤다치는 남부 우수리 재정착 사무국장(1899~1902년)과 아무르조사단 단장(1909~1910년)을 지낸 인물로서, 대표적인 한인 옹호론자였다. 한인 이주민에 대한 아무르조사단의 우호적이고도 현실적인 평가는 조사단원이었던 그라베가 작성해서 1912년에 내무부에 제출한 조사단의 보고서 『연흑룡주의 중국인, 한인, 일본인(Kitaitsy, Koreitsy I Iapontsy v Priamur'e)』에 잘 반영되어 있다. 곤다치는 두호브스코이와 그로데코브 두 총독과 마찬가지로 한인 이주민이 러시아의 정치적·경제적 이익에 기여하는 신뢰할 수 있는 존재이며, 특히 일본과의 충돌 시에는 유용한 잠재력을 발휘할 것이라고 전망했다. 특히 곤다치는 1912년 2월 23일 신한촌에서 한인들이 마련한 환영식 석상에서 "한국을 사랑하지 않는 한인들은 러시아에서도 환영받지 못할 것이다"라고 공언해 한인들을 감동시켰다.

4. 민족운동의 전개(1905~1922)

　이른바 을사조약 이후 많은 애국지사들이 후일을 기약하며 연해주로
와서 민족운동을 개시했다. 러일전쟁 당시 충의병(忠義兵)을 이끌고 일
본군과 전투를 벌인 바 있는 전 간도관리사 이범윤도 연해주로 와서 의
병운동을 조직했다. 한인사회의 지도자 최재형과 전 러시아공사 이범진
의 아들이자 헤이그 밀사였던 이위종은 이범윤, 안중근, 엄인섭, 김기룡
등과 함께 동의회(同義會)라는 의병 본부조직을 창설하고, 같은 해 여름
에는 국경 지대에 대한 과감한 진공작전을 감행했다. 그러나 1908년 여
름에 정점에 달했던 의병운동은 의병진 지도부의 분열, 원호인 부호들의
의병 반대운동, 러시아 당국의 금지 등 여러 요인 때문에 쇠퇴의 길을 밟
았다.

　의병운동과 함께 계몽운동이 일어났는데, 그 중심지는 한인들이 해삼
위(海蔘威) 또는 해삼(海蔘)이라 불렸던 블라디보스토크였다. 블라디보
스토크에는 1874년에 한인촌 개척리(開拓里)가 형성되었는데, 한인들은
이 개척리를 1911년 중반에 형성된 신한촌과 구별해 구개척리라 했다.
계몽운동은 1908년 가을 이후 쇠퇴한 의병운동을 대신해 발전했다. 연
해주지역의 계몽운동은 미국 샌프란시스코에 본부를 둔 공립협회(共立
協會)와 이를 계승한 국민회(國民會)에서 파견한 이강, 정재관, 김성무 등
이 주도했다. ≪해조신문(海朝新聞)≫, ≪대동공보(大東共報)≫, ≪대양
보(大洋報)≫ 등 한인 신문을 무대로 활약한 이들의 노력으로 국민회는
러시아와 만주지역에 그 조직을 크게 확대했다. 그러나 국민회는 미국의

영향력 확대를 우려한 러시아 당국으로부터 의심을 받아 활동 근거지를 자바이칼주의 치타로 이동할 수밖에 없었다. 의병운동 역시 1910년 여름 국망(國亡)의 절박한 상황에서 13도의군(十三道義軍)과 성명회 결성으로 일시적으로 고조되었지만, 1910년 가을, 이범윤 등 지도자들이 이르쿠츠크로 유배되고 말았다.

연해주지역, 특히 신한촌은 1910년대 해외 독립운동의 가장 유력한 근거지였는데, 그 중심 기관은 권업회였다. 1911년 12월 17일 러시아 당국의 인가를 받아 정식으로 출범한 권업회는 명실상부한 한인의 대표기관이었다. 권업회는 ≪권업신문(勸業新聞)≫ 발간, 한인학교 설립과 강좌 개설, 러시아 국적 취득 알선, 이만강 이북 라블류 지역의 농업 단지 건설 계획, 한인 이주 50주년 기념행사 등을 추진했다. 특히 1912년 5월 4일에 창간된 ≪권업신문≫은 러시아지역은 물론 국내, 만주, 중국 관내, 일본 그리고 미주와 하와이에까지 배포되어 당시 미주의 ≪신한민보≫, ≪신한국보≫(후에 ≪국민보≫로 개칭)와 함께 대표적인 3대 항일 민족 언론지였다.

권업회를 통한 합법적인 활동 외에 이동휘, 이종호, 이상설, 이동녕 등 애국지사들은 1913년 말 러일전쟁 10주년에 대비해 항일광복전쟁을 목표로 한 대한광복군정부를 조직하기도 했다. 그러나 제1차 세계대전이 발발하자 러시아 정부는 동맹국 일본의 요청을 받아들여 권업회 해산과 ≪권업신문≫의 폐간을 명령하고 애국지사들에 대한 체포 또는 추방령을 내렸다. 제1차 세계대전 동안 4000명의 입적 한인들이 전쟁에 동원되었고, 장교로 근무한 자만도 150명에 달했다.

러시아의 한인들은 2월혁명을 열렬히 환영했다. 연해주 남부 농촌 지역에서는 군촌회(郡村會)와 사회공안위원회에 원호인이 대거 참여했고, 신한촌을 비롯한 연해주의 거의 모든 지역에 한민회(또는 한인회)가 수립되었다. 1917년 6월 4일, 니콜스크-우수리스크에서 각지 대표 96명이 참가한 가운데 전로한족대표자회(全露韓族代表者會)가 개최되었다. 한인의 유일한 대단체를 조직하고 신문 발간 등을 토의해 보자는 취지였다. 그러나 대회는 원호인들의 자치와 권리 신장만 강조하고 구속된 이동휘 등 항일운동가들의 석방문제 등 항일 이슈는 소홀히 했다. 대회를 주도한 원호인들은 자기들끼리 고려족중앙총회를 조직함으로써 여호인 농민들과 망명 애국지사들의 반발을 샀다. 대회에서의 결의에 따라 1917년 7월 8일 신한촌에서는 ≪한인신보(韓人新報)≫가, 그리고 니콜스크-우수리스크에서는 ≪청구신보(靑邱新報)≫가 창간되었다.

10월혁명이 발발한 후, 친볼셰비키적인 노선을 취한 망명 애국지사들과 여호인 농민들은 별도로 하바롭스크에 본부를 둔 한족중앙총회 조직을 추진했다. 이 조직의 주도자들은 소작 농민들의 입장을 대변했고, 원호인에 비해 한층 항일적이었다. 결국 고려족중앙총회와 한족중앙총회는 5개월 후에 개최할 예정인 전로한족대표자회(헌장회의)에서 원호인과 여호인을 통합한 새로운 중앙기관을 수립하기로 합의했다. 한편 친볼셰비키적인 이동휘, 김립, 박애, 이한영, 장기영 등은 김 알렉산드라의 지도를 받아 1918년 5월 11일 한인사회당을 창립했다.

1918년 6월 13일부터 24일까지 니콜스크-우수리스크에서 129명의 각 단체 대표와 학교 대표가 참여한 가운데 제2차 특별전로한족대표자회의

가 개최되었다. 대회는 시국문제, 토지문제에서 크게 대립했고, 반볼세비키 입장을 취했던 사회혁명당(에스·엘) 계열의 원호인들이 다시 주도권을 장악한 가운데 전로한족중앙총회를 조직했다. 1918년 5월 이후 시베리아 횡단철도 연변 여러 도시에서 체코군이 봉기했다. 6월 29일 블라디보스토크에서 체코군이 봉기하자, 일본, 미국, 영국, 프랑스 등은 8월 '체코군 구원'의 명분을 내걸고 무력 개입을 단행했다. 이에 따라 시베리아와 러시아 원동지역의 볼세비키 정권들이 붕괴되고 사회혁명당 계열의 중간파 정권들이 들어섰다. 전로한족중앙총회는 사회혁명당 계열의 중간파 정권을 지지했고, 일부 간부는 1918년 가을 중간파를 대신해 세워진 백위파 정권을 지지하기까지 했다. 전로한족중앙총회는 가까스로 합법적 지위를 유지했지만, 한인사회당 그룹은 농촌 지역이나 만주지역으로 도피했다.

연해주지역에서의 3·1운동은 전로한족중앙총회가 주도했다. 전로한족중앙총회는 윤해와 고창일을 파리강화회의에 대표로 파견했으며, 2월 말에서 3월 초 러시아지역, 서북간도, 그리고 국내의 독립운동단체 대표들이 참가한 가운데 대한국민의회(大韓國民議會)로 확대·개편되었다. 국민의회는 전체 한인의 최고중앙기관임을 자임했으며, 연해주 각지에서 독립선언 집회를 주도했다. 3월 말, 4월 초로 접어들면서 국내 진입을 위한 무력 양성 운동이 본격화되었는데, 이동휘, 김립 등은 러시아와 중국의 국경지대에 독립군 본부를 설치했다. 국민의회의 군무부장 대리 김하석 역시 백위파 장군인 호르바트와 협약을 맺고 동중철도수비대에 600여 명의 한인 청년을 모집·파견했으나, 군사훈련과 무기 제공이라는 당초의 약속을 지키지 않고 중노동만 시키는 데 반발해 대거 이탈했다.

이후 상해임시정부와 국민의회가 통합에 합의하고 1919년 8월 30일 국민의회가 해산을 선언하자, 이동휘는 '통합'임시정부의 국무총리에 취임했다. 그러나 교통총장에 선임되어 있던 국민의회 의장 문창범은 상해임정의 '약속 위반'을 비판하면서 취임하지 않았으며, 국민의회는 1920년 2월 15일 재건을 선언했다.

1920년 초 이래 볼셰비키 혁명세력이 백위파 정권들을 붕괴시키며 득세하자 한인 독립운동 세력은 점차 공산주의를 표방하게 되었는데, 각지의 러시아 공산당 산하에 고려부를 조직하거나 독자적인 한인 공산당을 조직했다.

이들 한인 공산주의 세력은 상해파와 이르쿠츠크파로 나뉘어 각축했다. 1921년 봄, 아무르주의 자유시(스바보드니)에는 일본군이 자행한 경신참변(간도참변, 간도사변)을 피해 만주로부터 이동해 온 독립군 부대와 연해주, 흑룡주에서 활약하던 한인 빨치산부대 약 3000명이 집결해 있었다. 이들 한인 무장부대를 둘러싸고 양 파벌 간에 치열한 군권 쟁탈전이 전개되었다. 결국 1921년 6월 28일, 이르쿠츠크파의 고려군정의회가 상해파의 사할린의용대를 강제로 무장해산하면서 수백 명의 사상자를 낸 동족상잔의 자유시참변이 발생했다.

시베리아내전 시기에 한인동포들이 겪은 또 하나의 큰 사건은 4월참변이다. 4월참변은 1920년 4월 4~5일 밤에 시베리아에 출병한 일본군이 연해주 일대의 러시아혁명세력과 한인사회를 공격한 사건을 말한다. 일본군은 러시아혁명정부의 공공기관을 공격함과 동시에, 연해주 각지의 한인들에 대한 대량 검거, 방화, 파괴, 학살 등의 만행을 자행했다. 특히 니콜스크-우수리스크에서는 일본군이 한인 76명을 검거했고, 4월 7일 최재형, 김이직, 엄주필, 황경섭 등의 한인 지도자들을 학살했다.

5. 소비에트 건설기의 한인사회(1923~1937)

1) 혁명 전후의 한인사회

1922년 10월 25일 일본군이 블라디보스토크에서 철수하고 원동공화국(Far Eastern Republic)의 인민혁명군이 입성함으로써 1918년 여름 이래 5년여 간 지속된 시베리아내전이 종결되었다. 11월 16일에는 마침내 1920년 4월 이래 소비에트 정부와 일본 간의 완충국으로 존립해 온 원동공화국이 소비에트 국가에 공식 편입되었다. 1922년 말 소비에트 시대의 개막은 1860년대 이래 제정러시아 시대에 형성된 한인사회의 내부 변화를 요구했다.

앞에서 언급한 대로, 제정시대에 한인사회의 구성원은 크게 입적한 원호인과 입적하지 않은 여호인으로 구분되었는데, 이들은 사회경제적·법적 지위가 크게 달랐다. 입적과 동시에 토지를 분급받았던 원호인은 원호인촌에 따로 거주했고, 소작과 고용 노동으로 생계를 유지해야만 했던 여호인 역시 별도로 여호촌을 형성하고 있었다. 부유한 원호인들은 소작과 품팔이로 생계를 유지하던 여호인들을 차별하고 착취·압박하는 일이

예사였다(곤다치 총독 시절인 1912년 이후에 입적한 원호인들은 토지를 분급받지 않았다).

1914년의 한 통계에 따르면, 6만 4309명의 한인 가운데 원호인이 2만 109명(31.3%), 여호인이 4만 4200명(68.7%)으로 원호인과 여호인의 구성 비율이 3 대 7이었다. 시베리아내전이 종결된 직후인 1923년 당시에는 한인 농가 1만 6767호 가운데 13.7%에 해당하는 2990가구만이 토지를 갖고 있었다. 한인사회의 이러한 열악한 사회경제적 조건은 1917년 혁명 이전부터 계속 악화되어 왔다. 즉, 소작인의 비율은 1905년의 30%에서 1910년에는 70%, 1917년에는 90%로 점차 늘어났으며, 품팔이꾼의 수가 1910년에는 1만 3750명에서 1917년에는 2만 6670명으로 거의 두 배로 늘어났다. 이들 여호인 대부분은 문맹이었고, 교육·문화수준 역시 매우 낮았다.

원호인-여호인 관계는 시베리아내전 시기의 빈번한 정치적 격동의 와중에서 정치적 대립의 양상을 띠었다. 원호인 중에서도 특히 부유한 원호인들은 반혁명파에 가담하거나 시베리아 출병 일본군과 결탁하기도 한 반면, 여호인의 다수는 빨치산 투쟁과 적위대에 참여해 혁명파에 가담했기 때문이다. 특히 1929년 이후 토호(土豪)로 불리며 '청결'의 대상이 된 부유한 원호인들은 1920년 4월참변 이후 일본군의 후원으로 조선인교육회, 간화회, 조선인민회 등의 친일적 어용조직들을 조직해 한인사회의 친일화와 분열 대립을 조장했다.

2) 신경제정책(NEP) 시기의 한인사회

내전이 종결된 직후 러시아 공산당 원동 간부들은 연해주 한인들의 집단이주를 결정했다. 이 결정은 한인들을 통해 일본의 영향력이 원동지역에 확산되는 것을 방지하기 위한 것이었다. 러시아 공산당 원동 간부들이 내린 한인 이주 결정은 한명세를 비롯한 한인들의 강력한 반대로 철회되었지만, 제정러시아 시절 이주 한인들을 국경지방으로부터 이주시키고자 했던 러시아 당국의 인식과 일맥상통한다는 점에서 그 의미가 크다.

원동지역의 소비에트화는 원동혁명위원회에 의해 급속하게 추진되었다. 그리하여 1923년 2월 현재 122개의 한인 소비에트를 포함해 458개의 마을에서 소비에트 선거가 끝났다. 그러나 한인사회의 소비에트화 과정이 그렇게 순조로웠던 것은 아니다. 특히 원호인촌의 부유한 원호인들은 1929년 반토호투쟁에서 '청결'될 때까지 소비에트화 과정에서 주도권을 확보하기 위해 저항했다.

토지문제는 한인들에게 '삶과 죽음의 문제와 맞먹는 더 이상 유예할 수 없는' 절실한 이슈였다. 1926년 당시 원동변강의 한인 총수는 약 16만 명 정도였는데, 80%에 해당하는 13만 4000명이 연해주 남부지역인 블라디보스토크현에 거주하고 있었다. 소비에트 정부의 적극적인 토지분배 정책으로 1922년 당시 3000호에 불과했던 토지보유자가 내전 종결 후 5년 동안 약 1만 호로 증가했다. 그럼에도 불구하고 당시 토지문제 해결을 어렵게 만든 것은 국내와 만주로부터 계속되는 새로운 이주자의 유입이었다. 새로운 이주자의 유입은 조선 및 만주와의 국경지대에 가까운 블라디보스토크현에서 더 심했다. 1927년 말 당시 블라디보스토크현의 한인 농가 1만 9836호 가운데 52%인 1만 347호가 토지를 지급받았는데, 나머지 9000호에 새로운 이주자를 합한 1만 2000호는 어쩔 수 없이 다른 현으로 이주해야 할 형편이었다.

한인들에게 또 다른 중요한 문제는 러시아 국적 취득문제였다. 1923년 8월, 원동변강집행위원회 간부회는 소비에트 권력을 위해 투쟁한 한인들에게 우선적으로 러시아 국적을 부여할 것을 결정했다. 이와 동시에 한인 무장유격대원들에게 영주권이 배부되었다. 그리하여 1923~1924년 동안 2629명, 1925년 2270명, 1926년 7884명, 총 1만 2783명이 러시아 국적을 취득했다. 그리하여 1926년에는 총 5만 2635명이 러시아 국적자였는데, 이는 전체 한인의 약 31%였다.

3) '위로부터의 사회주의 건설'과 한인사회

1927년 12월에 개최된 소련 공산당 15차대회는 대규모 사회주의 농업생산(집단화)으로의 전환을 결정했으며, 이와 함께 제1차 5개년 계획을 입안했다. 1928~1930년에 걸쳐 전개된 이른바 반우파투쟁(反右派鬪爭)은 제1차 5개년 계획과 집단화 반대자들에 대한 투쟁을 의미했다. 연해주에서 일어난 반우파투쟁과 전면적인 집단화는 1929년 말부터 급속히 진행되었는데, 한인사회에서는 토호로 불린 부호 원호인들이 주요 공격대상이 되었다. 연해주지역 러시아 공산당 고려부의 기관지 ≪선봉≫은 러시아공산당 중앙위원회와 검사위원회가 결정한 당원 청결의 심사기준과 방법을 수회에 걸쳐 연재함과 동시에 '가면 쓴 이류분자를 구축하라', '흉악한 토호를 몰아내자', '농촌 토호는 원수 계급이다' 등의 구호하에 각지에서 일어나는 당 청결심사와 반토호투쟁 소식을 연재했다. 1929년 12월 현재 연해주에서 약 300개의 한인 부농농장이 몰수되었고, 집단화를 반대하는 투쟁을 벌인 토호들이 처벌되고 추방되었다. 그리하여 1930년 초 한인이 다수 거주하고 있었던 블라디보스토크현의 스챤구와 포시예트구에서는 한인 농가의 90%가 집단화되었다.

그러나 이러한 농촌집단화 과정이 순조로이 진행된 것만은 아니었다. 전면적 집단화 직전 거의 모든 한인농촌에서는 과거의 원호와 여호 간의 대립관계가 이어졌는데, 여기에서 비롯된 문제들이 계속되었다. 포시예트, 스챤(수청), 수이푼(추풍) 등지에서는 격렬한 토지분규 사건이 발생했다. 또한 이른바 토호들은 여러 가지 형태의 저항과 사보타주(태업)를 전개했는데, 이들은 '집단화가 되면 여자와 아이들까지 다 공동소유가 된다'는 등의 악성 루머를 퍼뜨렸으며, 집단농장의 시설물 파괴, 가축 독살, 곡물 은닉 등의 사보타주를 행하거나 집단화 추진당원이나 지도원들을 암살하는 적극적인 저항을 시도하기도 했다.

한편 열성적인 일부 빈농, 고용인들 사이에서는 '지금 토호를 죽이지 않으면 안 된다'는 극단적 좌경화의 경향도 없지 않았다. 농민들의 자발적인 참여 없이 강제적으로 집단화한 사례도 적지 않아서, 심지어 집단농장 농민이 자신이 집단농장원임을 알지 못하고 있는 경우도 많았다. 이러한 조잡하고 성급한 집단화 작업으로 다수의 한인 빈농이 농촌집단화를

'무슨 전염병이나 만난 것처럼 겁을 내고' 마을 사람의 반 이상이 농촌을 떠나기도 했고, 빈농들의 이탈을 막기 위해 감시하는 경우까지 있었다.

토호들의 조직적인 사보타주와 선동, 위로부터의 급속한 집단화에 따른 농민들의 인식 부족, 일부 공산당원과 빈농의 좌경적 경향으로 농민들이 국경을 넘어 중국으로 도피하는 일이 발생했다. 많은 빈농이 과중한 국세가 책정되어 있는 국영농장에서 반강제적으로 노동하는 것보다는 차라리 임차한 땅에서 경작하는 것을 선호해, 1930년 3~4월에 일부 마을에서는 중농과 빈농들이 집단농장에서 대규모로 이탈하는 일이 발생하기도 했다. 그뿐만 아니라 극도로 높게 책정된 과세, 원시적인 농업 기술, 생산력 증진 의욕의 부재 등으로 인해 벼 파종면적의 축소와 수확량 감소가 초래되었다.

1929년의 제9차 원동변강 당대회에서는 종파 투쟁을 하는 한인 공산주의자들과 '결단적으로 투쟁'할 것이 결정되었다. 당 청결과 반토호투쟁 과정에서는 주로 과거 국민의회-이르쿠츠크파에 속했던 지식인들이 출당되거나 추방되었다. 이들 가운데는 토호 출신이 많았는데, 특히 내전 당시 백위파가 득세하던 시기에 백위파 측에 가담한 반혁명적 활동이나 시베리아내전 이후의 종파 활동에 대한 혐의로 출당되는 일이 많았다.

4) 한인사회의 볼셰비키적 교육·문화운동

1929년 당시 연해주지역 한인 수는 총 16만 8000여 명이었는데 문자해득률은 34%였다. 한인사회의 대중교육시설은 제정 시기에 비해 혁명적으로 확대되었다. 1917년까지 원동지역에는 4년제 초등학교가 15개에 불과했으나, 강제이주 직전인 1937년 8월 현재 한인의 교육·문화기관은 초등학교 300여 개, 초급중학교 60여 개, 중등학교 및 전문학교 20여 개였다. 특히 니콜스크-우수리스크에는 1918년 한족회 주도하에 조선인사범학교가 중등학교로 설립되었는데, 이 학교는 우여곡절 끝에 1926년 고려교육전문학교로 정식 설립되었고 1936년까지 10년 동안 교원 244명을 배출했다. 1931년에 설립된 블라디보스토크의 고려사범대학은 1935년에 첫 졸업생 17명을 배출했고, 학교 내에 단기 코스의 노동학원도 부설했다. 1934년 5월 현재 고려사범대학에는 158명, 노동학원에는 265명의 노동자·농민 출신 학생들이 재학했다.

한인사회의 대표적인 신문으로는 ≪선봉≫이 간행되었다. ≪선봉≫은 블라디보스토크현 당간부 명의로 1923년 3월 ≪삼월일일≫이라는 이름으로 창간되어 블라디보스토크에서 발행되다가, 1929년 4월 하바롭스크의 러시아공산당 원동간부 명의로 1937년 8월까지 발행되었다. ≪선봉≫은 발행횟수와 부수가 꾸준히 늘어 1935년 8월 당시 격일간으로 1만 부를 발행하고 있었다. 그 외에 포시예트 구역 당간부가 발행한 ≪레닌의 길로≫(1930년 창간), 포시예트 엠테스 정치부가 발행한 ≪공격대원≫(1933년 창간), 블라디보스토크 어업조합에서 발행한 ≪연해주어부≫(1930년 창간) 등이 있었다.

종합예술단체로서 1932년에 창립된 고려극장(조선극장)은 "형식은 민족적, 내용은 사회주의"라는 소비에트 문화정책을 가장 잘 보여주는 기관으로서 수많은 문화예술인들을 배출하고 한인들에게 수준 높은 문화예술을 향유할 기회를 제공했으며, 오늘날까지도 면면히 그 전통을 이어가고 있다.

당시 한인 지식인들 간에 일련의 논쟁이 전개되었다. 대표적인 것이 1930년 11~12월 ≪선봉≫지에 게재된 오창환과 계봉우 간의 이른바 『고려문전』 논전이다. 오창환이 쓴 『고려문전』을 보고 계봉우가 그의 이론을 비판하자 오창환이 이에 반박한 논쟁이다. 오창환과 계봉우가 과거 국민의회-이르쿠츠크파와 상해파로 대립한 경력이 있는 만큼 이 논전은 또 다른 의미가 있었다.

이와 더불어 또 다른 논쟁은 한자폐지론-한자제한론 논쟁이다. ≪선봉≫을 통해 1929년 2월 계봉우의 한문폐지반대론과 이에 대한 이괄의 비판이 교환된 후, 1931년 4월까지의 논전에서 계봉우와 장도정 등이 한자제한론을, ≪선봉≫의 중심 인물이었던 이백초와 이괄 등이 한자폐지론을 주장했다. 한자폐지론은 1927년부터 시작된 '한글 라틴화운동'과 관련되어 제기된 것이었다. 한자폐지론-한자제한론 논쟁 역시 주도 인물들이 상해파(계봉우, 장도정)와 이르쿠츠크파(이백초, 이괄)로 포진되는 양상을 띠었다.

5) 한인 지도자들에 대한 스탈린의 대탄압

1930년대에 들어 일본의 침략활동이 활발해지면서 국경에서의 긴장이 고조되었다. 앞서 1929년 9월 중국의 만주군벌 장학량(張學良)이 동중철도에 대한 무력적 점령을 꾀함으로써 중·소 간에 무력충돌이 발생했고 소련은 국경을 봉쇄했다. 이후 1931년 일본은 만주를 점령하고 다음해에 만주국을 수립했다. 1936년 11월 25일 일본은 독일, 이탈리아와 함께 소련을 겨냥한 반공협정(反共協定)을 체결했고, 1937년 7월 7일에는 마침내 중국 본토를 침략했다. 아직도 일본에 맞서 대항하기에는 역부족이라고 판단하고 있던 소련은 일본과의 무력충돌의 소지를 제거하기 위해 1935년 3월 동중철도를 일본에 매각했다.

1930년대 중반, 철도와 시설물 파괴, 수원(水原)에의 독극물 살포, 일본군의 국경 침범과 첩보 활동, 국경에서의 관동군과 소련 적군 간의 총격전 등의 사건이 발생했다. 일련의 사건은 보안당국의 대대적인 체포와 처형을 정당화하는 역할을 했다. 이러한 긴장된 상황을 반영해 1937년 중반 ≪선봉≫은 ≪프라우다≫에 연재된 원동지역의 일본 정탐에 관한 기사와 사설들을 연일 번역·게재했다. 알 하마단의 「일본탐정계통」과 「일본정탐」, 그리고 「일본 정탐부의 파탄적 사업」은 일본정탐기관의 광범한 활동을 부각시켰다. 특히 트로츠키주의자, 부하린파, 백계 러시아인들과 함께 한인과 중국인들을 '일본 정탐원의 원천'으로 지목했다. 중앙과 지방에서 조직된 대중집회에서는 '인민의 적들'에 대한 처형을 촉구하는 결의들이 채택되었고, 한인들 역시 '인민의 적들'을 규탄하는 집회를 개최했다.

1934년 12월 1일 레닌그라드당 서기인 키로프가 암살된 이후, 지노비에프, 카메네프 등에 대한 처형(1936년 8월)을 시작으로 스탈린의 반대파에 대한 숙청이 이어졌다. 1935년의 제17차 당대회에 참여했던 1961명 가운데 1108명이 희생되었다. 당시 원동지역의 저명한 볼셰비키는 거의 모두 스탈린 처형의 태풍을 벗어나지 못하고 희생되었다. 출당·처형된 '인민의 적들'은 영락없이 일본의 각종 정탐부와 협력한 혐의를 받았다.

내무위원부(NKVD) 원동변강 책임자로서 한인의 강제이주를 책임졌던 루시코프가 일본에 망명한 후 일본 잡지 ≪계간 로시아≫에 기고한 글에 밝힌 바에 따르면, 비합법단체에 관여한 혐의로 9000여 명의 러시아인 당원과 군인들이 체포되었다고 한다. 소수민족 가운데 중국인은 1만 1000여 명이 체포되고 8000여 명이 추방되었으며, 600여 명의 폴란드인, 수백 명의 독일인, 라트비아인, 리투아니아인, 그리고 1000여 명의 백계 러시아인들이 체포·처형되었다. 한인 지도자들은 약 2500명이 체포·처형되었다.

한인 지도자들의 체포·처형 과정은 쉽게 알 수 없다. 그러나 이들 대부분은 강제이주 이전인 1936년에서 1937년에 이르는 시기에 대대적으로 체포·처형되었는데, 강제이주 도중과 이후에도 중앙아시아를 비롯한 각지에서 한인 지도자들에 대한 박해가 계속되었다. 강제이주 전인 1937년 여름 ≪선봉≫의 기사들을 보면 1937년 중반에 이르러 한인 지도자들에 대한 공격이 무차별적으로 광범위하게 진행되고 있었음을 알 수 있다.

여기에서 주목해야 할 것이 있다. 바로 1920년대 말과 1930년대 초반의 반토호투쟁과 전면적 집단화 과정, 그리고 1930년대 중반의 스탈린대탄압 과정을 겪으면서 한인들이 점차 '인민의 원쑤들'을 규탄하는 집단적인 테러문화에 익숙해져 갔다는 점이다. 이 과정은 '선봉 브리가드'나 '문화행진 브리가다 발기단' 등 문화전위 그룹을 이끌었던 새로운 세대의 젊은 지식인들이 주도했다. 이러한 정치적·문화적 환경으로 인해 2500

명에 달하는 한인 지도자들에 대한 대대적인 체포·처형이 아무런 저항 없이 침묵 속에 전개될 수 있었고, 급기야는 한인사회 전체에 대한 강압적·집단적 강제이주가 단행될 수 있었던 것이다.

6) 한인 강제이주

1937년 8월 21일 소련 중앙인민위원회와 소련공산당 중앙위원회는 일본 간첩들의 침투를 차단하기 위해 한인들을 중앙아시아로 이주시키기로 결의했다. 인민위원회 의장 몰로토프와 소련공산당 중앙위 서기장인 스탈린이 서명한 이 결의안에 따라 1938년 1월 1일까지 한인들을 중앙아시아로 강제이주하기로 결정했다. 강제이주는 9~11월의 기간에 2차로 나누어 진행되었다. 1차 때는 국경 지역 거주 한인들, 2차 때는 내지 거주 한인들이 이주 당했는데, 총 124대의 수송 열차에 3만 6442가구 17만 1781명이 원동을 떠났다. 이 가운데 2만 170가구 9만 5256명은 카자흐스탄공화국으로, 1만 6272가구 7만 6525명은 우즈베키스탄공화국으로 이송되었다.

강제이주된 한인은 준비 기간이 너무 짧아 모든 재산과 가재도구를 버려야 했고 한 달여의 여행에 필요한 식량과 옷가지만 허용받았다. 중환자, 노인, 임산부를 포함해 모든 한인이 예외 없이 화물·가축 열차에 실려 대륙 깊숙한 곳으로 보내졌다. 이송 도중 전염병이 발생해 노인들과 홍역에 걸린 아이들이 많이 사망했다. 중앙아시아에 도착한 한인들은 대부분 토굴, 창고, 마구간, 돼지우리, 폐허가 된 사원, 옛 감옥 등에서 임시로 거주했다. 이들은 혹독한 추위와 기근, 그리고 질병의 위협 속에서 첫 겨울을 보내야만 했다. 풍토병을 비롯한 질병의 확산으로 어린이, 부녀자, 노인들이 많이 죽었다.

임시로 겨울을 보낸 한인들은 1938년 봄 카자흐스탄과 우즈베키스탄 당국의 계획에 따라 또다시 새로운 이주지로 이동해야 했다. 카자흐스탄의 경우 약 60%가 재이주 당했다. 이들 이주민 가운데는 당국의 금지와 박해를 무릅쓰고 중앙아시아의 다른 지역으로 재이주하기도 했다. 한인들은 다시 중앙아시아의 전혀 다른 기후와 새로운 문화적·사회경제적·언어적 환경에 적응해야 했다. 연해주를 떠날 때 약속받았던, 두고 온 재산에 대한 보상과 이주수당, 정착자금은 거의 받지 못했다.

한인들만 스탈린정권의 강제이주 대상이었던 것은 아니다. 한인 외에 1930년대에 부랴트인, 카라차이인, 독일인, 폴란드인 등의 소련 내 소수민족도 8개의 적성 민족군에 포함되었다. 소련 당국이 한인의 강제이주를 결정하게 된 배경과 전후 사정을 밝히는 일은 오늘날 커다란 과제로 남아 있다.

6. 맺음말

중앙아시아로의 강제이주는 러시아 한인사회 전체의 기반을 송두리째 파괴한 대사건이었다. 강제이주는 2500여 명의 한인 지도자들에 대한 대탄압과 함께 1860년대 이래 한인사회가 온갖 역경을 극복하며 쌓아

올린 모든 정치적·사회경제적·문화적 성과에 대한 전면적이고도 비극적인 파괴행위였다. 이러한 악조건하에서도 한인들은 정착 첫째 해와 둘째 해인 1937~1938년의 가장 어려운 시절을 극복하고 특유의 근면성과 끈질김으로 새로운 사회에 점차 성공적으로 정착해 갔다. 1938년 말경 한인들은 카자흐스탄공화국에 57개, 우즈베키스탄공화국에 48개의 집단농장(콜호즈)을 건설했다. 그러나 이들은 스탈린 사후 1956년까지 거주 이전의 자유를 박탈당했고 정치적인 활동도 금지되었다. 러시아혁명과 소비에트 건설에 크게 공헌했으면서도 대가를 받기는커녕 혹독하게 처형되어 역사의 뒤안길에 묻혔던 한인 지도자들이 복권되기 시작한 것은 흐루쇼프가 이른바 스탈린 격하운동을 개시한 1956년 이후의 일이다. 이때야 비로소 한인들에게 거주 이전의 자유가 주어졌고 정치활동 참여가 허용되었다.

카자흐스탄과 우즈베키스탄 등 중앙아시아의 한인들은 정착 이후의 난관을 극복하며 성공적으로 집단농장을 건설하고 전문직으로 활발히 진출해 모범적인 민족으로서의 위상을 높였다. 그러나 한인들은 소련 붕괴와 공화국들의 독립으로 새로운 어려움을 겪고 있다. 이들은 공산체제에서 자본주의 체제로의 전환에 따른 고통, 그리고 민족주의 고조와 타지키스탄을 비롯한 일부 국가에서의 민족 갈등에 따른 긴장과 대립이라는 잠재적인 위협을 극복해야만 하는 처지에 놓여 있다. 이에 새로운 주거지를 찾아 유랑의 길을 떠나는 한인들도 늘어나고 있다.

참고문헌

권희영. 1993. 「러시아한인이주사(1863~1917)」. 국사편찬위원회. ≪국사관논총≫ 41.

_____. 1996. 『세계 속의 한민족독립국가연합 편』. 통일원.

_____. 1996. 「소련에서의 민족운동과 한인강제이주」. 『한국독립운동사사전: 총론편』. 한국독립
운동사연구소.

김블라지미르. 1997. 『재소한인의항일투쟁과수난사』. 조영환 옮김·박환 해제. 국학자료원.

김승화. 1989. 『소련한족사』. 정태수 편역. 대한교과서주식회사.

리블라지미르 표도로비치·김예브게니 에브게니예비치. 1992. 『스딸린체제의 한인강제이주』. 김
명호 옮김. 건국대학교 출판부.

박환. 1995. 『러시아한인민족운동사』. 탐구당.

반병률. 1997. 「재로한인 강제이주 이전의 한인사회의 동향(1923~1937)」. 『한국독립운동사연구』
11.

_____. 1997. 「노령 연해주 한인사회와 한인민족운동(1905~1911)」. ≪한국근현대사연구≫ 7.

_____. 1998. 『성재 이동휘 일대기』. 범우사.

부가이 니콜라이 표도르비치. 1999. 『재소한인들의 수난사: 해설 및 관계공문서』. 최정운 옮김·
류한배 감수.

심헌용. 1996. 「극동연해주에서의 러시아한인 민족자치구: 역사적 사실 및 전망」. 세종연구소. ≪한
국시베리아학보≫ 창간호.

윤병석. 1990. 『국외한인사회와 민족운동』. 일조각.

이동언. 1991. 「노령지역 초기 한인사회에 관한 연구」. 독립운동사연구소. 『한국독립운동사연구』
5.

한국독립유공자협회 엮음. 1994. 『러시아지역의 한인사회와 민족운동사』. 교문사.

한세르게이 미하일로비치·한발레리 세르게이비치. 1999. 『고려사람 우리는 누구인가』. 고담사.

Bishop, Isabella Bird. 1986. *Korea and Her Neighbors*. Tokyo: Charles E. Tuttle Co., Inc.
Vol. 2.

Glave, V. V. 1912. *Kitaitsy, Koreitsy I Iapontsy v Priamur'e*. St. Petersburg: V. F. Kirshbauma.

Unterberger, P. F. 1900. *Primorskaia oblast' 1856~1898*. St. Petersburg: V. F. Kirshbauma.

제5장

[특강] 최재형, 러시아 한인사회의 존경받는 지도자

최재형이라는 인물

여러분, 안녕하십니까? 할 일이 많으시고 바쁘실 텐데, 여기 기념관에서 기획한 좋은 강좌 시리즈에 공부를 하러 오셨네요. 더구나 최재형이라고 하는 잘 알려지지 않은 지도자인데 말입니다. 이분에 대해 오늘 여러분하고 이야기를 나눌 수 있어서 참으로 반갑고 기쁩니다.(박수)

기념관 측에서 저에게 주신 강의 제목은 '연해주 독립운동의 대부, 최재형' 이렇게 되어 있습니다. 나름대로 좋은 제목이기는 하지만, 이분을 독립운동 쪽으로만 평가하는 듯해서, 이보다는 여러 가지 측면에서 이분을 평가해야 최재형이라는 인물의 제대로 된 모습이 드러나지 않겠는가, 이렇게 생각해서 저는 '러시아 한인사회의 존경받는 지도자'라고 좀 더 포괄적인 제목을 썼습니다.

최재형 선생에 대해서는 다큐도 많이 나오고 그랬습니다마는, 그렇게 널리 알려진 인물은 아니지요. 최재형 선생에 대해서는 이름 정도는 들어본 적이 있으시죠? 러시아 이름은 최 표트르 세묘노비치(Пётр Семёнович)입니다. 이분은 아주 드라마틱한 삶을 살았던 분이죠. 그리고 일본

---

* 이 장의 내용은 근현대사기념관 주최로 2019년 독립민주시민학교 특별강좌 〈나라가 없으면 부자도 없다〉에서 강의한 내용을 수정·보완한 것이다.

헌병대에 의해 아주 비참하게 학살된 분이기도 합니다. 그가 살았던 러시아가 그의 사후에 본격적으로 공산주의 사회가 되고 또 우리도 남북분단이 되고 그러다 보니까 여러 가지로 우리 한국사회에는 알려질 기회가 적었습니다.

최근에 소련이 해체되고 나서 러시아지역 연구자들이나 또 일반 대중들이 최재형에 대해서 알기 시작하게 되었지요. 하기는 요즘에 러시아는 비자 없이도 갈 수 있게 되었고 거리도 멀지 않고 해서, 한국사회에서 최재형 선생에 대한 인식이 이전보다는 한결 넓어진 것 아닌가 생각을 합니다.

국제적인 시각에서 검토해야

저에게 주어진 강의시간이 두 시간이기는 합니다마는, 한 시간 정도로 압축해서 말씀을 드리고, 가능하면 여러분의 질문을 많이 받는 시간을 더 가졌으면 좋겠습니다. 1시간이면 짧은 시간입니다. 여러분에게 최재형 선생에 대해서 제대로 전달할 수 있을까 걱정이 됩니다.

저는 1990년대부터 이 러시아지역에서 전개된 독립운동이라든가 또는 해외동포, 특히 러시아 원동지역의 한인 역사를 공부해 왔습니다. 저는 '극동'이라는 말보다는 '원동'이라는 말을 좋아해서 기회가 있을 때마다 '원동'이라는 말을 쓰자고 주장합니다. 하여튼 러시아 원동지역하고 북간도, 서북간도지역에 관한 연구를 많이 하고 있습니다. 제 학위논문의 주제가 러시아 원동지역과 북간도지역의 한인 민족운동에 관한 것입니다.

그래서 이 고려인 문제, 그리고 조선족 문제, 특히 독립운동을 연구하다 보면, 우리가 한국사의 측면에서 그리고 독립운동사의 측면에서 보는 것도 중요하지만 우리 선조들이 러시아라고 하는 외국, 외국에서 독립운동을 한 것이기 때문에 한국사 측면에서만 볼 수 없는 그런 것들에 주목해야 한다고 생각합니다. 이제는 세계사적 측면에서, 러시아와 일본의 관계를 비롯한 변화무쌍한 국제관계 등을 종합적으로 검토해야 제대로 된 최재형 선생의 모습을 볼 수 있다는 생각입니다.

'노블레스 오블리주'에 걸맞은 인물

우선 최재형 선생을 어떻게 평가할 것인가 이런 문제가 있지요. 아까 말씀드린 바와 같이, 흔히 최재형에 대해 '독립운동의 대부'라는 표현들을 쓰곤 합니다마는 이건 오늘날 우리들이 쓰게 된 표현이고 동시대에도 최재형 선생에 대한 다양한 평가들이 있었습니다. 제 강의자료에는 쓰지 않았습니다만, 흔히들 최재형을 얘기할 때 '노블레스 오블리주'라는 말을 많이 하잖아요? 이에 걸맞은 대표적인 인물, 특히 독립운동 쪽에서 보면, 경상북도 안동의 석주(石洲) 이상룡(李相龍) 집안, 요즘 상당히 다행스럽게도 그분의 생가, 고택이 복원되는 과정에 있습니다마는, 석주 이상룡 씨 집안, 그리고 서울의 우당 이회영 씨 6형제의 집안, 이런 분들이 노블레스 오블리주의 대표적인 인물로 널리 알려져 있는데, 최재형 선생도 그렇게 평가할 수 있을 것 같아요.

석주 이상룡   우당 이회영

'노블레스 오블리주'라고 하는, 그러니까 사회적·경제적·정치적으로 여러 가지 측면에서 기득권을 갖고 있는, 상당히 높은 위치에 있는 분들이 사회와 공동체를 위해서도 기여하고 헌신했을 경우 그런 분들에 대해서 우리가 노블레스 오블리주라는 표현을 씁니다. 그런데 사실은 '노블레스 오블리주'라는 외국어(프랑스어)를 쓸 필요도 없이 우리 한국사회에도 전통적으로 그런 분들이 많고 그런 전례가 적지 않다고 할 수 있습니다. 우리가 잘 몰라서 그렇지. 하여튼 최재형 선생의 경우도 노블레스 오블리주의 대표적인 인물이라고 말할 수 있다는 겁니다.

해외동포의 롤 모델

제가 기회가 있을 때마다 강의라든가 글에서 여러 번 강조하는 것입니다마는, 최재형, 이분은 두 개의 조국에 충실했던 인물이라는 말을 많이 합니다. 이분은 요즘의 표현대로 하면 '해외동포'라고 할 수 있습니다. '고려인'이라고 할 수 있겠지요.

최재형 선생이 살던 시기에는 고려인이라는 말은 아직 쓰이지 않았고 오히려 '한인'이라는 말을 많이 썼죠, '한인'이라고. 대한제국이라든가 이런 것들을 연상해서 '대한광복군정부'라든가 '한인사회당' 등등의 말을 많이 썼습니다.

요즘에는 구소련 지역에 사는 사람들을 흔히 '고려인'이라고 통일해서 부르곤 하지요. 물론 사할린 한인들의 경우는 '고려인' 또는 '고려사람'이라는 칭호를 쓰는 것을 그리 달가워하지 않습니다. 그분들은 자기들을 '고려인'이라든가 '고려사람'이라고 하지 말고 '사할린 한인'이라고 불러달라고 이야기를 합니다. 여기에는 이분들이 이주할 당시의 역사적 배경, 계기나 원인, 출신 지역, 이주 후의 역사적인 경험 등에서 차이가 있고, 경우에 따라서는 갈등이나 충돌도 없지 않아서 미묘한 문제들이 얽혀 있기 때문입니다. 여기에서 길게 얘기할 여유는 없습니다만, 하여튼 이들에 대한 명칭문제가 간단하지 않다는 점만 강조하고 싶습니다.

최재형, 이분의 역사적·혈통적 조국은 어떻든 한국, 한반도이죠. 여기서 한국은 대한민국만을 이야기하는 건 아닙니다. 분단 이전의 시대니까요. 그러니까 이분은 역사적·혈통적 조국인 한국(조선)과 정치적·법률적 조국인 러시아, 이 두 조국에 모두 충실했던 인물이다, 이렇게 말할 수 있겠습니다.

해외동포 사회에서 사람들이 자기가 사는 지역, 그리고 자기가 떠나온 혈통적인 역사적인 조국, 흔히 모국이라고 하죠? 이 두 개의 조국에 충실하다는 게 그렇게 쉽지는 않습니다.

아무래도 한쪽에 편중되는 경우가 대부분이지요. 최재형 선생의 경우에는 양쪽에서 볼 때, 우리 쪽, 한반도나 한국의 입장에서 볼 때도, 또 러시아 쪽의 입장에서 볼 때도 상당한 애국자였으므로 두 조국에 충실했던 분, 이렇게 말할 수가 있습니다.

그래서 최재형 선생은 해외동포사에서 동포들의 롤 모델이라는 측면에서 보면 아주 적합한 분입니다. 물론 다른 분들도 많이 있겠습니다마는, 최재형 선생은 우리가 롤 모델로, 재외동포의 롤 모델로 삼기에 충분한 분이다, 그렇게 생각합니다.

최재형에 대한 한인사회의 평가

당시 사람들은 최재형 선생을 '아령 한인사회의 개척자', '아령 한인사회의 제일 인물', '시베리아 동포의 대은인', 이렇게 얘기했습니다. 아령(俄領). 요즘에 아령이라는 건 러시아를 얘기하지요? 러시아령. 한자로 러시아를 아라사(俄羅斯)라고 하는데 여기서 나온 말입니다. '아관파천(俄館播遷)', '아관(俄館)' 이런 말을 많이 들어보셨지요? '러시아 한인사회의 제일 인물'은 첫 번째 인물이라는 뜻이지요. 그리고 '시베리아 동포의 대은인(大恩人)'은 커다란 은인이라는 뜻이고요. 이렇게 동포들이 이 최재형 선생으로부터 엄청난, 큰 은혜를 받았다, 혜택을 받았다, 도움을 받았다, 이런 뜻으로 표현을 한 겁니다. 이런 평가는 당시 동시대인들이 최재형 선생에 바친 헌사라고 볼 수 있는데, 상당히 적당한 말 같아요.

마지막 연흑룡주 총독, 곤다치

이 사진, 최재형 사진입니다. 최근까지 유일하게 남아 있는 최재형 선생의 사진이지요. 후손들의 얘기를 들어보면, 최재형 선생의 손자인 최 발렌틴 생일에 고모, 즉 최재형 선생의 딸인 최 올가 페트로브나가 이 사진을 가져와서 후손들이 함께 보면서 최재형 선생에 대해서 알기 시작했다는 겁니다.

최근에 저는 다른 사진에서 최재형 선생으로 보이는 인물을 확인했습니다. 물론 제 주장이기는 합니다마는 나중에 사진을 한번 보여드리도록 하겠습니다.

널리 알려져 있는 이 사진은 원래 최재형 선생의 독사진이 아니라, 자기 형하고 형의 아들, 그러니까 조카이지요, 셋이 찍은 것인데 후손들이 최재형 선생만 이렇게 잘라서 독사진처럼 만든 거지요.

이제 다시 같이 연결시켜 말씀드리자면 곤다치(Л.Н. Гондатти)라는 분이 있습니다. 이분은 1911년부터 1917년까지 연흑룡주 총독을 지낸 분인데요, 이분이 1911년에 취임해서 러시아혁

최재형

명이 일어나는 1917년까지 총
독을 지낸 마지막 연흑룡주 총
독입니다.

　연흑룡주는 러시아말로 프리
아무르스키(Приамурский)라고
하죠. '프리아무르스키'라는 지
역은 아무르(Амур)강 일대를 말
하는데, 당시 아무르주와 연해
주(프리모르스키)의 두 주가 여기
에 포함됩니다. 러시아식 표현으로는 아무르주, 중국식 표현으로 하면 흑
룡주이지요. 아무르강, 즉 중국에서의 흑룡강인데, 아무르강의 좌우로
중국 쪽은 흑룡강성이 되고 러시아 쪽은 아무르주가 되는 거지요. '아무
르'도 '흑(黑)', 검다는 뜻으로, 똑같습니다. 뜻은.

　그러니까 연흑룡주 총독은 아무르주와 연해주, 이 두 주를 관할하는,
통치하는 총독이었습니다. 연흑룡주 총독은 캄차카 반도라든가 동쪽의
알래스카 지역까지도 커버했던, 아주 넓은 지역의 총독이었습니다. 따라
서 제정러시아 시기에 상당히 막강한 권한을 가졌던 분인데, 이분이 마
지막 연흑룡주 총독입니다, 혁명 이전까지.

　이분은 혁명 이후에는 만주의 하얼빈으로 이주해서 거기서 마지막 삶
을 살았습니다.

"한국을 사랑하지 않는 사람은 러시아에서도 환영받을 수 없다"

이분이 이렇게 얘기했습니다. 1912년에 한인들이 살고 있던, 신한촌이죠, 1911년에 형성된 블라디보스토크의 한인 마을인데, 그 이전에는 '구개척리'라고 있었는데, 이와 비교해서 '신개척리'라고도 했지요. 한국 사람들만 살았던 마을인데, 여기를 곤다치 총독이 1912년에 방문했습니다.

한인들이 곤다치 총독을 환영하는 모임을 마련했는데 그 자리에서 그 총독이 이런 말을 했어요. "한국을 사랑하지 않는 사람은 러시아에서도 환영받을 수 없다. 당신들이 떠나온 그 나라, 한국을 사랑하지 않는 사람들이 이 땅에 와서 이 러시아도 사랑할 수 있겠는가." 그러니까 당신들이 떠나온 당신들의 땅을 사랑하지 않는데, 어떻게 우리가 당신들을 사랑할 수 있는가, 자기가 떠나온 나라를 사랑하는 사람이야말로 러시아에서도 환영받을 수 있다, 이런 얘기를 한 겁니다.

그래서 이 곤다치 총독을 당시 우리 한인들이 이렇게 말했습니다. '살아 있는 부처', '활불(活佛)'이라고. 이분이 총독을 하면서 우리 한국 사람들을 여러 가지 측면에서 챙겨줬어요. 보호해 주려 했고, 일본 사람들로부터 간섭이 있거나 탄압이 있는 경우에 가능한 한 힘써 보호해 주려고 했습니다. 이 총독은 우리 한인들을 참 긍정적으로 아주 좋게 평가해 주고 가능한 한 한국 사람들을 도와주려고

곤다치

했던 좋은 분입니다.

그래서 곤다치 총독의 이 말을 참고해서 말씀드리자면, 최재형 선생은 한국을 사랑하고 러시아에서도 환영받던 인물이다, 아까 말씀드린 것처럼 구소련 지역의 한인들뿐만 아니라 전체 해외동포의 롤 모델로서도 부족함이 없다, 이렇게 말씀드릴 수 있습니다.

빈농이었던 아버지 최흥백

이제 최재형 선생의 삶을 말씀드리려고 합니다. 최재형 선생의 부친은 최흥백이라고 합니다. 집안에 족보가 있었던 것 같습니다마는, 어느 시절엔가 분실된 것으로 보입니다. 최흥백은 가난한 소작인이었지만 매우 낙천적이고 호방한 성격이었기 때문에 당시에 결혼하지 않은 처녀들이 이분을, 부친 최흥백 선생을, 물론 총각 시절이었습니다마는, 귀찮을 정도로 따라 다녔다는 에피소드도 남아 있습니다.

여기에서 조금 논란의 여지가 있는 문제를 말씀드리고 싶습니다. 요즘 최재형 선생이 '노비 출신'이다, 심지어는 '노비'였다, 이렇게들 많이 얘기하고 있어요.

제가 2004년도 최재형 선생의 추모제를 준비하면서 참석할 고려인들을 위해 최재형 선생에 대한 간단한 약전을 쓰게 되었습니다. 그래서 러시아 자료들을 꼼꼼하게 봤습니다. 최재형 선생의 딸들하고 아들이 남긴 자료, 그리고 러시아 학자들이 쓴 기록들을 종합적으로 검토해 보니까, 이 '노비'라는 표현이 상당히 문제가 있습니다. 결론적으로 말씀드리면 이분, 즉 최재형 선생의 부친인 최흥백은 노비 출신이 아니고, 소작농 출신입니다. 딸들의 회고록에 최흥백을 "아주 가난한, 재산이 없는 농민"이라고 표현했습니다. 그리고 '쌍놈'이라고 표현했습니다. '쌍노미', 이렇게 되어 있습니다. '쌍놈'. '쌍놈'이라는 건 우리가 어떻게 봐야 합니까. '쌍놈'이라는 건 '상놈', '상민(常民)'이거든요. '상민'이면 '평민(平民)', '보통 사람'을 얘기하는 거 아닙니까? 농민을 얘기하는 겁니다.

우리가 '노비'라고 할 때는 '종놈'이라고 했지요. 조선시대는 물론이고 노비제가 폐지되고 나서도, 심지어 일제 강점기까지도 '종놈'이라는 말을 쓰지 않았습니까? '노비'를 '상놈'이라고 하지는 않지요. 다릅니다.

최재형 선생의 딸들이 이렇게 얘기했습니다. "러시아어로 얘기하면 농노와 비슷한 존재이다." '농노'는 영어로 'serf'인데요, '농노'라는 건 노비가 아니거든요. 당시 러시아에는 '농노제'는 있었지만 '노비제'는 없었지요.

널리 퍼져 있는 최재형 노비설

최재형 선생의 딸과 아들이 쓴 회상록을 입수한 연구자들, 특히 최재형 선생에 관한 논문을 처음으로 쓴 이정은 박사라든가 이런 분이 앞에서 말한 것처럼 딸들의 회상록에 나오는 최흥백에 관한 부분을 '노비'라고 번역해서 썼고, 최근에 나온 단행본에서 박환 선생도 이렇게 썼고, 이를 참조한 것으로 보이는 소설이나 대부분의 다큐나 유튜브 등에서도 널리 퍼져 있습니다만, 이는 틀린 얘깁니다.

제가 러시아학계는 어떤가 하고 검토를 해보니까, 2000년도에 최재형 선생 탄신 140주년을 기념해 모스크바에서 개최된 학술회의에서 고 박 미하일 교수가 발표한 글이 있습니다. 박 교수는 모스크바 국립대학에서 오랫동안 한국 역사를 가르치고 『삼국사기』를 러시아어로 번역하신, 그 야말로 러시아 한국학의 대부로 잘 알려져 있는 있는 분입니다. 그런데 이 학술회의에서 이분이 발표한 논문에서 최재형의 아버지 최흥백이 '노비(ноби)'였다고 단정적인 표현을 썼어요. 앞에 인용한 최재형 선생의 딸들의 회상기에 최흥백 관련 서술 부분을 보고 최흥백은 '노비'라고 명쾌하게 표현해 버린 것이지요.

물론 이게 번역의 문제만은 아니고 조선시대 사회에 관한 이해의 문제이기도 한데, 러시아어로 된 자료들을 자세히 보면 아까 말씀드린 것처럼 가난한 집안의 소작인, 농민 출신이다, 이렇게 되어 있구요, 또 딸들의 회상록에 보면, 최흥백에게는 온성에 사는 '오가이'라는 지주, 양반 지주, 즉 '오씨 성을 가진' 지주가 있었다고 되어 있어요.

더군다나 지주 오가이와 최흥백 가족이 살았던 지역이 다르거든요? 최재형 선생의 경우에는 경원(慶原)이고, '오가이'라는 지주는 온성(穩城)이라는 지역에 살았습니다. 여러분이 잘 알다시피 노비에는 물론 주인과 같이 사는 '솔거노비(率居奴婢)'가 있고, 바깥에 독립적으로 사는 '외거노비(外居奴婢)'가 있습니다마는, 관련 자료들을 보면, 최흥백은 지주에 소속되어 있던 소작인, 소작 농민이었고 경제적으로 상당히 곤궁한 빈농의 처지였습니다.

그것을 학자들이 잘못 해석한 결과, 이 노비설이 널리 퍼지게 된 겁니다. 노비설이 힘을 얻게 된 또 다른 이유를 짐작해 보면, '아, 노비 출신이 돈도 많이 벌고, 재산도 축적하고, 독립운동도 하고', 이런 식으로 드라마틱한 요소를 만들 수 있었던 것이 아닌가 합니다. 이제는 시정되어야 할 사항입니다.

2004년도에 보훈처의 도움으로 개최한 최재형 선생 추모제 당시 제 이름으로 쓴 최재형 선생 약전에서는 소작농이라고 했지요. 이 약전이 자그마한 책자이고 비매품이어서 널리 유포되지 못했습니다만, 다행히 보훈처 홈페이지에 최재형 선생을 소개하는 글은 제 글을 골간으로 한 것이라서 최재형 선생이 소작농 출신이라고 되어 있습니다. 그나마 다행스러운 일입니다.

러시아 최초의 한인 마을인 지신허 마을로의 이주

최재형 선생이 러시아로 이주하게 된 동기를 보기로 하지요. 1869년에 대흉년이 있었습니다. 1869년이 기사(己巳)년, 그리고 1870년이 경오(庚午)년이어서 러시아 한인 역사에서는 '기사흉년(己巳凶年) 경오도강(庚午渡江)', 이렇게 기술하고 있습니다. 기사년에 대흉년이 들었습니다. 흉년 때문에 기근이 돌자 기사년하고 그다음에 경오년, 즉 1869년, 1870년에 굶주림을 견디지 못한 함경도 육진(六鎭)지방의 농민들이 대거 러시아지역으로 이주를 하게 됩니다. 그러니까 러시아 당국으로서는 감당할 수 없을 정도로 엄청난 수의 조선 농민들이 러시아 연해주 땅으로 몰려들어 온 것입니다.

그런데 이분, 최재형 선생의 부친인 최흥백 농민이 당시에 이주를 감행하기 이전의 어느 시기에 아마도 폭동을 일으켰다고 합니다. 자녀들의 기록에 따르면, 최흥백이 폭동의 지도자로서 지주들이 쌓아놓은 곡물창고를 말하자면 습격을 해서 빈농들한테 나눠주는 사건을 일으켰다고 합니다. 최흥백이 아마도 이 사건, 폭동을 지도하고 이끌었기 때문에 더 이상 자기 고향에서 살 수 없는 조건이 되지 않았을까, 그래서 어쩔 수 없이 이주를 하게 된 것이 아닌가, 이렇게 해석을 할 수 있습니다.

　　부인, 즉 최재형 선생의 어머니는 둘째 부인인데, 최재형 선생의 손자 최 발렌틴은 자신의 글에서 '기생'이라고 썼습니다. 물론 근거는 제시하지 않았습니다. 물론 예술적 재능을 가진 '아티스트', 즉 '예인(藝人)'의 의미로, 좋은 의미로 썼습니다. 저도 2004년도에 최재형 약전을 쓰면서 최 발렌틴의 이 부분을 참고해서 무심코 그렇게 썼습니다만, 지금에서 보면 논란의 여지가 있습니다.

　　그러나 분명한 것은 이분, 즉 최재형 선생의 어머니가 이름인지 별명인지 분명치 않으나 '갑분이'라고 불렸다는 겁니다. '갑분이', 즉 제일 예쁜 여자라는 것이고, "춤도 잘 추고 노래도 잘해서 '귀한 사람들', 즉 '양반들'을 즐겁게 해서 먹거리를 벌었다"는 것입니다. 이렇게 얘기하는데, 어쨌든 이분이 최흥백, 그러니까 최재형 선생 아버님의 둘째 부인입니다. 그리고 최재형은 이 둘째 부인의 아들입니다. 최흥백이 노비라면 두 여자와 결혼할 수 있었겠습니까?

　　러시아학계의 한국사 권위자인 고 박 보리스 교수께서는 최 발렌틴과 공저로 출간한 최재형 전기에서 최흥백의 부인, 즉 최재형 선생의 어머니를 '여자 노비', 즉 우리말로 '비(婢)'라고 썼습니다. 물론 러시아 자료에 근거한 것으로 보입니다만, 근거를 제시하지 않아 확인할 수 없습니다. 새로운 논쟁거리를 제시한 셈입니다.

첫째 아들은 최 알렉세이인데, 최재형 선생과 같은 어머니인지 첫째 부인의 소생인지는 알 수 없습니다만, 앞서 보여드렸던, 세 사람이 같이 찍은 사진에서 최재형 선생과 형 최 알렉세이를 보면 많이 다릅니다. 닮지 않았어요. 이복형제일 가능성도 없지 않습니다. 형은 러시아 이름밖에 남아 있지 않습니다. 러시아로 이주할 당시에는 결혼해서 부인이 있었습니다.

최재형 선생은 1860년에 함경북도 경원(慶源)에서 태어났습니다. 일부 자료에는 1858년에 태어났다는 기록도 있습니다. 그리고 1869년, 즉 최재형 선생이 아홉 살일 때, 부친인 최흥백이 러시아 최초의 한인 마을인 지신허(地新墟)로 최재형 형제를 데리고 이주를 합니다. 이 지신허라는 마을에 관해서는 제가 쓴 논문도 있습니다마는, 이 마을도 답사를 해서 제가 처음으로 한국에, 학계에 소개했습니다. 이곳은 러시아에서 만들어진 최초의 한인 마을입니다. 1863년에 함경도 농민 13가구가 무단 월경해서 개척한 마을입니다.

바로 이 지역으로 1869~1870년에 함경도 육진지방의 농민들이 물밀듯이 대거 이주를 하게 되는데, 최재형 선생의 집안도 이 당시에 이주를 한 겁니다. 최흥백은 처음 이주할 때는 자기 부인을 데려가지 않고 두고 갔는데, 이주 몇 년 후 집을 마련하고 땅도 마련하고 해서 어느 정도 기반을 닦은 후에 고향 경원으로 돌아와서 부인을 데리고 다시 러시아로 넘어갔다고 합니다.

가출 및 선장 부부와의 만남

이제 최재형의 유소년 시절을 보기로 하지요. 최재형 선생은 지신허 마을에 설립된 러시아소학교에 입학해 공부를 하게 됩니다. 딸들의 회고에 따르면, 어린 최재형은 1871년에 가출을 합니다. 열한 살이니까 상당히 어린 나이인데, 아마 형수, 최 알렉세이의 부인이지요, 그 형수가 상당히 구박했던 것 같아요, 여러 가지로 최재형 선생을. 그래서 아마 자기동네, 지신허 마을의 두 친구하고 같이 가출을 감행하게 됩니다.

그런데 같이 가출했던 두 친구는 예측할 수 없는, 어떻게 될지도 모르는 미래를 걱정해서 중도에 포기하고 다시 돌아가고, 최재형 선생은 포기하지 않고 정처 없이 가다가 지쳐서 탈진한 상태로 해변에, 지금 아마 포시에트만 그쪽의 해변에 쓰러졌던 것 같아요. 해변에 쓰러져 있던 최재형을 발견한 러시아 선원들이 최재형 선생을 배로 데려갔어요. 그리하여 선장 부부를 만나게 됩니다. 당시에 선장은, 우리가 정확하게는 모르지만 이름이 세묜(Семён)이었던 거 같아요. 성은 모릅니다마는, 선장 이름이 그랬던 것 같아요.

이들 선장 부부, 그분들이 러시아정교회에 최재형 선생을 입교시키면서 대부, 대모 역할을 했습니다. 세례명을 표트르 세묘노비치로 해서 최재형 선생의 러시아 이름이 표트르 세묘노비치가 된 것입니다. 표트르(Пётр)가 자기 이름인 거고, 세묘노비치라는 건 소위 부칭(父稱)으로 러시아말로 '오체스트보(отчество)'인데, 영어로는 '패트로니믹(patronymic)'이라고 합니다. 부칭을 보면 아버지가 누구인가를, 아버지의 이름을 알 수 있습니다. 그러니까 세묘노비치 하면 세몬의 아들이다, 이렇게 됩니다. 보통 여자들은 −브나(-вна), 이렇게 여성접미사를 써서 표현합니다마는. 선장이 대부 노릇을 해주신 거죠.

다른 기록에 따르면, 최재형 선생은 지신허 마을에 있는 러시아학교에 재학하던 중에 최 세몬, 정 이반, 김 일리야 등 세 명의 한인 아이들과 페름 대주교 관구 신부인 바실리 피얀코프가 설립한 블라디보스토크 기숙사에 입양되어 공부했다고 합니다. 그리고 바실리 신부의 청원으로 연해주 군정순무지사인 크로운(Кроун) 장군의 동의하에 시험을 보고 소볼함 수병으로 근무했다고 합니다.

이를 종합해서 보면, 1871년에 가출한 최재형이 기숙사에 입양되고 소볼함에 수병으로 일하게 된 과정을 주선한 이가 선장이었을 가능성이 있습니다. 또는 딸들의 회상록에 나오는 선장이 소볼함의 선장일 수도 있습니다. 하여튼 이 부분은 앞으로 좀 더 면밀히 검토해 볼 여지가 있습니다.

인문학적 소양과 국제적 안목을 갖춘 인물로 성장

하여튼 선장의 부인이 참 자상했던 분 같아요. 상당한 엘리트, 인텔리였던 것 같은데 이분이 제대로 교육을 받지 못한 최재형 선생에게 러시아어뿐만 아니라 문학 전반, 일반적인 인문학적인 교양, 그런 것들까지 폭넓게 가르쳐주었던 것 같아요. 최재형 선생이 제대로 고등교육을 받지는 못했습니다마는 선장 부인을 통해서 기본적인 인문학적인 교양을 다양하고 폭넓게 얻게 된 거죠.

이후 최재형 선생은 6년 동안의 선원 생활을 통해 모스크바, 페테르부르크를 두 번씩 왕래하면서 세계의 여러 지역을 방문했던 것 같아요. 지금 남아 있는 기록으로는 정확히 알 수 없습니다만, 어쨌든 6년간의 선원 생활을 통해서 요즘 흔히 말하는 글로벌한, 인터내셔널한 그런 인물이 된 거죠. 세계적인 측면에서 각 지역의 여러 민족, 여러 나라의 다양한 문화를 경험하면서 상당히 높은 수준의 세계적인, 국제적인 안목을 갖출 정도로 세상을 보는 인식을 넓혔던 것 같습니다.

그리고 한 6년 후에 선장이 자기 친구에게 소개해 주어서 최재형 선생은 그 친구가 경영하는 상사에서 한 3년 정도 근무를 합니다. 아마 여기에서 사업을 운영하는 비즈니스맨으로서의 필수적인 여러 가지 경험과 소양, 그리고 폭넓은 인맥이라고 할까요, 이런 것들을 확보했던 것이 아닌가 하고 짐작할 수 있습니다. 최재형 선생이 유소년 시절에 경험했던 그런 모든 것들은 이후 그가 러시아 한인사회의 지도자로 부상하는 데 큰 자산이 됐던 것 같습니다.

배산임수의 지신허 마을

최재형 선생은 가출 후 여러 해가 지난 뒤에 마침내 귀향을 결심하게 됩니다. 자수성가하고서 본래 집으로 돌아오게 된 거지요. 자신이 가출했던 바로 그 지신허 마을로. 당시 함경도 농민들은 이주해서 마을을 만들면서 한국에서와 마찬가지로 앞으로는 강, 뒤로는 산을 두는, 흔히 말하는 '배산임수(背山臨水)'라고 하잖아요? 앞에 물이 있고 뒤에 산이 있고. 이러한 풍수지리설에 따라서 러시아에서도 그런 곳에 터를 잡았습니다. 러시아 연해주에 700~800명 또는 1000명에 가까운 한인 마을들이 억척스러운 함경도 농민들에 의해서 개척되었는데, 대충 보면 대부분의 한인 마을이 배산임수에 따라 형성되어 있었습니다.

그래서 이전 한인 마을들이 있던 지역들을 찾아가 보면 맷돌이 있거나 우물이 있거나 집터가 있습니다. 지금은 다 폐허가 됐습니다만, 거의 모든 한인 마을이 다 마찬가지입니다. 함경도 육진지방 농민들이 러시아에 가서 마을을 개척할 때 강을 끼고 만든 거예요. 보통 마을이 하나 형성되면 상, 중, 하, 이렇게 해서 강을 끼고 크게 세 개 정도, 또는 두 개 정도로 형성되었는데, 지신허 마을도 그랬습니다. 지신허강 유역을 따라서 상(上)지신허, 중(中)지신허, 하(下)지신허, 이렇게 세 개의 마을이 연이어 형성되었습니다.

가수 서태지의 후원으로 세운 지신허 마을 기념비

아까 말씀드렸었던 러시아 최초의 한인 마을이라서 여기에는 지금 기념비가 세워져 있습니다. 제가 최초의 한인 마을인 지신허 마을 터를 찾아냈다고 해서 크게 보도가 되기도 했습니다. 지신허 마을을 두 번째 답사할 때 블라디보스토크에서 한국교육원장을 하고 있던 박 모라는 분이

2004년 최재형 추모제 후 가수 서태지가 후원해 세운 지신허기념비 앞에서 ⓒ 최 발렌틴

동행했는데, 이분이 어떤 의도가 있었는지는 몰라도 하여튼 열심히 주선해서 지신허 기념비가 세워지게 되었습니다. 여러분들이 잘 아는, 「발해를 꿈꾸며」라는 노래를 부른 가수분, 지금 케이팝의 원조라고 불리는 서태지라는 가수가 있지 않습니까? 이분이 블라디보스토크의 '디나모'라는 스타디움에서 공연을 하고 또 적지 않은 기부금을 내서 기념비를 만들었습니다. 박 모 교육원장이라는 분이 주선한 것이지요. 그런데 지역 군청에서 문제를 제기해서 새로 비석을 만들고 비문의 문구를 고치는 등 우여곡절 끝에 기념비가 설립되었는데, 안타깝게도 이 기념비가 도로에서 한참 깊숙이 들어가야 할 정도로 너무 먼 곳에 있어요. 그리고 러시아군에서 통제하는 지역이라 지금은 일반인들이 들어갈 수 없게 되어 있습니다. 처음부터 터를 잘못 잡은 거지요. 지신허 기념비와 관련해서는 드러내놓고 말씀드릴 수 없는 사연들이 있습니다.

귀향 후 가족과의 재회

최재형 선생이 처음 이주를 했던 곳이 지신허였는데, 돌아와서 보니까 최재형 선생의 집안이 연추로 이주해 있었습니다. 이 연추 마을도 바다 하고 가깝고 사람이 살기에 상당히 좋습니다. 여러 가지로 위치가 좋은 지역이죠. 교통도 좋고. 연추하(烟秋河)라는 강이 있는데, 이 강을 끼고 한인 마을인 연추 마을이 형성되어 있었던 것이지요. 아래 사진은 2004 년 최재형 선생 추모제 때 최재형 선생의 손자인 최 발렌틴을 초청했는 데, 당시 연추 마을에 답사를 가서 그 마을 입구에서 찍은 사진입니다.

'연추'라는 말은 발해 시대 때부터 내려온 건데요, 염주(鹽州)라고 하죠, 발해 시대 때 62주 가운데 하나인 '염주'라는 행정명칭에서 '연추'라는

추카노브카 마을(옛 하연추 마을) 입구에 선 최 발렌틴(2004년)

지명이 유래한 것입니다. 발해 시대에 각지로 연결되는 여러 가지 통로가 있지 않았습니까? 국제적으로 통하는 길이 있는데, '일본도(日本道)'라고 해서 일본으로 떠날 때에 말하자면 항구 노릇을 했던 곳이 바로 연추입니다. 지금도 이곳에는 포시예트라든가 항구가 있죠. 포시예트는 당시 군항이었으나 지금은 개방이 됐습니다. 최재형 선생의 가족은 지신허 마을에서 이 연추 마을로 이주를 했어요. 그래서 여기에 가보니 부친 등 가족들이 변변치 않게 궁색하게 살고 있었던 겁니다. 최재형 선생은 가족들, 아버지, 형제들을 만나서 집하고 가축, 농기구 이런 것들을 마련해 주었습니다.

첫 번째 결혼

최재형 선생은 22세 때 결혼을 했는데, 첫째 부인이 아들 하나, 딸 둘 낳고, 네 번째 아들을 낳다가 사망했다고 합니다. 그러고 나서 최재형 선생이 다시 결혼하게 된 것은 한참 나중의 일이죠. 1897년이니까 서른일곱 살에 다시 결혼하게 됩니다. 그 부인 이름이 김 엘레나 페트로브나(Ким Елена Петровна)입니다. 이분 아버지가 김 표트르 알렉산드로비치(Ким Пётр Алекса́ндрвич)인데 아버지 이름이 표트르이니까 페트로브나, 이렇게 되는 거죠, 여성이기 때문에. 이분과 재혼하게 됩니다. 이분은 1952년에 키르기스스탄에서 돌아가셨습니다. 그러니까 최재형 선생은 아마 스물일곱 살부터 서른일곱 살까지 거의 혼자 살았던 것 같습니다.

두 번째 결혼

최재형 선생의 장인인 김 표트르 알렉산드로비치는 노보키옙스크(Hoв окиевск)에 살고 있던 유명한 상인이었습니다. 노보키옙스크라는 곳은 지금은 크라스키노(Краскино)로 이름이 바뀌었습니다만, 보통 지역 명칭을 보면 그곳이 지닌 의미를 대충 짐작할 수 있습니다. '노보'라는 건 러시아어로 '새롭다'는 뜻입니다. 뉴욕(New York)처럼. 영국에 요크(York)라는 지방이 있지 않습니까? 사람들이 이주를 하면 이전에 자기가 살던 곳의 지명을 갖고 가잖아요? 미국에서 뉴욕이라든가 뉴햄프셔라든가 이런 식으로. 러시아도 마찬가지입니다. 그래서 '노보'라는 건 '새롭다'는 뜻이고 '키옙스크'라는 건 '키예프(Киев)'를 뜻합니다. 몇 년 전에 우크라이나 사태가 났을 때 많이 보도되었던 그 키예프가 우크라이나 수도잖아요? 19세기 후반 20세기 초에는 주로 우크라이나 사람들이 러시아 원동지역으로 많이 이주를 했습니다. 19세기에 러시아 원동지역으로 이주를 많이 했기 때문에 지금도 블라디보스토크 등 원동지역에서 러시아 사람을 만나서 "어디서 왔느냐, 조상들이 유럽 어디서 왔느냐?"라고 물어보면 대부분 우크라이나에서 많이 왔다고 그럽니다. 러시아

김 표트르 알렉산드로비치

사람이라고 하더라도.

최재형 선생이 바로 이 지역, 노보키옙스크의 한인 상인이자 유명한 상인이었던 김 표트르 알렉산드로비치의 딸과 결혼하게 됩니다. 그래서 여기서 아들 셋, 딸 다섯, 이렇게 낳죠. 여덟 명에다 첫째 부인에게서 난 세 명까지, 총 열한 명의 자녀가 되는 겁니다. 많이 낳으셨죠?

자녀들 사진인데요. 어렸을 때 사진입니다.

[질문] 우크라이나에서 온 사람 딸인데, 동양인처럼 보이네요.

[답] 제 말이 제대로 전달되지 않은 거 같습니다. 여기 지명을 설명하다 보니까 우크라이나 사람 얘기가 나온 거구요. 이분은 한국 사람이죠. 김 표트르 알렉산드로비치. 성(姓)이 '김'이니까. 그렇지요? 제가 여기 지명을 설명하다가 우크라이나 사람 얘기가 나온 거고요, 이분은 한국 사람입니다. 최재형 선생이 조선 사람과 결혼한 겁니다.

최재형 선생의 자녀들. 왼쪽부터 올랴, 소냐, 파벨, 지나(손녀), 류바(1912년경).

한인과 러시아 당국의 교량 역할을 하는 통사 담당

최재형 선생이 한인들과 당국자들 사이에서 큰 신망을 얻게 되는 계기가 있었습니다. 1860년 북경조약에 따라 러시아가 연해주지역을 획득하면서 러시아가 한반도와 국경을 접하게 되는데, 그 이후로 국경지방에 대한 관리가 필요해졌습니다. 그래서 러시아는 블라디보스토크에서 '크라스노예 셀로(Красное село)'까지 군용도로를 건설하게 됩니다. 러시아말로 '크라노스예 셀로'는 '아름다운 마을'이라는 뜻인데, 우리식으로는 '녹둔도(鹿屯島)'라고 하지요. 한인들은 '녹도(鹿島)', '녹동(鹿洞)'이라고도 했습니다.

여러분들 가운데 〈성웅 이순신〉이라는 드라마를 보신 분들이 있는지 모르겠습니다마는, 이순신 장군이 거기서 만호(萬戶)라는 국경 수비책임자로 가는데, 녹둔도가 바로 그 지역입니다. 지금 두만강 하구에 바다로 들어가는 델타(삼각주) 지역에 위치한 곳입니다. 지금은 오랜 연륙작용으로 러시아 영토가 됐습니다만, 거기에 자리 잡고 있던 11개 정도의 크고 작은 한인 마을들을 전체적으로 통칭해서 '크라스노예 셀로'라고 불렀습니다. 그런데 우리 한인들은 녹둔도라고 했구요. 러시아 당국에서 거기까지 군용도로를 건설하고 개축한다는 결정을 했습니다.

최재형 선생이 러시아 말을 잘하기 때문에 최재형 선생에게 통사(通辭), 요즘 말로 하면 통역을 부탁하게 됩니다. 러시아 철도 도로국은 최재형 선생을 통사로 선임하고 최재형 선생에게 멍구가이(맹고개, 맹령), 지금의 바라바시(Барабаш)에서 노보키옙스크까지 도로를 개축하는 건설 사업을 맡깁니다. 지금 블라디보스토크나 우수리스크에서 이쪽 지역으로 가려면 바라바시를 한 번 거치게 되어 있습니다. 하여튼 최재형 선생이 이 도로 건설의 국책사업에서 중책을 맡게 되었다는 겁니다.

한인 농민들이 건설한 도로

당시 최재형 선생은 한인 농민들을 동원해서 이 도로를 닦았는데 지금도 그 도로를 거의 그대로 쓰고 있습니다. 19세기 때 만들어진 도로가 현재까지도 긴요하게 쓰이고 있다는 얘기입니다. 당시에 최재형 선생은 주변 지역, 도로 양쪽의 한인 마을들에 거주하는 농민들의 노역으로 도로를 개척한 겁니다. 요즘 젊은 사람들이나 도시에서만 살던 사람들은 잘 모르겠지만, 나이 많으신 분이나 농촌에 살았던 분들은 아실 것입니다. 부역제도라는 게 있었잖아요? 부역제도. 농촌 지역에서 공동 사업 같은 거, 도로나 다리를 놓을 때에 노임을 받지 않고 노동력을 제공하는 관행이 있었지요.

러시아에 이주한 한인 농민들도 그런 정신으로 도로 건설 현장에 나가서 노동을 했습니다. 한편으로 대책 없이 건너온 자기들 함경도 농민들이 이 지역에 정착하도록 도와준 러시아 당국에 대한 감사의 표시, 이런 측면도 있었습니다. 물론 완전히 무노임으로 노동한 건 아니고요. 임금도 받았습니다만, 중간에서 최재형 선생이 한편으로는 러시아 당국의 입장을, 다른 한편으로는 우리 한인 농민들의 입장을 잘 반영해서 조화롭게 일처리를 했던 것 같습니다. 자기 자신이 가난한 빈농 출신으로 온갖

고생을 했기 때문에 한인 농민들, 가난한 한인 농민들을 특별히 잘 보살 펴주고 챙겨줬던 모양입니다.

한인 농민들이 사랑하고 의지했던 '최 비지깨'

'표트르(Пётр)'라는 이름을 가진 사람을 애칭으로 친근하게 부를 때 '페츠카(Петька)' 또는 '페챠(Петя)'라고 합니다. 알파벳으로는 'Pet'ka'로 표현합니다. 당시에 한인들은 최재형 선생을 '최 비지깨'라고 불렀습니다. 함경도 농민들에게 러시아 말이 상당히 어렵잖아요? 그래서 '표트르'의 애칭인 '페츠카'를 한국말로 바꿨는데, '비지깨', 이렇게 불렀습니다. '비지깨'라는 말은 '성냥'이라는 뜻을 가진 러시아말 '스피치카(спичка)'의 발음을 차용해서 만든 함경도 방언입니다. 최재형 선생의 이름이 '표트르'니까 '페츠카'로 불러야 하는데, 발음이 어려워서 비슷한 발음을 만들어 '비지깨'라고 부른 겁니다. '성냥'이라는 뜻과도 어울리고요.

그런데 언제부터인지는 몰라도 한국에서 최재형 선생의 별명에 대해 잘못된 얘기가 널리 퍼져 있습니다. 뭐냐면 '페츠카'와 발음이 비슷한 러시아말이 '난로'라는 뜻을 가진 '페츠카(печка)'입니다. 그래서 누군지 모르지만 최재형 선생의 별명이 '페츠카'였다, 즉 '난로'였다, 난로는 따뜻한 물건이니까 당시에 한인들이 최재형 선생을 '따뜻한 사람'이라는 뜻의 '페츠카'라고 불렀다고 대담한 해석을 가한 겁니다. 대중적인 다큐라든 가, 소설, 심지어는 학술적인 글에서조차 이러한 해석이 진실처럼 퍼져 있습니다. 러시아어를 조금이라도 이해하는 사람의 입장에서 보면 전혀 틀린 얘기인데도 말입니다.

'표트르'라는 러시아 이름의 애칭인 '페츠카'라는 말과 발음이 비슷한 단어인, '난로'라는 뜻의 '페츠카'라는 전혀 다른 말을 가지고 새로운 신화를 만들어낸 것이지요. 마치 러시아 사람들이 최재형을 보고 '난로'라고 했다는 식으로 말이죠. 함경도 농민들은 그냥 '성냥'이라는 뜻을 가진 러시아어 '스피치카'를 차용해서 함경도 사투리 '비지깨'라는 애칭으로 부른 것에 불과한데, 오늘날 한국 사람들이 엉뚱한 해석을 만들어낸 것이지요. 물론 좋은 의미이기는 하지만요. 여하튼 이것도 분명히 시정되어야 할 부분입니다. 그런데 흥미로운 사실은 당시 최재형 선생도 이 '비지깨'라는 애칭을 좋아했던 거 같습니다. 그래서 ≪해조신문≫이라는 한글 신문에 글을 기고할 때 글 맨 뒤에 '최 비지깨 재형'이라고 썼습니다.

최재형 선생은 통역으로 일하면서 한인 농민들로부터 두터운 사랑을 얻었을 뿐만 아니라, 이에 더해 도로의 건설공사 책임을 성공적으로 마무리함으로써 러시아 관리들로부터도 돈독한 신임을 얻었습니다. 그 결과 1888년에 러시아 정부로부터 은급 훈장을 받게 됩니다.

최초의 도헌(면장)으로 선출

그래서 1893년에는 최초의 도헌으로 선출됩니다. 제정러시아 시대의 행정단위에서 러시아말로 볼로스치(Волостной)의 행정책임자가 도헌(Волостной Старшина)입니다. 1884년에 '조러수호통상조약'이 체결되면서 조선과 러시아 간에 정식으로 외교관계가 맺어졌고, 1888년에는 '조러육로통상장정'이 맺어집니다. 다른 서구 열강의 경우에는 바다를 통해서 조선과 접했지요. 일본도 마찬가지로 그렇게 교류, 교역을 했습니다만, 러시아는 한반도와 두만강 하류지역에 한 20여 킬로미터나 되는 국경선을 접하고 있잖아요? 그러니까 러시아와 조선은 육로를 통하는 조약이 별도로 필요해서 별도의 육로통상장정을 맺게 된 겁니다.

1860년대 이후부터 정식으로 외교관계가 맺어지기 전까지는 러시아로 이주하다가 잡히면 당시 조선 정부에서 월경죄(越境罪)를 적용해서 효수형(梟首刑)에 처했습니다. 아주 잔인하게. 청나라에서 봉금정책을 폈던 것과 마찬가지로 우리 조선 정부에서도 그렇게 했기 때문에 1860년대부터 이때까지는 이주라는 것이 목숨을 건 모험이었습니다. 함경도 농민들이 얼마나 힘든 고난의 삶을 살았으면, 조선정부 관리들의 횡포와 부패가 오죽이나 심했으면 목숨을 걸고서 두만강을 건넜겠는가 하는 얘기가 되겠지요?

그런데 외교관계가 수립된 이후에 이런 이주민들, 불법으로 이주한 농민들에 대해서 어떻게 할 것이냐를 두고 러시아 정부에서 세 가지 범주를 정합니다. 첫 번째 범주가 1884년 이전에 이주한 사람들인데, 최재형 같은 분이죠? 이 농민들에게는 러시아 국적을 부여하기로 결정합니다. 물론 그 이후에 온 이주민들, 1884년 이후에 온 사람들에게는 요즘 식으로 다시 비자를 받거나 또는 그동안의 사업을 정리해서 한국으로 돌아가서 다시 비자를 받아서 들어오거나 하는 규정을 둡니다.

아무튼 최재형 선생이 이때 국적을 취득하게 됩니다. 당시에는 국적을 취득하면 가호당 15데샤친(약 16.4헥타르)을 분배했습니다. 러시아 정부에서. 지금은 이 지역이 교통이 발달하고 여러 가지 조건이 좋아져서 그렇지, 당시에는 유라시아 쪽에서, 유럽 쪽에서 원동지역으로 온다는 건 상상도 못할 정도로 엄청나게 힘든 일이었거든요. 시베리아나 원동지역은 주로 유배지였단 말이에요. 유배지, 유형지였다는 말이죠, 제정러시아 시기까지만 해도. 사람들이 잘 오지 않았기 때문에 러시아에서는 강력한 이민 장려정책을 펼칩니다. 그래서 우크라이나 사람들이, 아까 말씀드린 것처럼 우크라이나 사람들이 이주하게 된 겁니다. 러시아 정부에서는 러시아 이주민들에게 원동지역으로의 이주를 장려하기 위해 여러 가지 혜택을 줬죠. 근데 15데샤친 정도면 대충 우리 16정보가 됩니다. 16정보. 16정보면 대체로 중지주보다 좀 많은 거죠. 상당히 넓은 땅입니다. 그래서 그런 땅을 받았습니다.

원호인과 여호인

한인 이주민들 가운데 러시아 국적을 가진 사람들을 우리들은 '원호인(原戶人, 元戶人)'이라고 부릅니다. 이렇게 부르게 된 건 그리 오래된 얘기가 아닙니다. 그전에는 일본식으로 '귀화한인', 이렇게 불렀습니다. 저는 이러한 표현을 좋아하지 않습니다. 당시 우리 한인들은 러시아 국적을 가진 사람을 '원호인', 그리고 러시아 국적을 갖지 않은 사람은 '여호인'이라고 불렀습니다. 제 자랑 같습니다마는, 제가 일본식으로 '귀화인', '비귀화인'이라고 하지 말고 당시 한인들이 쓰던 '원호인', '여호인'이라고 하자고 주장해서 이제는 이 용어가 학계에서 널리 일반화되었습니다. 원호인은 러시아 국적을 가진 사람들, 즉 입적한 사람을 부르는 말인데, 러시아 정부에서 이들 원호인에게 토지를 줬기 때문에 이들은 경제적으로 상당히 윤택한 삶을 살 수 있었습니다.

한인 마을이 많이 형성되고 한인들의 인구수가 특히 남부 연해주지역에서 늘어나면서 러시아 당국의 입장에서는 이들 국적을 가진 사람들을 관할할 수 있는 행정책임자가 필요했습니다. 그래서 '노야(老爺)'라고, 이게 중국식 표현이죠? '노야'. 노야라는 게 나이 많은 어른, 이런 거죠? 마을의 촌장, 마을의 어른을 뜻하는 말인데, 러시아 정부가 아직은 지방의 아주 바닥까지 통제할 수 있는 행정력을 갖지 못한 단계였기 때문에 행정에 관한 것들을 이들 노야에게 과감하게 위임했습니다. 위임할 수밖에 없던 거지요.

세금 징수라든가, 러시아 정부의 행정명령을 전달하는 일이라든가, 사소한 한인들 간의 법적인 분쟁, 이런 것들을 다 노야가 조정했고, 심지어는 경찰 사무도 담당했습니다. 이러한 작은 단위의 여러 개 마을, 러시아 말로 셀로(село)들을 묶어서 '볼로스치'라고 부르며, 더 큰 단위로는 우에즈드(уезд)가 있습니다. 우에즈드는 군(郡) 정도의 행정단위와 마을 사이의 행정단위를 말합니다. 그래서 그 볼로스치의 행정책임자를 노야 중에서 '가장 큰 노야', '우두머리 노야'라는 뜻으로 '도노야(都老爺)' 또는 '도헌(都憲)'이라고 했습니다. 이게 중국식 표현이죠? 최재형 선생께서는 1893년에 최초의 한인 도헌에 선임됩니다. 그리고 두 번째 은급 메달, 훈장을 러시아 정부로부터 또 받게 됩니다.

제1차 전 러시아 면장대회 참가

　최재형 선생은 도헌에 임명된 다음해, 즉 1894년에 제1차 전 러시아 면장대회에 참가해서 알렉산드르 3세의 연설을 듣습니다. 그리고 1896년에 니콜라이 2세죠? 니콜라이 2세가 제위에 오릅니다. 러시아의 마지막 황제, 마지막 차르죠? 이 니콜라이 2세 대관식에 한인들을 대표해서 참석합니다. 이 대관식에서는 동아시아의 국제관계, 외교관계에서 주목할 만한 중요한 회담들이 열리므로 조선, 중국, 일본에서 거물급 특사들이 파견되어 러시아 당국자들과 회담을 갖습니다. 조선에서도 고종이 파견한 민영환 일행이 참석했습니다.

　여기에 보여드리는 사진이 손자 최 발렌틴이 쓴 저서에 실려 있는 사진인데, 바로 니콜라이 2세 대관식에 참석한 소수민족 대표들이 기념 촬영한 사진입니다. 앞서 말씀드린 것처럼, 이 앞줄 왼쪽에서 두 번째 인물

1896년 니콜라이 2세 대관식에서 찍은 소수민족 기념사진

이 최재형이라고 추정하는 겁니다. 여러분들 잘 보세요. 여러분들도 한 번 확인해 주시겠습니까?

제 가설입니다만, 이분 얼굴이 최재형 선생과 상당히 비슷하지 않습니까? 저는 거의 확실하게 최재형 선생이라고 봅니다.

최재형 선생의 두 번째 사진

그런데 손자인 최 발렌틴 발렌티노비치 선생은 자기 할아버지가 아니라고 이야기합니다. 너무 옷이 다르다고 하면서. 이 사진에서는 전통 복장을 입고 의관을 입은 거거든요, 의관을. 이분들이 다 소수민족 대표로 참석한 것이라서 최재형 선생도 그에 따라 의관을 입은 것이지요. 의상보다는 얼굴로 보면 앞에서 우리가 본 사진하고 거의 같죠? 이목구비라든가 이런 걸 보면 최재형 선생이 분명한 것 같아요. 현재 남아 있는 최재형 선생의 사진은 아까 그 사진, 형하고 조카하고 찍은 사진밖에 없는데, 이제는 이것이 두 번째 사진이 되는 겁니다. 이건 제 가설입니다. 처음 여러분들한테 말씀드린 거구요. 제 주변 분들한테는 이미 말씀드렸습니다만. 여하튼 최재형 선생이 이만큼 한인 대표로서 러시아 정부나 우리 한인사회에서 인정받았다는 얘기가 되겠죠?

포드라드치크(청부업자)로서의 사업 수완

이제는 최재형 선생이 펼쳤던 사업과 교육, 그리고 애국적 사회·정치

활동을 살펴보고자 합니다. 사업가적인 수완에 대해서 말이죠. 아까 유소년 시절 때의 여러 가지 경험이 큰 자산이 되었다고 말씀드렸지요. 러시아 당국자들의 신임을 바탕으로 최재형 선생은 청부업자, 러시아말로 포드라드치크(подря́дчик)로서 사업을 벌이게 됩니다. 주로 러시아 쪽, 군대나 행정기관 등의 관급 공사들을 맡아서 하는 것이지요. 요즘 말로 하면 중간 청부업자 역할을 하는 건데, 주로 러시아 병영들, 그 당시에는 카자크 군대밖에 없었기 때문에, 러시아 카자크 군대의 병영을 건축한다든가, 항만을 건축한다든가, 도로를 개축한다든가, 이런 것들을 주로 맡아서 일종의 용역사업을 한 겁니다. 경우에 따라서는 군대에 필요한 육류, 특히 소고기를 납품하는 사업을 통해서 재산을 모을 수 있었습니다.

벽돌공장 같은 것을 운영해서, 당시 병영 건축에 필요한 벽돌들, 이런 것들을 만들고 해서 다양한 사업을 경영했습니다. 슬라뱐카(Славя́нка)라는 지역에서. 그리고 블라디보스토크에도 임대 건물들이 있었습니다. 이처럼 최재형 선생은 자신이 살고 있는 지역인 연추 지역, 노보키옙스크뿐만 아니라, 블라디보스토크, 슬라뱐카, 나중에는 우수리스크까지 여러 지역에 자기 건물들을 갖고 있었고, 현재까지 그런 건물의 일부가 남아 있습니다.

최재형 선생은 탁월한 사업적 수완을 발휘했습니다. 당시 한인들 사이에서는 최재형 선생과 같이 청부업을 했던 인물들이 있었는데, 최재형 선생은 이분들하고도 의형제 관계를 맺습니다. 한익성, 한광택 형제. 한익성은 러시아 이름이 한 엘리세이 루키치(Хан Елисей Лукић), 한광택은 한 바실리 루키치(Хан Васили Лукић)인데, 이런 분들하고 그랬고, 최

봉준, 김 표트르 니콜라에비치(Ким Пётр Николаевич) 등 이런 분들하고
도 친밀한 의형제 관계를 맺으면서 여러 가지 사업을 벌이고 서로 협력
하게 됩니다.

마을마다 학교 설립, 니콜라옙스코예 소학교

최재형 선생은 한인 자제들의 교육에 특별히 관심이 많았습니다. 그래
서 학교를 많이 세우게 됩니다. 이분 생각은 그랬어요. 한인 마을에는 교
회 하나, 또는 학교 하나를 세워야 한다, 이렇게 생각했습니다. 한인 자
제들이 향후 러시아 사회에서 자수성가하고 거기에 뿌리에 박으려면 기
본적으로 그런 교육이 필요하다는 거지요.

그리고 이제 러시아 국교와 마찬가지인 러시아 정교를 받아들여야 된
다고 하면서 정교학교를 세웠습니다. 1891년에 연추 마을에 러시아 정교
학교를 세우고, 당시에는 황태자였지만 후에 황제, 즉 차르가 되는 니콜
라이 2세의 이름을 따서 '니콜라옙스코예 소학교'라 했습니다. 최재형 선
생은 이 학교를 설립하고 장학금 2000루블을 쾌척했습니다.

그런데 이 학교가 얼마나 유명한 학교냐 하면, 당시 연해주 내에서 가
장 우수한 러시아소학교라고 평가를 받게 됩니다. 러시아 학교들까지 포
함해서 가장 우수한 학교였다는 것이지요. 1899년에 하바롭스크에서 열
린 박람회의 교육 부문에서 '연해주 내 최우수 러시아소학교'로 동메달을
수상할 정도로 이 니콜라옙스코예 소학교는 아주 우수한 학교로 이름을
날렸습니다. 이 학교 출신들, 여기서 교육받은 한인 자제들은 이후 한인

한인 정교학교를 방문한 블라디보스토크교구 대주교 예브세비 니콜스키

사회의 지도자가 되었습니다. 그만큼 최재형 선생이 장기적인 안목을 가지고 한인사회에 기여했던 것입니다.

최재형 선생은 통사 시절, 즉 통역 시절부터 도헌 시절에 이르기까지 한인 각 마을에 러시아 정교회와 학교를 설립하는 데 적극적인 지원을 했다, 이렇게 말씀드릴 수 있습니다. 그래서 1902년 교회 헌당식에서 러시아 정부로부터 금메달 훈장을 또 수여받습니다. 훈장을 여러 개 받으셨는데, 알려지기로는 다섯 개를 받았다고 합니다. 지금은 훈장들이 다 분실되어서 유족들이 갖고 있지는 않습니다만. 어쨌든 최재형 선생이 러시아 정부로부터 이런 사회적인, 어떤 교육적인 기여라고 할까요, 활동한 것에 대한 인정을 받았다는 얘기가 되겠죠.

최재형의 장학생들

최재형 선생은 연봉(3000루블)을 은행에 맡겨놓고 그 이식(利息. 이자)으로 매년 한 명의 장학생을 선발해서 당시 수도였던 페테르부르크로 유학을 보냈습니다. 고등교육을 받게 한 것이지요. 이 사람들, 최재형 선생의 장학금을 받은 학생들은 러시아 각 지역의 사범학교나 사관학교를 졸업하고 교육계나 군사 분야에서 큰 역할을 하게 됩니다.

이분들은 1910~1920년대 러시아 한인사회에서 중요한 지도자로 활동합니다. 최재형의 장학금을 받고 공부해서 한인사회 지도자가 된 분으로는 40여 명이 거론되곤 합니다만, 제가 대표적인 인물들만 소개하겠습니다. 먼저 김 아파나시(Ким Афанасий)입니다. 이분은 1937년 스탈린대탄압 때 잡혀서 처형되었는데, '조선의 레닌'이라 불리던 분입니다. 아주 대단했던 인물인데, 3·1운동 때, 청년을 대표해서 블라디보스토크 주재 각국 영사관에 선언서를 배포했던 분입니다. 1921년 11월 모스크바에서 이동휘 선생이 이끄는 고려공산당 대표단이 레닌을 만났을 때 통역으로 참석한 후 '레닌과의 만남'이라는 회상적 글을 신문에 기고하기도 했습니다. 이분은 스탈린대탄압 당시에 체포되어 억울하게 처형 당했는데, 이분도 최재형 선생의 도움을 받고 공부를 했습니다.

김 미하일 미하일로비치(Ким Михаил Михайлович), 이분도 마찬가지입니다. 김 아파나시, 김 미하일 이 두 분은 한인 2세로 이동휘 선생이 특별히 아꼈던 사람들인데, 1935년 소련공산당 대회 때 원동지역의 당대표로 함께 참석했습니다. 김 아파나시는 제7차 소련 공산당 대회에서 연설

김 아파나시   김 미하일   한명세

했는데, 그 연설 전문이 지금도 러시아 말로 남아 있어요. 인터넷으로도
찾아볼 수 있습니다. 중요한, 아주 큰 인물이에요. 1920~1930년대에는
두만강 건너편이 조선인, 고려인들의 특별민족구역으로 선정됐습니다.
김 아파나시는 그 지역의 당 제1서기를 하게 됩니다. 상당히 큰 인물로
부상했는데, 우리 한인들로서는 가장 고위직에 올랐던 분 중 한 분입니
다. 김 미하일은 1930년대 우수리스크 북쪽에 있던 순얏센(孫逸仙) 명칭
솝호즈(국영농장)의 정치부장을 지냈습니다. 마찬가지로 스탈린대탄압
에 걸려 불행하게도 희생되었습니다.

　한명세. 이분도 아주 중요한 인물입니다. 3·1운동 이후에 러시아에서
조직된 대한국민의회 정부의 재무부장으로 임명되는 분인데, 이분도 교
육자로서, 또 사회주의 운동의 지도자로서 큰 역할을 했던 분입니다. 이
른바 이르쿠츠크파 고려공산당의 리더였습니다. 그다음으로는 최고려.
이분도 마찬가지입니다. 물론 파벌은 서로 다릅니다만, 오하묵, 최고려,
박 일리야, 이분들은 다 나중에 독립운동이나 초기 사회주의 운동에서
큰 족적을 남긴 분들인데, 이들이 바로 최재형 선생의 도움을 받았던 초

기 장학생들이었습니다.

그들은 유라시아지역의 여러 도시에서 공부했으며 졸업 후에 다양한 분야에서 활동했습니다. 교육자로서의 최재형 선생의 면모를 잘 볼 수 있습니다.

동의회 총장 역임, 연해주 의병의 국내 진공작전 참여

최재형 선생이 항일운동의 지도자로 부상되었는데, 1904~1905년에는 여러분들도 잘 알다시피 러일전쟁이 벌어지잖아요? 러일전쟁이라는 게 사실은 러시아와 일본이 전쟁을 한 거지만 사실은 전쟁터가 한반도였단 말이에요. 한반도하고 만주 남쪽. 여순이라든가 남만주지역이 전쟁터가 됩니다.

러일전쟁이 전개되는 과정에서 한국이라는 나라가, 대한제국이라는 나라가 국권을 상실하고, 외국에, 특히 일본군에 의해 완전히 유린당하자 최재형 선생은 그런 조국에 대한 근심걱정을 많이 하게 됩니다. 떠나온 조국에 대해 고민하기 시작한 것이지요. 그리하여 일본의 대러시아정책을 알기 위해 일본을 방문하게 됩니다. 한 6개월 정도 머물렀습니다. 당시 동경을 방문했을 때 개화파, 갑신정변의 주역 박영효 아시지요? 당시 일본에 머무르고 있던 이분하고 만났다는 기록이 남아 있습니다.

그리고 1906년 러일전쟁 직후에 이범윤, 여러분 잘 아시죠? 간도관리사죠. 고종이 임명했던 북간도관리사 분인데, 이분이 북간도에서 조직한 의병부대, '충의대(忠義隊)'라고 합니다만, 이 부대를 이끌고 러일전쟁에서 러시아 측에 가담해서 참전합니다. 전쟁이 끝난 후에는 자기 부대를 이끌고 러시아로 망명하게 됩니다. 이 부대는 포수대, 산포수들로 조직해서 '산포대(山砲隊)'라고 불리기도 합니다.

최재형 선생이 바로 이분, 이범윤 선생과 같이 의병본부를 노보키옙스크에 설치해서 의병운동을 본격적으로 준비하게 됩니다. 러시아 한인 역사에서는 보통 1906년에 러시아 연해주에서 첫 의병부대가 조직되었다고 서술하고 있습니다. 러일전쟁 직후이지요. 그리고 1908년 4월에 바로 체계를 갖춘 의병조직으로서 '동의회(同義會)'를 조직합니다. 동의회, '같은 뜻을 가진 모임'이라는 뜻이지요.

이범윤, 이위종, 이런 분들이 다 여기에 참여합니다. 이범진, 마지막 러시아 공사였던 이범진의 아들 이위종이 러시아 수도인 페테르부르크에서 동쪽 끝 지역인 연해주에 와서 최재형 선생, 이범윤 선생, 이런 분들하고 동의회를 만든 겁니다.

안중근 의사도 여기에 참여하지요. 이 동의회가 1908년 7~8월에 국내진공작전을 벌이게 됩니다. 그래서 함경도 국경지대에 진입해서 일본군과 전투를 벌입니다. 안중근 의사가 이때 자기 부대 150명 정도를 이끌고 일본군 수비대를 공격하기도 했습니다.

그런데 최재형 선생이 이 동의회의 총장을 맡습니다. 정확한 직함은 총장입니다. '총재'라고 하는 사람도 간혹 있는데 이는 잘못입니다. 그리고 부총장을 이범윤, 그리고 회장을 이위종이 맡습니다. 안중근 의사는 평의원으로서 국내 진공작전 시에는 우영장(右營將)을 맡아 부대를 이끌고 국내로 들어왔지요. 최재형 선생은 동의회 총장으로서, 의병진의 총

이위종

안중근

대장으로서 연해주 의병의 국내 진공작전을 이끌었던 것입니다.

대동공보사 사장 취임

1908년 여름의 국내 진공작전 이후, 최재형 선생은 의병운동에 대해 상당히 회의를 갖게 되어 비판적인 입장으로 선회하고 애국계몽운동으로 활동의 중심을 바꾸게 됩니다.

1908년 가을부터 의병운동에 대해 러시아 한인사회가 부정적인 입장으로 바뀌게 된다는 얘기이지요. 이렇게 된 데는 러시아 당국의 정책 변화와 동의회 의병진 내부의 분열, 한인사회의 여론 악화 등 여러 가지 이유가 있습니다. 급기야 최재형 선생은 1909년 1월에 ≪대동공보≫ 사장으로 취임하게 됩니다. 최재형 선생이 이제는 의병운동보다 언론활동을 통한 애국계몽운동에 중점을 두기 시작했다는 거지요. 대동공보사에서는 1.5세대, 2세대 한인 청년들이 주축이 되어 최재형을 옹립해서 신문사 운영을 이끌어가게 됩니다.

이어 1909년 10월, 안중근이 하얼빈의거를 일으키기 전까지 최재형 선생이 안중근 의사를 지원합니다. 최재형 선생의 아들딸들이 기억하는 바에 따르면, 안 의사가 최재형 선생 집에서 사격연습을 했다고 합니다. 안중근 의사가. 그리고 여러 가지 설이 있습니다만, 안중근이 하얼빈으로 떠날 때 최재형 선생이 여비를 제공하고 심지어는 총을 제공했다는 얘기까지 나오고 있는데 이는 확인할 수 없는 주장이기 때문에 확인이 필요한 부분입니다. 그리고 최재형 선생은 미국 샌프란시스코에 본부를 둔 국민회의 연추지부를 설립하고 그 회장으로 취임하기도 합니다. 여러분들이 잘 아시다시피, 국민회는 온건한 점진론적 운동방식을 지향했던 단체이지요.

일본의 검은 음모

그런데 일본의 입장에서 보면 최재형은 마땅히 제거해야 하는 대상이 되겠지요. 일본의 정책에 방해가 되는 인물이니까요. 그래서 음모를 꾸미게 됩니다. 연흑룡주 군관구 사령부에 최재형이 일제의 첩자라는 거짓 정보가 들어가게 만듭니다. 물론 일본이 만든 겁니다. '최재형은 일본의 첩자이다'라는 허위문서를 만들어서 이 문건이 연흑룡주 군관구 사령부에 들어가게 만든 거지요.

연흑룡주 군관구 사령부에서는 이를 근거로 당시 연해주 군무지사, 즉 연해주지역의 군사령관에게 최재형의 도헌직을 박탈하고 최재형을 군관구 밖으로 추방하라고, 그러니까 러시아에서 축출하라고 건의합니다.

그런데 다행스러운 것은 최재형 선생이 지방 당국의 책임자들하고 상당히 관계가 좋았고, 이들 당국자들도 최재형 선생을 잘 알고 있었어요. 그래서 우수리스크 철도관리국의 헌병경찰대장인 쉬체르코바(Щеркова)라는 분이 "이것은 일본의 간계이다", "최재형은 러시아의 의심할 바 없는 충성스런 애국자이다", "그렇게 믿을 만한 인물을 어떻게 일본 사람들이 만든 문건에 근거해서 위해를 가하려고 하느냐"라는 내용의 편지를 써서 군정순무사인 스베친(И.Н. Свечин)에게 보냅니다. 그리고 포시예트 구역, 그러니까 지금 두만강 건너편 구역이죠? 거기 경찰서장도 이렇게 이야기합니다. "최재형은 러시아 관리들은 물론, 모든 주민들의 사랑과 존경을 받고 있는 인물이다."

이렇게 러시아 지방 당국자들 대부분이 최재형 선생을 옹호하자 선생은 일주일 정도 조사를 받고 풀려납니다. 그러나 최재형 선생은 결국 도헌직에서 해임되고, 1911년에는 ≪대동공보≫의 후신으로 창간된 ≪대양보≫의 사장으로 취임합니다. 어쨌든 일본의 작전이 부분적으로나마 먹혀든 셈이지요.

한인 자치기관 권업회의 발기회 회장과 총재로 선출

최재형 선생은 1910년대 대표적인 한인 자치기관인 권업회(勸業會)의 지도자로 활동합니다. 이 권업회는 1911년 6월 10일 발기하는데, 이때는 신한촌이 만들어진 직후입니다. 신한촌은 신개척리라고도 했는데, 일찍이 함경도 농민들이 개척했던 구개척리에서 러시아 당국의 행정명령으로 새로 조성된 신한촌으로 이주한 직후에 권업회를 발기한 겁니다.

57명의 지역대표들이 참석해서 발기회를 만들게 됩니다. 최재형 선생이 발기회 회장이 되고, 여러분이 잘 아시는 홍범도 장군이 부회장을 맡습니다. 그리고 총무에 김립, 서기에 조창호, 재무에 허태화, 이렇게 간부진이 구성됩니다. 이 권업회는 한인사회의 지방파벌들이 연합해서 11월에 러시아 당국의 정식 인가를 받은 후 1911년 12월 19일 정식으로 창립대회를 합니다.

당시 한인사회의 부정적인 측면이기도 합니다만, 여러 가지 지방파벌이 있었어요. 충청도 경기 출신은 '기호파', 함경도 출신은 '북파', 평안도 황해도 출신은 '서도파', 이렇게 출신 지역에 따라 한인사회의 지도급 인

홍범도 장군

물들이 파당을 짓고 경쟁했으며, 심지어는 대립하고 충돌하기도 했습니다.

이들은 파당적으로 각각 단체를 만들어 러시아 당국의 인가를 받으려고 했습니다. 앞에서 말한 최재형 선생이 회장이었던 권업회 발기회는 함경도 출신의 북파 인사들이 중심이었지만, 충청도 경기 출신의 인사들, 즉 이상설을 지도자로 하는 기호파 인사들도 '권업회'라는 같은 이름의 단체를 만들

어 러시아 당국의 인가를 받으려고 경쟁을 했습니다.

이런 상황에서 러시아 당국은 "당신들 한인들이 너무 나뉘어서 분열해서 싸우지 말고 합쳐라"라고 권고합니다. 그러면 승인해 주겠다는 거지요. 그래서 각파의 지도자들이 러시아 당국의 권고를 받아들였고 러시아 정부의 승인을 받은 권업회를 정식으로 창립하게 되었습니다.

기호파인 이상설과 북파인 김립은 타협한 후 지방 파쟁을 피해서 저 멀리 치타에 가 있던 서도파의 정재관에게 합동하자는 편지를 보냈고 이렇게 해서 3파가 권업회 창립에 함께 참여하게 되었습니다.

여기에 여러분들이 잘 아시는 유인석 선생이 도총재(都總裁) 또는 수총재(首總裁)로 선임되고, 당시 지도자였던 최재형, 김학만, 이범윤 세 분이 총재로 선임됩니다. 실질적으로 권업회를 대표하고 이끌어가는 의장에는 이상설, 부의장에는 이종호가 선임되고, 여러 집행부서에서는 신채호, 정재관, 홍범도 같은 분들이 주요 간부직을 맡았지요.

러시아 로마노프 황실 300주년 기념행사 한인대표단 단장, 권업회 회장

1913년 3월 당시 러시아 황실인 로마노프 황실 300주년 기념행사가 성대하게 개최되는데, 이때 최재형 선생이 7명으로 구성된 대표단을 이끌고 참석합니다. 1894년 전 러시아 면장대회, 1896년 니콜라이 2세 대관식에 이어 세 번째로 한인을 대표해 당시 제정러시아 수도인 페테르부르크에 가게 되는 거지요. 다음의 사진은 이 무렵에 찍었을 것을 보이는데, 흰색 유니폼을 입고 집단적 체조(군무)를 하는 사진입니다. 한인 청년

집단체조를 하는 한인 청년들(1912년 8월 1일)

들의 패기와 수준을 짐작케 하는 사진입니다.

　권업회는 지방파벌들이 연합해서 창립되기는 했으나 근본적으로는 파쟁적 요소를 극복하지 못했고, 그 결과 활동이 지지부진하게 됩니다.

결국 권업회는 조직 개편과 집행부의 변화가 수차례 이루어졌음에도 불구하고 활동에서 개선의 여지가 보이지 않았습니다. 그리하여 최재형 선생이 다시 권업회 회장으로 전면에 나서서 활동하게 되는데, 1913년 10월의 일입니다.

이동휘

이 권업회를 재건하기 위한 회의가, 즉 특별 총회가 1913년 10월에 개최되는데, 여기에서 "역시 권업회를 재건할 수 있는 인물은 최재형 선생이다"라고 해서 최재형 선생을 회장으로 모시게 됩니다. 마침 당시 국내로부터 이동휘가 탈출해 북간도를 거쳐 블라디보스토크로 오게 되자 통합하자는 분위기가 형성되어 있었습니다. 그래서 각 지방파벌의 지도자들이 다시 연합해서 권업회에 합류하게 됩니다.

권업회를 멀리하고 있던 이상설도 ≪권업신문≫의 사장 겸 주필을 맡는 등 합세하게 됩니다. 그래서 최재형 선생이 1913년 말부터 1914년까지 권업회를 주도하면서 한인사회를 실질적으로 이끌게 됩니다.

한인아령이주50주년기념회 회장

여러분, 1914년이 어떤 해인가 하면, 한편으로는 러일전쟁 10주년인 해이기도 하고요, 또 한편으로는 공식적으로 한인 아령이주 50주년인 해이기도 합니다. 한국 학계에서는 앞에서 말씀드린 것처럼 1863년에 첫 한인 이주가 이루어진 것으로 얘기합니다마는, 러시아 고려인사회에서는 첫 한인 이주에 대한 보고서가 1864년에 작성된 것을 중시해 1914년을 한인 이주 50주년으로 삼았습니다.

그래서 최재형 선생이 주동해 최봉준, 채두성, 박영휘 등 유력한 원호인들, 즉 러시아 국적을 가진 분들과 함께 '한인아령이주50주년기념발기회'를 조직합니다. 그래서 1914년 2월에 지방 대표들이 모여 회의를 하고는 최재형 선생을 회장으로 선출합니다. 이 지방 대표의원 회의에서 이런 결정을 하게 되지요. "10월 4일, 러시아 문서에 나오는 날짜인 10월 4일을 정식 기념일로 해서 블라디보스토크에서 기념식을 연다." 그리고 포시예트, 한자식으로 '목허우(木許隅)'라고 하는데, 이 지역에 기념비를 세우기로 합니다. 포시예트는 항구입니다. 사람들의 왕래가 빈번해서 기념비 장소로서 적당했던 거지요.

원칙대로 하자면, 러시아로 이주한 13가구 함경도 농민들이 개척한 첫 번째 한인 마을이 지신허 마을이기 때문에 여기다가 기념비를 세워야 되잖아요? 그렇지만 농촌 마을이기 때문에 사람들의 왕래가 잦은 도로하고는 멀단 말이에요. 그런데 포시예트라고 하는 곳은 배를 타고 왕래하는 곳입니다. 한반도에서는 훈춘이라든가 북간도를 거쳐 이곳 포시예트로 왔고, 블라디보스토크로 가려면 여기 포시예트에서 다시 배를 타고 가야 했습니다. 사람들의 왕래가 많은 항구이지요. 그러니까 사람들이 많이 왕래하는 포시예트 항구에다가 기념비를 설립한다, 이렇게 결정을 했지요.

'강동쉰해' 역사 편찬 계획

그리고 한인 이주 역사, 50년의 아령 이주 역사를 발간하는데, 한글과 러시아어, 양 언어로 발간한다, 이렇게 결정했습니다. 50년의 한인 이주 역사를 총 정리하겠다는 거죠. 그래서 당시 ≪권업신문≫에 광고를 내기를, 한인 마을 사람들에게 이주한 분들, 나이 많은 분들이 갖고 있는 자료라든가 자기가 알고 있는 얘기들을 정리해서 보내라, 권업회 산하에 있는 기념회, 이주기념회로 보내라고 해서 이들 자료를 정리해서 역사를 편찬한 것입니다. '강동쉰해'라는 제목의 한인 역사를 한글과 러시아어로 발간하기로 한 겁니다. '강동(江東)'이라는 게 러시아 연해주지역을 얘기합니다. '강동', 즉 '강의 동쪽'이라는 의미이지요. 그리고 북간도지역은 '강의 서쪽'이라는 뜻으로 '서강(西江)'이라고 했습니다.

강동으로 이주한 쉰해(50년)를 기념해서 50년의 역사를 쓴다고 했는데, 기념행사가 진행되지 못했고 이 역사서도 출판되지 못했습니다. 그렇지만 이때 준비된 '강동쉰해'의 역사가 나중에 1917년 러시아혁명 이후에 신한촌에서 발간한 한글신문 ≪한인신보≫에 연재됩니다.

당시 포드스타빈(Подставин)이라는 분이 계셨습니다. '러시아 한국학의 아버지'라고도 불리는 분인데, 페테르부르크 대학에서 몽골어를 전공했습니다. 지금의 원동국립대학인데 1899년에 세

포드스타빈

워진 원동대학에 이분이 중심이 되어 한국학과가 만들어집니다. 이 대학은 1920년에 종합대학으로 승격되어 원동국립대학이 되는데 이 과정에서 이분이 주도적인 역할을 합니다. 물론 백위파 메르쿨로프 정부 때이기는 하지만, 원동국립대학의 초대 총장이 된 분입니다. 지금은 원동연방대학이 됐습니다마는. 하여튼 이분에게 50년의 한인 역사 집필을 맡기기로 합니다. 한국말도 잘하고 러시아말도 잘해서 이분한테 집필을 맡기기로 한 것입니다. 이분이 상당히 재미있는 분인데, 여러 가지 스토리가 많습니다마는 여기서는 생략하도록 하겠습니다.

어떻든 연흑룡주 총독인 곤다치, 그분이 이 행사를 승인했습니다. 허가를 했습니다. 그래서 준비를 하고 있었는데, 제1차 세계대전이 발발하면서 모든 계획이 수포로 돌아가고 맙니다. 물론 1년 후로 연기한다는 형태를 취했습니다만.

제1차 세계대전의 발발, 신변에 대한 위기

결국 전쟁이 발발하면서 모든 것이 수포로 돌아갔던 거지요. 한국 사람들, 당시 이곳으로 망명했던 우리 독립운동 지도자들은 러일전쟁 10주년, 또는 한인 아령이주 50주년을 기념해서 공개적인, 또는 비합법적인 여러 가지 행사들을 준비했는데, 이것이 다 수포로 돌아갔다는 얘기이지요. 제1차 세계대전이 발발하면서 러시아와 일본은 동맹관계가 되었습니다. 여러분들이 잘 알다시피, 일본은 당시 영국하고 영일동맹을 맺고 있었어요. 그래서 영국이 독일하고 전쟁하게 되니까 영국과 동맹관계에 있던 일본이 자동적으로 전쟁에 참여하게 됩니다. 그 결과 러시아와 일본이 동맹관계가 된 거지요. 그러니까 러시아 당국의 입장에서는 러시아에서 살고 있는 한인들이나 활동하고 있는 민족운동 지도자들로 인해 일본과의 외교문제가 발발할 것을 우려해서 탄압하게 된 거지요. 그래서 제1차 세계대전의 발발로 우리의 민족운동에 위기가 왔다, 이렇게 얘기할 수 있습니다.

그래서 1915년 8월 일본 외무상인 모토노 타로(本野太郎)가 러시아 정부에 한인 지도자들의 명단을 보냅니다. 일본 사람들 입장에서는 소위 '불령선인들'이라 그러지요. 이 사람들을 일본 당국으로 넘겨주거나, 또는 저쪽 국경 지역으로부터 먼 곳, 한반도와 멀리 떨어져 있는 시베리아 오지로 유배를 시켜라, 이렇게 얘기해서 스물여덟 명의 명단을 줍니다. 거기에 최재형 선생이 포함되었습니다. 그 외에 이동휘, 홍범도, 허근, 이동녕, 이상설, 정재관, 이범윤, 계봉우, 오주혁, 이위종, 이종호, 김하구, 이강, 안정근·안공근 형제 등 당시 쟁쟁했던 독립운동의 지도자들, 한인 지도자들이 대거 명단에 올라간 거죠. 이분들은 대부분 눈치를 채고 1914년 8월에 전쟁이 나면서 이미 다 도피를 했습니다. 만주로 가거나 농촌 지역으로 가거나 해서 도피를 한 상태였어요.

최재형 선생은 휼병회(恤兵會)라고 하는, 러시아군을 지원하기 위한 단체를 조직해 주로 원호인들, 러시아 국적을 가진 분들을 중심으로 모금활동을 하고 지원활동을 했는데, 그럼에도 불구하고 일본의 외교적인 압력을 받은 러시아 정부가 탄압에 나선 거지요. 그래서 최재형 선생도 1916년 7월에 슬라뱐카에서 체포되어서 니콜스크-우수리스크, 지금의 우수리스크지이요, 거기로 압송됩니다. 근데 다행스럽게도 그 지역에서 영향력이 컸던 첫째 사위 김 야곱 안드레예비치(Ким Яков Андреевич)의 주선으로 석방됩니다.

러시아혁명 이후 러시아 한인사회의 원로로

1917년 러시아혁명이 일어나면서 최재형 선생은 민족지도자로 부상하게 됩니다. 이 책은 제가 주변에 나눠주기 위해 최근에 급히 만든 건데, 여러분들이 한번 보시기 바랍니다.

이 작은 소책자를 보면 2004년도에 최재형 선생이 '이달의 독립운동가'로 선정이 되셨거든요, 9월의 독립운동가로. 그래서 당시 저는 최재형, 이분을 우리 한국에서 기념하는 것도 좋지마는 역시 고려인들, 러시아에 살고 있는 우리 한국 사람들, 한인들이 이분을 알고 기억해야 되겠다, 그렇게 생각을 했습니다. 그래서 제가 국가보훈처에 취지를 설명하고 지원을 받아서 추모행사를 하게 됐습니다.

처음에는 최재형 선생에 대해서만 추모행사를 했어요. 나중에 더 말씀드리겠습니다만, 그렇게 시작한 것이 지금까지 계속되고 있습니다. 어쨌든 그래서 2004년도에 만든 자료입니다. 급히 만들었어요. 제가 쓴 최재형 약전을 한글과 러시아어로 함께 실었습니다. 연보도 참으로 힘들게 고생해서 만들었습니다. 그 당시의 러시아 자료들하고 우리 자료들을 종합해서 아주 압축적으로 쓴 겁니다. 그래서 '러시아 고려인사회의 존경받는 지도자'라는 제목을 붙였지요. 고려인들에게 최재형 선생이 어떤 사람인가를 얘기하려고 그랬습니다.

최재형 선생의 손자 가운데 최 발렌틴 발렌티노비치(Цой Валентинов ич)라는 분이 계십니다. 그의 아버지, 즉 최재형 선생의 아들은 최 발렌 틴 표트르비치(Цой Валентин Петрович)입니다. 아버지인 최재형 선생 이 표트르니까 아들은, 물론 세 번째 아들입니다마는, 최 발렌틴 표트르 비치가 되지요. 이분의 아들, 즉 최재형 선생의 손자가 되겠죠? 이분이 최 발렌틴 발렌티노비치입니다. 이분은 원래 공학박사인데, 이분이 후손 으로서 할아버지 최재형에 대해서 엄청나게 연구를 했습니다. 자신이 은 퇴한 후에 오로지 자기 할아버지에 대해 공부를 많이 해서 글도 많이 쓰 고 책도 여러 권을 냈는데, 버전이 많아요. 이걸 또 모으고 편집해서 박 보리스 교수와 함께 편저로 된 책을 2010년도에 출간했습니다.

제가 2004년도 추모행사 때 자료집에 쓴 글의 러시아어본도 여기에 수 록되어 있습니다. 이 책이 최재형에 관해 러시아어로 쓴 책 가운데는 가 장 잘 정리되어 있는 책이에요. 여기에 귀한 사진들도 들어 있는데 한국 어로 번역이 되면 좋겠다는 생각을 합니다. 아까 말씀드린 것처럼 이 책 에 두 딸, 최 소피아(Цой София)하고 올가(Ольга)가 1961년에 아버지에 대해 쓴 글이 들어 있습니다. 시기적으로 가장 앞선 글로서, 사료적 가치 와 신뢰도가 매우 높고 아주 정확한 1차 자료입니다.

그리고 최재형 선생의 셋째 아들, 즉 최 발렌틴 발렌티노비치 선생의 아버지인 발렌틴 표트르비치, 이분이 아버지 최재형 선생에 대해 쓴 게 있어요. 그건 학자들이 2차적으로 쓴 글이 아니고 최재형 선생의 후손들, 자녀들이 남긴 1차 자료이기 때문에 그 1차 자료를 집중적으로 봐야 합니다. 이들 자료를 중시해서 봐야 하는데 이것저것 전해지는 소문이나 들은 얘기를 가지고 쓴 글들을 보다 보니 아까 말씀드린 것 같은 오해가 생긴 겁니다.

최근에 최 올가하고 최 발렌틴, 즉 최재형 선생의 아들과 딸이 각각 쓴 자신들의 회고록이 한국어로 번역되어 출판되었습니다. 정헌이라는 분이 번역했는데, 거기에도 최재형의 부친 최홍백을 '노비'로 번역해 놨어요, '노비'로. 그런데 최재형 선생의 딸이 쓴 회고록의 러시아어 표현을 보면 아까 말씀드린 것처럼 '노비'라는 말이 없거든요. 그게 좀 잘못되어 있습니다. 대체로 번역이 잘되었는데, 이 부분이 철저하지 못해 유감입니다. 그럼에도 여러분들이 이 책을 한번 일람하시면 좋을 것 같습니다.

대한광복군정부와 권업회의 관계에 대한 일반적인 오해

이제 러시아혁명 이후 시기를 보도록 하겠습니다. 1917년의 러시아혁명은 러시아의 한인들에게 엄청난 희망과 기대를 주었습니다. 제정러시아 때는 민족차별이 강했습니다. 최재형 선생의 경우에는 조건이 좀 좋았지만, 아까 말씀드린 것처럼 어차피 남의 나라이기 때문에, 우리 모국이 아니기 때문에, 여러 가지로 차별을 받고 그랬습니다. '망국의 한'이라고 할까요? 러시아혁명이 일어나고 나서는 일반적인 자유, 정치적 결사의 자유라든가, 종교의 자유라든가, 언론의 자유라든가, 뭐 이런 제반 자유를 허용했지요.

그래서 2월혁명 이후에 한인들의 활동이 활발해졌는데, 특히 원호인들, 러시아 국적을 가진 원호인들이 자신들의 지위 향상을 목표로 본격적으로 활동에 나서게 됩니다. 그전에는 원호인들이 대체로 수동적인 입장이었거든요. 이들은 이주기념회나 이런 건 주동적으로 했습니다마는, 독립운동의 경우에는 그렇게 적극적이지 않았습니다. 최재형 선생의 경우가 오히려 예외적인 사례라 할 수 있지요.

　　그리고 합법적인 운동에 있어서는 원호인, 러시아 국적을 가진 사람들이 주도를 했지만, 비합법적인 조직들, 대한광복군정부 같은 조직의 경우, 제가 생략을 했습니다마는, 여호인들, 즉 러시아 국적을 갖지 않은 망명자들이 주도를 했습니다. 1914년 러일전쟁 10주년을 기념해 일본하고 한번 붙겠다, 러시아와 일본이 전쟁했을 경우에 우리가 러시아 쪽에 가담해서 일본하고 독립전쟁을 전개하겠다고 해서 만든 것이 대한광복군정부인데, 이 대한광복군정부는 비합법조직입니다. 그래서 한국에서 넘어간, 러시아 국적을 가지지 않은 분들, 즉 여호인 망명자들이 주도를 했습니다. 이상설, 이동휘, 정재관, 이종호, 이동녕, 이런 분들이 주동했습니다. 그렇기 때문에 연구자들이나 학계에서는 "권업회에서 대한광복군정부를 만들었다"라고 이렇게 얘기하는데 그건 난센스입니다. 권업회는 합법적인 조직이고, 대한광복군정부는 비합법적인 조직이에요. 그러니까 러시아 정부에서 비합법적인 조직을 알게 되면 당연히 탄압을 하지요. 아까 말씀드린 것처럼 당시 러시아가 일본하고 외교적으로 가까운 관계에 있었기 때문에.

　　웬만큼 이름 있는 역사학자들까지 무심코 권업회가 대한광복군정부를 조직했다고 쓰고, 더 나아가서는 최재형 선생이 대한광복군정부를 조직했다, 이렇게 이야기하기도 하는데 이는 사실과 맞지 않는 얘기입니다. 그만큼 러시아 국적을 가진 사람들과 갖지 않은 사람들 사이에는, 즉 원호인과 여호인들 사이에는 경제적인 차이가 있었을 뿐만 아니라 정치적인 입장이라든가 각각의 처지와 입장에서도 여러 가지로 차이가 있었습니다.

우리가 그런 것들을 인식하지 않고서 러시아 한인사회라든가 독립운동을 보면 많은 오류를 범한다는 거지요.

러시아혁명 이후의 진보적 활동

일본 외무성 첩보자료를 보면 1917년 6월 29일, 그러니까 러시아의 2월혁명 이후의 얘기이지요, 일반 한인들의 고로(古老), 즉 나이 많은 원로로 추앙받고 있는 최재형이 귀화 선인 대표, 일본식으로는 귀화인 대표이고 우리식 표현으로 하면 원호인이 되겠지요, 원호인 대표단의 대표자로서 블라디보스토크 노병소비에트를 방문했다는 기록이 있습니다. 노병소비에트라는 것은 노병, 그러니까 노동자, 병사, 정확하게는 노농병(勞農兵), 농민까지 포함하는 건데, 혁명 이후에 주로 노동자나 농민이나 군인들, 일반 장병들이 만든 소비에트입니다. 소비에트라는 건 무시무시한 의미가 아니라, 일종의 회의, 회의체라는 뜻입니다. 그러니까 최재형이 노농병소비에트를 방문했다는 거지요. 그래서 여러 가지 문제를 논의했다는 겁니다.

사진은 최재형이 1915년경에 형, 조카와 함께 찍은 것인데, 아까 말씀
드린 것처럼 형 최 알렉세이, 조카 최만학, 러시아 이름은 최 레프라고 합
니다, 이렇게 셋이 함께 찍은 사진입니다. 최만학도 엄청나게 큰 역할을
합니다. 최재형 선생을 도와서 여러 가지 비즈니스를 했던 분이죠. 두 분
이 넥타이가 같죠? 러시아식, 신식입니다. 알렉세이의 경우는 상당히 고
지식한 분이었습니다. 최재형 선생이 어렸을 때 형의 부인, 즉 형수로부
터 구박을 많이 받았다고 아까 말씀드렸죠? 최만학은 최봉준, 최재형의
의형제이자 원호인 부호인데, 블라디보스토크와 성진을 왕래하는 준창
호라는 선박을 운영했고, 최초의 한글 신문 ≪해조신문≫을 창간한 분이
기도 합니다. 최만학은 최재형의 조카이면서 최봉준의 모든 사업을 실무
적으로 이끌어갔던 사람입니다. 나중에는 백파정부인 메르쿨로프 정부
내각에 입각하기도 합니다.

최재형 선생은 연해주 연추면집
행위원회의 위원장으로 선출됩니
다. 최재형 선생의 위상으로 봤을
때 뭐 당연한 것 같아요. 그다음에
체코군이 1918년 5월부터 6월 사
이에 시베리아철도 연선의 주요
도시들에서 봉기를 하게 됩니다.
체코군에 대해 얘기하자면 길어지
는데, 간략히 얘기하면 제1차 세계
대전 당시 체코슬로바키아인들은

최재형과 형 최 알렉세이, 조카 최만학

오스트리아-헝가리제국에 복속되어 있었기 때문에 오스트리아-헝가리의 군대 소속으로 전쟁에 참여했습니다. 그런데 이 체코군들은 오스트리아-헝가리 군대에서 탈출하거나 러시아에 포로가 된 사람들이었습니다. 한 7만여 명 됐습니다.

이 체코군이 연합국하고 협약을 맺기를, 시베리아횡단철도를 타고 블라디보스토크로 이동해 와서 태평양을 건너 북미대륙을 횡단하고 대서양을 건너서 저쪽 유럽의 서부전선에 참전하면 전쟁이 끝난 다음에 체코슬로바키아를 독립을 시켜주기로 했습니다. 당시 토마시 가리크 마사리크(Tomáš Garrigue Masaryk)라는 분, 전쟁이 끝나고 독립한 체코슬로바키아의 초대 대통령이 되는 분인데, 그분이 미국 등 연합국을 상대로 외교활동을 해서 그렇게 됐습니다. 그런데 체코군이 동쪽 끝의 블라디보스토크로 이동하는 과정에서 시베리아횡단철도 연선의 주요 도시에서 봉기를 하게 된 겁니다. 체코군은 각 도시의 지방 볼셰비키정권들을 붕괴시켰습니다. 당시 체코군 부대들은 시베리아횡단철도의 여러 지역과 도시에 주둔하고 있었는데 한꺼번에 함께 이동하는 것이 아니라 분산해서 이동했기 때문에 이 체코군이 봉기를 하게 됩니다.

미국의 우드로 윌슨 대통령은 이 체코군의 봉기를 빌미로 삼아 이 체코군을 구원하기 위해 우리가 개입을 하자고 일본에 제안하게 됩니다. 그래서 1918년 8월에 우드로 윌슨 대통령이 일본정부에 무력 개입을 제안했습니다.

미국이 일본 정부에 "우리 한 7000명씩 보내자" 그랬더니 일본이 열 배가 넘는 한 7만 5000 명에 달하는 군대를 파견해서 무력 개입을 했습니다. 이건 침략이지요. 이렇게 일본군이 개입하니까 최재형 선생이 사업을 했던 슬라뱐카에도 일본군이 상륙하게 되면서 위기에 빠졌지요. 신변에 위협을 느낀 가족들은 처음에는 블라디보스토크로, 그다음에는 내륙지방인 니콜스크-우수리스크로 이주를 하게 됩니다. 이주한 후 최재형 선생은 니콜스크-우수리스크의 군(郡)자치회 의원, 두마라고 보통 이야기하는데, 군자치회 의원으로, 그리고 의회 소속의 검사위원 위원장으로 활동하게 됩니다.

이 사진은 그 연합군이 군대를 보내서 스베틀란스카야 울리차(Светла́нская у́лица)라고 하는 스베틀란스카야 거리, 블라디보스토크의 중심 거리를 행진하는 모습입니다.

스베틀란스카야 거리를 행진하는 연합군 부대

제2회 특별한족대표회의 명예회장

앞서 말씀드린 대로 제정러시아 시절과 달리 러시아 2월혁명 이후에는 원호인들이 전면에 나섭니다. 1917년 6월에 제1차 한족대표회의가 열렸는데, 이 대회에 참가한 한인 대표는 주로 원호인들, 러시아 국적을 가진 사람들입니다. 이들이 1917년 6월에 대회를 열었는데, 그때 만들어진 조직이 고려족중앙총회입니다. 러시아 국적을 가진 한인들을 중심으로 해서 만들어진 거고요.

그런데 이제 10월혁명이 일어나게 되잖아요? 1917년 10월에. 그러니까 10월혁명이 일어나면서 원호인들만으로 배타적으로 조직된 고려족중앙총회에 반발해서 국적을 갖지 않은 한인들, 여호인들이 별도의 조직인 한족중앙총회를 만들자고 합니다. 그러면서 "우리는 국적을 가진 자, 입적자, 국적을 가지지 않은 자, 비입적자, 국적에 관계없이 모든 한인을 망라해서 총회를 만든다" 그렇게 주장했습니다. 고려족중앙총회는 국적을 가진 원호인들을 중심으로 구성됐기 때문에 한족중앙총회 발기회 측에 통합을 하자고 제안을 합니다. 그리하여 1918년 1월 한족중앙총회 창립회의에 고려족중앙총회 대표가 참석해서 앞으로 6개월 후에 통합을 하기로 합의를 합니다. 서로 협정을 맺은 거지요.

그래서 열리게 된 대회가 제2회 특별전로한족대표회의입니다. 1918년 6월부터 23일까지 니콜스크-우수리스크에 있는 러시아 실업학교에서 열린 이 회의에는 러시아지역에 살고 있는 한인 단체대표들, 그리고 지역대표들이 참여합니다. 그래서 지방대표 109명, '민주주의적인 입장

제2회 특별전로한족대표회의가 열렸던 러시아 실업학교(니콜스크-우수리스크)

을 가진 대표'라 해서 단체대표 33명, 총 142명이 참가합니다.

사진에 있는 이 건물이 대회가 열렸던 학교입니다. 당시에는 실업학교였는데, 지금은 고아들, 그러니까 부모들이 없는 학생들, 부양자가 없는 아이들을 위한 학교로 사용하고 있습니다. 제가 2005년인가 이 학교를 찾아갔을 때는 교장이 고려인이었습니다.

이 건물 전체를 둘러보면 엄청나게 큰 건물임을 알 수 있습니다. 지금 보이는 2층 회의실에서 대회를 열었어요. 대회장이었지요. 제가 안에까지 들어가 봤습니다마는. 그리고 여기 입구에, 정식 입구는 아니고 출입문이었던 거 같아요. 현재 바로 이곳 벽면에 플레이트가 붙어 있습니다. 이 플레이트에는 이곳에서 개최된 대회에서 전로한족중앙총회가 만들어졌고, 1919년 3·1운동 시기에 대한국민의회로 확대·개편되어 가지고 최초의 중앙임시정부적인 중앙기관을 만들었다, 이렇게 설명이 되어 있습니다.

이 플레이트의 문구는 제가 러시아 역사학자인 우수리스크사범대학의 린샤 교수하고, 블라디보스토크 총영사관의 김 영사라는 분하고 협의를 해서 다듬었습니다. 요즈음에 이 지역을 방문하는 우리 관광객들이 많아지고 있는데, 이곳도 관광하는 분들의 단골 코스가 되었죠.

이 대회에서 전로한족중앙총회의 명예회장으로 최재형 선생이 이동휘 선생과 함께 선출됩니다. 최재형 선생은 원호인, 입적자, 입적 한인들의 대표로, 이동휘 선생은 여호인, 비입적 한인들의 대표로, 이렇게 상징적으로 두 분이 명예회장으로 선출된 겁니다. 그리고 문창범이라는 분, 나중에 3·1운동 때 대한국민의회 의장이 되고 상해임시정부의 교통총장으로 선임된 분이 회장으로 선출되지요.

3·1운동과 민족의 지도자로

1919년 1월에 파리강화회의가 개최됩니다. 1918년 11월 11일 제1차 세계대전이 종결되면서 파리강화회의가 열리게 되잖아요? 1919년 1월부터 6월까지. 거기에 우리 대표단이 미주지역, 중국지역, 러시아지역, 일본에 있는 유학생들까지 각지에서 대표단을 보내기로 운동을 하고 각자 추진을 하게 됩니다. 러시아지역에서도 누구를 대표로 보낼 것이냐를 두고 논의가 분분했는데, 처음에는 최재형, 이동휘, 문창범 등 원로급, 지도자급들을 거론합니다.

그런데 가만히 보니까, 파리강화회의라는 게 중요하기는 한데 한국이

윤해   고창일

일본의 식민지이기 때문에 파리강화회의에서 일본이 회의에 참여하는 상황에서는 한국 문제가 거론될 가능성이 상당히 희박하다, 그러니까 독립을 달성하기 어렵다는 전망이 나오면서 이렇게 중요한 인물들이 일부러 갈 필요가 있겠느냐라는 얘기가 나옵니다. 그래서 격을 낮추어 프랑스말도 잘하고 러시아말도 잘하고 외국어에 유창한 윤해, 고창일 이 두 분으로 최종 결정됩니다. 윤해는 국적을 갖지 않은 사람이고, 고창일은 러시아 국적을 가진 사람인데 후에 우리 대한민국 정부의 초대 외무부 차관을 한 분입니다. 이분들이 대표로 파견됩니다.

그런데 파리강화회의가 6월 28일 날 종결되었는데 이분들은 회의 기간 내에 도착하지 못합니다. 당시에 시베리아내전이 막 진행되고 있었기 때문에 우랄산맥을 통과하는 게 상당히 어려웠어요. 파리강화회의가 6월 28일에 끝나는데, 끝나고 난 3개월 후인 9월에야 겨우 파리에 도착하게 됩니다.

다시 전로한족중앙총회 얘기로 돌아가겠습니다. 전로한족중앙총회가

3·1운동이라는 시기를 기념해 제3차 전로한족대표회의를 개최합니다. 다른 명칭으로는 '중러독립운동단체대표회의'라고도 합니다. 철혈광복단이라는 비밀결사단체가 배후에서 주동해서 전체 러시아의 한인 대표들, 서간도 대표들, 북간도 대표들, 심지어는 국내 대표들까지 주요한 독립운동단체들의 대표들 다 모여서 대회를 연 거지요. 1919년 2월 25일 니콜스크-우수리스크에서.

이 대회에서, 이전에 조직된 전로한족중앙총회라는 것은 러시아 한인들의 중앙기관이지만 이제는 전체 한민족의 대표기관, 중앙기관으로서 '대한국민의회'로 바꾸자고 합니다. 명칭부터 심상치 않지요! '대한국민의회'. '국민의회'라는 것은 체코슬로바키아 사람들이 독립을 대비해서 만든 'National Council'이라는 말에서 따온 것입니다. 당시 대회를 주도한 한인 지도자들은 체코슬로바키아가 연합국의 도움을 받아서 독립될 것이라는 것을 알고 있었어요. 그걸 모방한 거죠. 그래서 전로한족중앙총회를 대한국민의회로 확대·개편해서 만들게 되는데, 대회 개최 첫날인 2월 25일에는 일단 '임시 대한국민의회'를 만들어놓고 이후 대표들이 다 도착한 이후에 회의를 해서 대한국민의회를 3월 초, 정확한 날짜는 알수 없지만, 정식으로 출범시킵니다. 대한국민의회를 결성하기로 공식 결정된 날짜는 확인할 수 없지만, 3월 9일 이후부터 3월 15일 사이의 어느시점이라고 추정할 수 있습니다. 많은 사람이 무심코 대한국민의회를 '대한국민회의', '대한민국의회', 또는 '대한민국회의'라고 쓰곤 합니다. 다 잘못된 겁니다.

대한국민의회는 3월 17일에 독립선언서 발표와 함께 대외적으로 정식으로 선포되었습니다. 여기 보시는 것이 대한국민의회의 독립선언서, 한문으로 된 선언서인데요, 러시아어, 영어, 그리고 다른 각국 언어로 된 것도 있습니다. 물론 우리말 한국어본도 있구요. 이렇게 여러 개의 언어로 된 선언서를, 독립선언서를 발표하는데, 대한국민의회 의장 문창범의 이름으로 발표합니다. 대한국민의회 선언서는 내용과 형식이 서

대한국민의회 독립선언서

로 다른 대외용과 대내용의 두 종류가 있었다는 말씀만 드리고 자세한 내용은 생략하겠습니다.

다른 선언서를 보면 의장 문창범, 부의장 김철훈, 그리고 서기 오창환, 이런 이름으로 선언서가 발표됩니다. 최재형 선생은 대한국민의회의 외교부장으로 선임됩니다. 이동휘 선생은 선전부장(宣戰部長). '선전'이라는 게 홍보, 광고 이런 게 아니고, 전쟁을 선포하는, 일종의 군무 쪽이죠. 군무총장 격이 되고, 재무부장은 한명세라는 분이 선임됩니다.

이 세 지도자가 각각 중요한 집행부를 맡은 거지요. 이게 대한국민의회 정부입니다. 대한국민의회 체제, 이것을 학자들이 잘못 이해해서 '3권 분립'이라는 개념으로 국회(또는 의회)라고 설명하는데, 이는 잘못된 것입니다. 대한국민의회 체제는 소비에트 제도, 의회제도이기 때문에 다르게 이해해야 합니다.

요즈음 사회주의 국가의 의회제도를 생각하시면 돼요. 최고인민회의 이런 게 있지 않습니까? 북한처럼 의회가 최고주권기관이면서 동시에 그 의회 내에 3권의 모든 권력이 다 집중되어 있는 구조입니다. 사법기관, 행정기관 다 있는 거예요. 여하튼 최재형 선생이 대한국민의회의 외교부 장으로 선출되었던 겁니다.

상해임시정부의 재무총장으로 선임

이후 중국 상해에서 4월에 임시정부, 대한민국 임시정부가 만들어지 잖아요? 최재형 선생이 거기 재무총장에 선임이 됩니다. 그런데 최재형 선생은 러시아를 떠나서 내가 무슨 일을 할 수 있겠느냐, 중국 상해라는 데 가서 별 할 일이 없다는 입장을 내세우면서 취임하지 않습니다. 역사 학자들도 그렇고 사람들이 흔히 최재형 선생이 재무총장에 선임된 것을 많이들 강조하시는데 아무래도 임시정부의 법통성을 강조하느라 그러는 거지요.

냉정하게 따져보면 최재형 선생의 입장에서는 그것보다 대한국민의 회의 외교부장, 이게 더 중요합니다. 여기에 애정을 더 많이 갖고 계셨던 거예요. 최재형 선생에 대해서는 그래서 우리가 그것을 좀 더 강조해야 하지 않을까, 그렇게 생각합니다. 2019년이 임시정부 100주년이 되는 해 입니다만, 러시아 쪽 한인들의 입장에서 보면 대한민국임시정부라고 하 는 것은 상해에 있던 사람들의 조직입니다. 소위 의정원 의원 29명이라 는 게 전체 민족에 대한 대표성이 없었어요. 물론 대표를 자임하기는 했

습니다마는. 반면 이 국민의회는 러시아의 한인들, 그리고 서북간도의
사람들, 그다음에 국내 대표들로 구성된 조직입니다. 따라서 러시아 한
인들의 입장에서 보면, 대한민국 임시정부 100주년이라는 것이 큰 의미
가 없습니다. 러시아 한인들은 임시정부와 약간 반대쪽인, 그에 대해 비
판적인 입장을 취했거든요. 임시정부 기념일이 4월 13일이냐, 4월 11일
이냐를 두고 논쟁이 있습니다마는, 이와 관련해서, 제가 특히 고려인들
을 대상으로 특강할 때는 이 부분, 상해임시정부보다는 대한국민의회의
입장을 특별히 강조합니다. 사람에 따라서는, 특히 임정법통론에 익숙해
져 있는 사람들 입장에서는 이게 불편하게 느껴질 수도 있고 좋지 않게
생각될 수도 있지만 우리가 정확하게 얘기해야 합니다. 각자가 처해 있
는 입장이 어떠했느냐, 어떤 입장과 상황에서 독립운동을 했느냐를 이해
하기 위해서는 불편하더라도 역사적 사실에 입각해서 얘기를 해야 한다
는 거지요.

4월참변, 그리고 비참한 피살

1920년 4월 4~5일에 4월참변이 벌어집니다. 1920년이 되면 체코군도
대부분 다 돌아가고, 그다음에 러시아도 소비에트정부, 레닌정부가 전국
을 장악해 나가는 상황이 전개됩니다. 영국군, 프랑스군, 중국군, 캐나다
군, 미국군 등 시베리아에 군대를 파견했던, 즉 러시아를 침략했던 군대
들이 1920년에 들어와서는 다 철수하게 됩니다. 3월 31일에는 미군이 최
종적으로 블라디보스토크를 떠나게 돼요. 일본군은 다른 나라의 군대들

처럼 처음에는 체코군을 구원한다는 명목으로 군사 개입을 했는데 이제 명분이 없어졌잖아요. 그래서 다른 나라들이 다 철수를 하자 일본은 계속 주둔할 명분을 찾았던 거지요.

그래서 니항(尼港)이라고 하는, 러시아어로는 니콜라옙스크-나-아무레라는 아무르강의 하구에 위치한 도시, 사할린 건너편에 있는 도시 니항에서 빨치산부대에 의해 일본군들을 포함해 일본인 700명 정도가 학살되는 사건이 일어납니다. 표현이 학살이라서 어폐가 있습니다만, 빨치산부대에 의해 러시아의 백위파라든가, 부르주아지 계급을 비롯한 수천 명의 러시아인과 약 700명의 일본인이 죽습니다. 1차, 2차 두 번에 걸쳐 일어난 니항 사건에서요. 물론 러시아 사람들은 더 많이 죽었습니다만.

우리가 지금은 니항 사건이라고 부르는 그 사건을 빌미로 해서 일본군이 "우리는 계속 주둔하겠다", 이렇게 됩니다. 계속 주둔의 명분을 니항 사건에서 찾았던 것입니다. 그래서 미군이 블라디보스토크를 떠나 필리핀으로 향하고 난 바로 직후, 즉 4월 4~5일 밤에 일본군이 러시아혁명세력과 한인들에 대해 공격을 감행하고 주요한 지도자들을 체포해서 고문하고 학살하고 그런 겁니다. 한인들이 헌병대를 공격했다고 해서 니콜스크-우수리스크, 최재형이 살고 있었던 지역에서만 30여 명이 일본군에게 몰살되고 76명이 체포됩니다. 이 가운데서 72명은 석방되고, 일종의 훈방이죠, 최재형, 김이직, 엄주필, 황경섭, 이 네 분은 체포되어 학살됩니다. 체포하고 난 후 바로 죽인 것 같아요, 며칠 후에. 그래서 우스리스크 지역에서만 해도 250명의 러시아인이 피살됩니다. 전체적으로 보면 정확하지는 않습니다만, 연해주지역에서 러시아인은 700여 명, 한인은

4월참변 후 일본군에 의해 끌려가는 한인들

최소 50여 명이 일본군에 의해 피살된 것으로 알려져 있습니다.

여기 사진을 봐주세요. 여기 보면 많은 사람들이 일본군에 의해서 잡혀가고 있죠? 여기 한국 사람이지요? 여기 포로, 묶인 게 한국 사람들인데. 앞에 있는 사람들이 한인 지도자들이지요. 여기에 러시아 사람들도 같이 끌려가는 겁니다. 이 사진은 4월참변 얘기할 때마다 소개되는, 잘알려진 사진이기는 합니다마는. 상투를 맨 한국 사람도 있고, 양복을 입은 한인도 있고.

최재형 선생은 오래 전부터 일본군이 주목했던 분이기 때문에 4월 4일 일본군의 심상치 않은 동향, 이런 것에 대해 낌새를 채고 있었죠. 그래서 니콜스크-우수리스크에 있던 지도자급의 한인들은 다 도피를 했습니다. 후손들이 얘기하는 겁니다만, 4월 4일 아침에 최재형 선생이 집을 떠났다가 밤에 돌아왔습니다. 최 파벨, 최재형 선생의 둘째 아들로, 나중에 말씀드리겠지만 저명한 독립군 지도자가 되는 분입니다. 최 파벨은 빨치산부대하고 떠납니다. 도피를 했어요. 그런데 최재형 선생은 집으로 돌아옵니다. 밤에. 그래서 "왜 돌아왔느냐"라며 가족들이 물었습니다. 걱정이 돼서 "일본군들이 들어오면 신변에 위협이 되는데, 피신하시라", 이렇게 얘기했습니다. 그랬더니 "만약 내가 숨는다면 일본인들이 잔인하게 너희들에게 복수할 것이다. 나는 일본인들의 기질을 잘 안다. 그들이 아이들을 어떻게 학대할지를 잘 안다", 이렇게 얘기합니다. "나는 충분히 살았기 때문에 이제는 죽어도 상관없다"라면서 가족들을 위해 도망하지 않고 그대로 체포를 기다렸던 거지요. 그래서 아침에 러시아 사람들이 보니까 손이 뒤로 묶인 채 일본 헌병대에 의해서 체포되어 갔고 마침내 학살되신 거죠.

안타깝게도 그 학살된 장소를 정확하게 모릅니다. 그런데 항일혁명가 이인섭이라는 분이, 제가 독립기념관의 도움을 받아서 이분의 자료집을 냈습니다만, 그분이 1960년에 4월참변 40주년을 기해서 최재형 등 네 분에 관한 추모의 글을 썼습니다(부록1 참조).

이 글은 후손들로부터 최재형 선생의 최후에 대해 들은 얘기를 토대로 네 분에 대해 잘 정리해 놓았습니다. 그는 이 글에서 우수리스크 감옥 근처에 있는 왕바산재, 이게 중국식 표현이죠? 산기슭에서 네 분을 학살하고 시신을 묻은 다음에 후손들이 시신을 찾지 못하도록 흔적을 감추기 위해 땅을 평평하게 만들었다, 이렇게 써놓았습니다. 일본 사람들이 참으로 얼마나 잔인한가를 알 수 있습니다. 그래서 지금으로서는 최재형 선생 등 네 분이 묻혀 있는 곳을 정확하게 알 수가 없습니다. 대충 그 위치만 알고 있을 뿐입니다.

최재형 선생 흉상　　　　4월참변 추모비

　이 사진은 2019년에 8월에 제막식을 했던 최재형 선생의 흉상이고요, 이 사진은 4월참변 추모비입니다. 우리가 추모행사를 여기서 하기도 했습니다. 우수리스크 일대를 답사하면 단골코스로 가는 유적이지요. 그런데 정확히 말씀드리면 이 기념비 앞에 있던 러시아 부대에는 빨치산부대 주둔지가 있었어요. 4월 4일 날 밤에 일본군이 러시아군이 주둔하고 있는 숙소에 칼을, 단도를 들고 가서 잠자고 있는 러시아 빨치산부대 100명 정도를 학살한 겁니다. 그래서 그것을 기념하기 위해서 러시아에서 부조를 세웠습니다. 처음에는 부조상처럼 되어 있었습니다만, 그걸 바꾸어서 이렇게 추모비로 만들었습니다. 그래서 여기서 추모행사를 했지요.

학살에 대해 날조한 일본 육군성의 발표

일본 육군성은 이 네 분이 워낙 지도자급이니까 이분들의 최후에 대해 발표를 하게 됩니다. 육군성이 어떻게 발표했냐 하면, "엄주필, 황경섭, 김이직, 최재형, 이 네 명은 모두 배일선인단의 유력자로서 4월 4일, 5일 사건에 제(際)하야도 무기를 갖고 아군에게[我軍, 일본군이죠] 반항한 일 명료하므로 이 조사를 계속하던 중 4월 7일 아(我) 헌병분대 숙사 이전과 함께 압송하는 도중에 호송자의 허술한 틈을 노려서 도주하였으므로 체포하려 한즉 그들의 저항이 심하므로 부득이 사격한 것이다"라고 했습니다. 그러니까 명분을 이렇게 만든 거죠, 일본이. 그래서 일본 신문에 대대적으로 보도가 됩니다. 그다음에 우리 ≪독립신문≫, 상해임시정부에서 간행되고 있던 ≪독립신문≫에 이것을 반박하는 글들이 실립니다.

이 사진은 4월참변 당시에 찍은 겁니다. 일본 사람들이 사람들을 죽이고 난 다음에 희희낙락하면서 촬영한 겁니다. 기막힌 일이지요.

제가 유감스러운 얘기 하나 하겠습니다. 우수리스크에 최재형 선생 기념관이 최근에 개관됐습니다. 거기에 보면, 여러분들 가시게 되면 한번 보세요. 거기 보면 일본 육군성의 발표 내용을 그대로 인용해 놓았어요. "도망가다가 일본군이 할 수 없이 죽였다, 처형했다"라고. 참으로 어처구니없는 일입니다. 한번 생각해 보십시오. 아까 말씀드린 것처럼 최재형 선생이 가족들에게 한 말이 있잖아요. 자기가 도피할 수 있음에도 불구하고 스스로 체포를 각오했단 말이에요. 그렇게 잡혀간 분이 도망갈 이유가 없잖아요. 그런데 일본 사람들이 학살의 명분으로 만든 걸 가지고,

4월참변 당시 피살자들을 앞에 놓고 기념촬영한 일본군의 모습

그걸 그대로 기념관에, 더군다나 최재형 선생 기념관에 그렇게 쓴다는 것은 최재형 선생에 대한 심각한 모독이 아닐 수 없지요. 그걸 어디서 했는지 모르겠어요. 우리 정부의 기관에서, 보훈처인지 독립기념관인지 모르겠습니다마는, 누가 그 글귀를 집어넣었는지 제가 그걸 보면서 참으로 화가 났습니다. 최종 전시될 때까지 아무도 여기에 대해 문제 제기를 하지 않았다는 얘기가 되잖아요. 기획한 사람이나, 자문을 해준 사람이나, 도대체 왜 이런 어처구니없는 일이 벌어졌는지.

제가 2019년 여름 대상재단(교보)에서 실시하는 아시아대장정 프로그램에 지도교수로 참여했습니다. 우수리스크 최재형 기념관에 갔을 때 학생들한테 이 점을 지적했습니다마는, 우리가 참으로 그런 것들에 대해 철저하지 못합니다. 일본 사람들이 자기들의 행위를 정당화하기 위해서, 학살을 정당화하기 위해서 발표한 것을 그대로 우리가 따가지고 인용한

≪독립신문≫에 게재된 4월참변을 겪은 신한촌의 사진(1920년 6월 24일 자)

다는 건, 더구나 최재형 선생의 기념관 안내문에 그렇게 썼다는 것은 최재형 선생에 대한 대단한 모독이지요. 참으로 어처구니없는 언어도단이지요.

4월참변 소식이 ≪독립신문≫을 통해서 동포들에게 알려지고 난 직후 상해 거류민단이 임시정부와 함께 300명이 참여해서 추도회를 갖습니다. 최재형 선생과 가까이 지냈던 국무총리 이동휘와 각 부 총장 전원이 참석했고, 각원들도 물론 참석했죠. 추도회에서 이동휘 선생이 최재형의 약력을 소개합니다. 그래서 최재형 선생의 생애가 아주 자세하게 소개되었는데 그 내용이 ≪독립신문≫에 실려 있습니다. ≪독립신문≫에는 4월참변 사진도 하나 실려 있는데, 당시 블라디보스토크에 있던 한인이 직접 촬영한 것이라는 설명이 붙어 있습니다. 사진에는 "아아 국민이 죽

어도 닛지 못할 4월 5일 오전 5시"라는 큰 글씨 밑에 "해삼위항이 일본군
에 손아래에 돌아가는 날 적의 손으로 잿더미로 돌아간 신한촌"이라고
부연되어 있습니다.

　1921년에, 이것도 후손들이 얘기한 건데, 임시정부가 대표단을 보냈
답니다.　후손들이 살고 있는 니콜스크-우수리스크에 찾아와서 최재형
선생의 부인과 자녀들을 위로했다고 합니다.

남은 가족들의 시련

　남은 가족들의 시련입니다. 이건 뭐 엄청납니다. 제가 자세히 말씀드
리지는 않겠습니다마는. 이건 최재형의 자녀들 사진인데요, 소피아(넷째
딸), 발렌틴(셋째 아들), 소피아(셋째 딸), 그리고 파벨(둘째 아들)입니다.

최재형의 자녀들. 왼쪽부터 소피아, 발렌틴, 올가, 파벨

자녀들 얘기를 하겠습니다. 우선 장남은 최운학으로, 첫째 부인 소생인데 안타깝게도 사진이 없습니다. 러시아어로는 최 표트르 표트르비치인데, 신학교 재학 중에 혁명 활동을 하다가 퇴학당했고, 러시아 적군장교로 1918년 시베리아내전 시기에 참전했다가 전사했습니다.

　　차남인 최성학은 파벨이죠, 러시아 이름이. 파벨 표트르비치이죠. 항일 빨치산 독립단, 독립단이라는 건 지금 우리 독립운동사에도 나오는 독립단 군대입니다. 3·1운동 후에 서간도에서 창립되어 러시아 연해주로 넘어온 부대인데, 이 독립단의 지휘관으로 활동했고, 이후 최초로 소련 해군함대의 포병대장이 됐습니다. 한인으로서. 그렇지만 스탈린 대탄압, 1937년 스탈린 대탄압 때 잡혀서 처형됐습니다.

　　둘째 딸은 나제즈다 페트로브나인데, 남편 강 니콜라이 알렉세예비치는 시베리아내전 시기에 항일 빨치산으로 활동했고 119보병대대 지휘자였으나 스탈린 때 총살되었습니다.

　　셋째 딸 류보뷔 페트로브나는 남편 리 알렉세이 알렉산드로비치와 함께 스탈린대탄압 시 총살되었습니다.

　　넷째 딸 소피아 페트로브나의 남편 쇼루코프 하지한 우무르자코비치는 키르기스스탄 보건인민위원회의 고급관리였던 것 같은데 역시 스탈린대탄압 시 처형되었습니다.

　　다섯째 딸인 올가 페트로브나, 이분은 『나의 삶』이라는 제목의 자서전을 썼는데, 이분 역시 스탈린 때 탄압을 받고 호릴스크라는 지역에서 7년간 강제노역을 당했습니다. 힘들게 살았지요.

　　셋째 아들 발렌틴 표트로비치는 살아남았습니다만, 카자흐스탄 농업

최재형의 딸 최 소피아 페트로브나
(1923년)

최재형의 딸들. 왼쪽부터 루드밀라, 올가, 소피아(1930년 4월 모스크바)

부에 근무하면서 역시 탄압을 받았습니다. 이분도 회상기를 남겼는데,
많이 고생했습니다. 과거 민족주의자, 부농, 부르주아지의 아들이라고
해서 탄압을 받았습니다.

　여섯째 딸 루드밀라 페트로브나는 교사로 활동하다가 키르기스스탄
비슈케크(프룬제)에서 말년을 보냈습니다.

　일곱째 딸이자 막내딸인 엘리자베타 페트로브나는 카자흐스탄 알마
타에서 살았으며, 1995년 광복 50주년에 한국도 방문했는데 얼마 전에
세상을 떠났습니다. 남편은 정 콘스탄틴 안토노비치로, ≪스몰렌스카야
프라우다≫의 사진기자였는데, 스탈린대탄압 때 처형됐습니다.

　막내아들 비켄치 표트로비치는 레닌그라드 영화연구소에서 공부했는
데 감옥에서 옥사했습니다. 다음은 그 후손들 사진이지요.

최재형의 가족들. 왼쪽부터 셋째 아들 발렌틴, 부인 김 엘레나 페트로브나, 여섯째 딸 루드밀라, 손자 유리, 둘째 아들 파벨, 사위 아불루하리크(루드밀라의 남편)

왼쪽부터 최재형의 부인 김 엘레나 페트로브나, 니나(셋째 아들 발렌틴의 부인), 발렌틴, 유리(손자), 타티아나(둘째 아들 최 파벨의 부인)(모스크바, 1937년)

최재형 선생에게 바치는 헌사

다음은 최재형 선생 등 네 분에 대한 추목의 글로 ≪독립신문≫ 1920년 5월 15일 자에 실렸던 논설입니다. 추모식을 할 때 게재되었던 추모의 글이지요. '최재형 선생 이하 4의사를 곡함'이라는 제목입니다. 인용하도록 하겠습니다.

선생은 용의과감(勇毅果敢)의 인(人)이며 기(己)를 희생하야 동족을 구제하랴는 애국적 의협적 열혈이 충일하는 인격자요 겸하야 성(誠)으로써 인(人)과 사(事)를 접(接)하야 민중의 신뢰와 존경을 박(博)하던 이라.

최재형 선생이 어떠한 인격을 가졌던 분인가를 잘 표현한 글입니다. 자신이 가졌던 모든 것을 한인사회와 독립운동을 위해 희생했던 최재형 선생에 대해서 참으로 압축적으로 잘 묘사한 글이지요. 이것을 보면 최재형 선생이 어떤 분이라는 것이 그림을 보듯 떠오릅니다.

4월참변 추모행사

끝으로 4월참변 추모행사에 관해 몇 가지 말씀을 드리고 강의를 마치도록 하겠습니다. 2004년에 가졌던 최재형 선생 추모식에 최재형 선생의 손자, 최 발렌틴 선생을 초청했습니다. 그는 모스크바에 살고 있었는데, 이곳 원동지역에는 처음 온 것이라 했습니다. 그때 제가 최 발렌틴

최재형 등 네 명의 한인 지도자 위패(2007년 4월참변 추모제)

선생을 모시고 최재형 선생의 유적을 다 안내해서 답사를 했습니다. 지신허, 연추, 슬라뱐카, 포시에트, 블라디보스토크, 우수리스크 등 모든 지역을 하나하나 찾아다니며 최재형 선생과 관련된 유적들에 대해 설명했습니다. 당시 그분의 나이가 70이 넘었는데도 불구하고 할아버지의 유적들을 방문해서는 아주 감격했지요.

4월참변 추모제를 하면서 최재형 선생과 더불어 김이직, 엄주필, 황경섭, 세 분도 함께 추모를 했습니다. 이분들은 사진이 없습니다. 그래서 사진에 보이는 것처럼 한국식으로 위패를 모시고 한국식으로 추모행사를 했습니다.

2006년부터는 확대해서 러시아 우수리스크시와 합동으로 4월참변 추모제를 가졌습니다. 러시아에는 도시마다 보통 '영원의 불꽃'이라는 광장이 있는데, 그곳에서 추모식을 가졌습니다.

세르게이 라조라는 러시아혁명군 지도자들을 포함해서 피살된 러시아인들도 함께 추모를 했습니다. 세르게이 라조, 이분도 일본군이 잡아

2004년 최재형 선생 추모제에서. 최 발렌틴(왼쪽)과 필자

서 백위파에게 넘겼고, 석탄을 넣은 증기기관차 화차에 집어넣어져 죽임을 당했습니다. 요즘에는 이설이 나오기도 합니다만.

　다음 사진은 최재형 고택이라고 되어 있는데, 지금은 최재형 기념관이 되었습니다. 유감스러운 것은 집을 그대로 둬야 하는데 벽을 다 허물었습니다. 방, 식당, 거실들을 그대로 둬야 하는데….

　이상으로 제가 준비한 강의는 다 마쳤습니다. 시간이 없기는 하지만 질문이 있으면 말씀해 주세요.

2019년 박물관으로 개조된 최재형 고택(4월참변 피살될 당시 거주하던 집)

질의응답

[질문] 빨치산이라는 게 레지스탕스인가요? 정확히 언제쯤 시작된 건가요?

[답] 좀 포괄적인 거죠. 레지스탕스라는 것에는 군사적인 것만 포함되는 것이 아니라, 그 외의 다른 활동도 포함되잖아요? 빨치산이라는 건 군사 활동을 하는 사람들인데, 비정규군이죠. 자발적으로 떨쳐 나온 비정규 군대.

[질문] 빨치산이 정확히 뭔가요?

[답] 빨치산이라는 게 유럽 쪽에서 시작된 거지요. 그 뜻은 정규군은 아니고 자발적으로 나선 병사들을 말하지요. 우리식으로 따지면 임진왜란 때의 의병 있잖아요? 그런 거예요. 해방 이후까지도 나옵니다만. 빨치산이라는 명칭은 '파르티잔(partisan)'에서 유래되었지요. 러시아어로도 파르티잔(партизан).

[질문] 아까 보니까 지명 중에 파르티잔스크라고 있던데.

[답] 아, 그 지역은 빨치산운동이 아주 왕성했던 지역이에요. 그래서 러시아에서 이 빨치산운동의 역사를 기념하기 위해서 지명을 바꾸어서 쓰고 있습니다. 근데 그 당시에는 우리는 수청이라 그랬어요. 중국식 표현이기도 합니다만, '수청'. '물이 맑고 깨끗한 곳'이라는 뜻이죠. 근데 지금은 러시아식으로 파르티잔스크(Партизанск), 이렇게 부르죠. 그 강 이름도 파르티잔스크강, 이렇게 바뀌었어요. 너무 전문적인 말씀을 드린 건 아닌가 생각됩니다. 많은 얘

기를 상당히 압축적으로 하다 보니까, 설명이 부족하고 스킵한 부분이 많이 있습니다. 양해해 주시길 바랍니다.

[질문] '극동'을 '원동'으로 하시는 건 어떤 이유인가요?

[답] 저는 그래요, 원칙이. 우리가 쓰던 말을 쓰자는 겁니다. 예를 들면 '극동'이라는 건 일본 사람들 표현이거든요. 'Extreme East'죠. 하지만 원래 러시아어로는 달니보스톡(Дальний Восток)입니다. 'Far East'이지요. '먼 동쪽'. 그러니까 '원동'이라는 건 그 당시에 우리 한인들이 많이 쓰던 용어입니다. 지금도 고려인들은 '극동'이라고 하지 않고 '원동'이라고 합니다.

일제시기에 미국에 있는 동포들도 '원동'이라고 했는데, 지리적으로 '동북아'를 말했죠. 이들이 말하는 '원동'은 한반도를 포함한 동아시아를 뜻하는데, '원동'이라고 부르면서 '우리의 희망의 땅'이라고 했어요. '우리 독립을 가져올 수 있는 희망의 땅'. 그래서 당시 한인들이 '원동'이라고 한 것이 단순한 지명이 아니라 역사성을 가진 용어이므로 이를 존중해서 '원동'이라고 씁니다.

앞서 말씀드렸습니다만, '원호인', '여호인'도 마찬가지예요. '원호인', '여호인'의 경우에는 이제 학계에 일반화되어 있어요. 지금 러시아지역 한인 역사를 쓰면서 '귀화인', '비귀화인' 이렇게 쓰지 않아요. 당시 한인들이 '원호인', '여호인'이라고 썼기 때문에 우리도 그렇게 쓰는 것이 맞다고 봅니다. 우리 동시대인, 우리 한인들이 썼던 용어, 그걸 써야 되지 않겠느냐 그런 생각입니다. 그래야 역사성을 더 살릴 수 있다고 보는 거지요. 감사합니다.

부록

이인섭, *「저명한 애국자들인 최재형·김이직·엄주필 동지들을 추억하면서」[1]

소련 중아시아에서 이인섭 1960년 조선해방 15주년을 마즈면서

조선민족해방투쟁에서 열열한 애국역사이던 김이직·최재형·엄주필 동지들을 추억하면

서. 잔인무도하게 일본 군벌들에게 그들이 학살당한 40주년을 제하여(1920~1960)

이인섭

1917년 10월 25일(양력] 11월 7일)에 소련 공산당 영도하에서 위대한 사회주의 10월혁명이 성공되자 이 지도상에는 무산자 독재주권인 쏘베트 국가가 성립되었다.

1918년 4월 5일이었다. 미 제국주의자들

---

* 이인섭(1888~1982)은 평남 평양에서 태어났으며 한말의병운동을 시작으로 항일민족운동에 참여했다. 1910년 일제의 강제합병 후 망명길에 나서 북간도 훈춘을 거쳐 러시아로 이주한 이후 항일민족운동과 사회주의운동에 종사했다. 시베리아내전이 종결된 1923년 이후 연해주지역에서 당과 군에서 사회주의 건설을 위해 활동하다가 1936년 소련내무인민위원부에 의해 체포되어 중앙아시아 카자흐스탄으로 유배되었다. 1937년 강제이주되어 온 가족과 재회한 후 크즐-오르다에서 거주하다가 스탈린 사후인 1953년 우즈베키스탄 안지산으로 이주한 후 말년에는 항일혁명운동가들의 역사 회복과 기념비 설립 운동에 매진했다. 그가 남긴 항일혁명운동 역사자료들은 아들인 이 아나톨리가 독립기념관에 기증했고 2010년 독립기념관 한국독립운동사연구소에서 『이인섭과 독립운동자료집』(전 4권)으로 간행되었다. 이인섭의 삶과 활동에 대해서는 이 자료집에 실린 반병률의 해제 및 그의 자전적 기록인 『망명자의 수기』(한울아카데미, 2013)를 참조하기 바란다.

을 선두로 한 영국, 불란서, 이태리, 일본 그타 외국 무장간섭자들이 원동 해삼(Владивосток)[2]항을 강점함으로써 원동에서도 국민전쟁[3]이 시작되었다.

제1차 세계침략전쟁 당시에 로씨아 군대들[에]게 포로되었던 체호슬노바기야[체코슬로바키아] 군인들이 흰파[4]들과 같이 무기를 들고 쏘베트 주권을 반하여서 외국 무장간섭군 선두에서 왜군들과 같이 발악하여 나섰다.

볼세비크당 호소에 응하여 로동자, 농민 대중은 쏘베트 조국을 옹호하기 위하여 적위군 대열에 자원적으로 참가하여 외국 무장간섭자들과 반역적 흰파들을 반항하여 싸우게 되어 국민전쟁이 시작되었다.

당시 쏘련지대에 거주하던 조선인, 중국인, 마쟈리인, 셀비인 기타 소수민족들도 합동민족부대를 조직하여 가지고 로씨아 적위군들과 어깨를 같이 하고 우수리 전선에서 쏘베트 주권을 옹호하여 전투에 참가하였다.

수효상으로 많지 못하고 중앙과 연락을 일혼 우리 적위군들은 수효 상으로 초월한 적군들과 방어전을 계속하며 차츰 하바롭쓰크(Хабаровск) 방향으로 퇴각하게 되었다.

1918년 9월 5일이었다. 우리는 군사혁명위원회 명령에 의하여 빨찌산 전투로 넘어갔다. 필자는 당시 원동쏘베트 인민위원회 외교부장이며 하바롭쓰크 볼세비크당 비서인 알녝싼드라 뻬들옵운나 김 쓰딴게휘츠 지도하에서 흑룡강 기선 "바론-코르프(Барон-Корф)"에 당 정부 주요문건을 가지고 블라고베쳰스크(г. Благовещенск)로 향하다가 중로에서 흰파들[에]게 포로 되었다. 그러나 포로 시에 우리는 중요 문부들을 강물에 던지어서 원수들에 손에 아니 가게 되었다.

1918년 9월 25일(음력 8월 15일)에 당 쏘베트 기관 지도간부들은 흰파 깔미꼽으 악당들[에]게 희생을 당하였는데 그 중에는 아.뻬. 김 스딴게휘 츠(А.П. 김 Станкевич)도 있다. 그는 당시 33년인 청춘 여사였다. 이 사 변은 당시 러시아 볼세비크당에와 내[에] 어린 한인사회당에 막대한 손실 이었다.

이와 같은 만행으로써 외국 무장간섭자들은 내[에] 어린 쏘베트 주권을 없애려고 공산주의를 무장으로 탄압하려고 망상하고 발광하였다. 그러 나 미 제국주의자들과 영·일 기타 제국주의자들은 엄청나게도 오산하였 었다.

공산당 지도 아래서 각 전선에서 공작하던 적위군들은 시비리와 원동 산간 계곡들을 차지하고 빨찌산 요삭[요새]를 창설하고 전투를 계속하였 다. 처음 100명에 지나지 아니하게 우쑤리 전선에서 전투에 참여하였던 조선인 빨찌산대들 외에도 연해주 수이푼 계곡, 수청 기타 지대에서 수 많은 빨찌산들이 공작하게 되었다.

1919년 3·1운동 후에 조선에서와 중령에서 조선 애국자들이 찾아와 서 어느 조선 빨찌산부대에든지 조선과 중국에서 싸우는 빨찌산들이 여 러 천명으로 계산되었다.

원동과 시비리 방방곡곡에서는 밤이나 낮이나 전투가 맹렬히 계속되 었다. 외국 무장간섭자들과 흰파들은 단지 철도변을 차지하였고, 기타 지방 농촌, 삼림 계곡은 빨찌산들이 비밀리에서 공작하는 군사혁명위원 회[의] 유일한 지시에 의하여 전투하였다.

1919년 11월 14일이었다. 시비리 옴쓰크(Омск) 도시에 소위 중앙정부라고 자칭하던 흰파 꼴차꼽 무리는 외국 무장간섭자들[의] 총창에 의하여 잔인무도하게 발악하던 괴뢰가 붉은 군대 진공에 의하여 붕괴되고 옴쓰크는 해방되었다.

꼴차꼽 대장은 달아나다가 1920년 초에 이르꾸츠크(г. Иркутск)에서 우리 빨찌산부대들[에]게 포로가 되어서 혁명재판의 결정에 의하여 사형을 당함으로써 흰파 꼴차꼽 정부는 종말을 고하게 되었다.

이에 창황망조한 미, 영, 불, 이태리, 가나다 등 무장간섭군들은 창피쓰레도 철병하기 시작하여서 1920년 1월[부터] 4월 7일까지 체호바크[체코슬로바키아] 포로병들이 포함하여서 모다 철병하여 달아나고 다만 왜병들만 남아 있었다.

일본 군벌들은 "소베트 주권은 공산주의[이]니 원동에 그를 허용할 수 없어 아니 철병하겠다"라고 선포하였다.

쏘련공산당에서는 일본과 직접 전쟁을 회피하기 위하여서 원동공화국(완충정부)을 조직하고 일본[과] 강화조약을 체결하기로 착수하였다.

왜군 당국은 중립을 선언하였고, 우리 빨찌산들은 각 도시에 들어와서 병영에 배치되었다. 왜군 당국은 강화조약에 서명하겠노라고 선언하였다.

1920년 4월 5일이었다. 이날은 원동에서 국민전쟁이 시작된 지 만 2주년이 되는 날이었고, 또는 왜적들이 강화조약에 서명하겠노라고 약속한 날이었다. 그래서 우리 당국에서는 놈들이 배심하고 반란을 하리라고 생각지 아니하고 안전 상태에 처하여 있었다.

아침 9시 30분에 왜병들은 대포 기관포로 도시를 향하여 사격을 시작하여 전 시가는 불에 타기 시작하였고, 노인이나 여자나 심지어 아이들까지도 집에서 밖으로 나오는 사람들은 왜군들 총창에 맞아 쓰러졌다.

감옥에 갇히었던 흰파 반역자들은 모다 석방되어서 전 시가는 혼란 상태에 처하였다. 해삼(Владивосток), 소황령(Ворошилов, 보로실로프),5 쓰빠쓰크, 이만, 하바롭쓰크 도시들에 거주하던 조선 남자들은 전부 왜놈들에게 체포되어 감옥에 차고 넘었다.

해삼 신한촌 한민학교는 불에 타서 재무지로 변하였는데, 그 가운데는 수십 명 조선 빨찌산들이 있었다. 체포되었던 조선인 애국지사들이나 놈들이 빨찌산이라고, 공산주의자라고, 반일 운동자라고 의심하는 인사들은 모다 비밀리에서 잔인무도하게 학살을 당하였는데 그 가운데는 한평생을 직업적으로 조선을 해방하기 위하여 분투 공작하던 직업적 혁명 열사들인 최재형, 엄주필, 김이직 선진들이 계신 것이다. 그리하여 왜병들은 연해주에서 1922년 10월까지 쏘베트 주권에 반항하여 만행을 계속하여 무수한 혁명자를 계속 학살하였다. 그래서 4월 5일은 언제든지 잊을 수 없는 날로 기억에 남아 있다.

필자가 최재형, 엄주필, 김이직 선진을 직접 상대하여서 체험하던 사실, 그들의 친족들과 친우들[의] 회상기에서 수집한 자료들을 이에 간단히 기록하려고 한다.

최재형

그는 조선 함경북도 온성군 오가인 부잣집 종의 가정에 탄생하여 어려서부터 조선 봉건사회 종의 가정에서 자라났다.

그는 차츰 자래면서 자자손손이 남의 종노릇을 하면서 살아갈 것을 알게 되자 하로밤에는 자기 가솔을 데리고 도주하여 두만강을 건너서 원동 변강 당시 포시예트 연추 지방에 와서 황무지를 개간하고 생활을 시작하였다.[6]

그는 차츰 로씨아 말을 배우고 황제로씨아에 입적하였다. 그는 러시아 황제주권 군대에 소고기를 공급하는 일을 시작하여서 몇 해 어간에 조선 사람 가운데는 큰 부자가 되었고, 포시예트면 면장으로 사업하게 되어서 상당한 권리와 신임을 일반 군중에게서 얻게 되었다.

최재형 그를 최동운[7]이라고 칭하고, 최도노예[8](면장이라는 뜻)라고도 하고, 최뻬쯔까라고 조선 사람들이 칭하였다. 로씨아 당시 문부고에 있는 자료에는 최빠벨[9]이라고 기록되었다.

1904~1905년 로·일전쟁 후 1905~1907년 로씨아 제1차 혁명[의] 영향으로 원동에 거주하던 조선 노력자들 가운데는 조선에 침입하는 일본 군국주의를 반항하여 의병운동이 일어났다.

이때 의병운동에 최재형은 조직지도자로서 의병대를 조직하고 무기를 준비하는데 열성으로 참가하였다. 당시 연해 변강에서 조직된 조선 의병들은 두만강을 건너서 조선 땅에 나가서 왜적들에게 반항하여서 1909~1910년까지 전투를 계속하였다. 동시에 함경북도 회령에 살던 유지인 애국자 허영장(허재욱) 대장은 간도 방면에서 의병을 발기 조직하여 최재형 선진과 연계를 가지고서 계속 투쟁하여 최재형, 허영장은 지금까지 조선 노력 군중에게 전설적 의병대 조직 지도의 선진자로 된다.

최재형 선진께서는 단지 의병운동만 지도하였던 것이 아니라, 다른 방면으로도 일본 침략자들을 살해하거나 박멸한다면 모다 실행하였다. 예하면 그 집 창고에서 8인[10] 단지동맹을 하고서 떠난 안중근 의사는 합이빈[11] 정거장에서 일본 군벌의 시조인 이등박문을 총살하여서 세계 안목을 놀라게 하였다. 이 사변에 대한 재정, 권총 기타가 모두 최재형의 재정이었다. 그 집에 몇 해를 두고 수많은 애국자들이 실행하는 경비는 모다 그가 지불한 것이었다.

조선 사람들 가운데서 제일 큰 부자라고 소문이 자자하던 그는 1917년 당시에는 온전한 집 한 채도 없는 빈천자였다. 이것은 그가 혁명사업에서 부자로써 빈천자로 되었다는 것을 넉넉히 말하여 주는 것이다.

그는 동시에 조선 인민들 가운데서 조선말로써 후진들을 교양하는 사업을 적극 지지하고 장려하였다. 지금도 그를 회상하는 당시 교육사업에 헌신하던 동지들은 이와 같은 사변들을 회상하고 있다. 당시 로씨아에 입적한 조선 청년들 가운데는 조선말로 사립학교를 설하고 아동들을 모국어로 교육하는 것을 절대로 반대하고 억압하는 자들[이] 많아서 큰 곤란을 당하게 되었다.

그가 포시예트 면장으로 시무할 때였다. 어떤 얼마우재(입적자)가 와서 "우리 촌에는 조선사람 교사가 와서 조선 학교를 설하고 아동들을 조선 글을 가르쳐 주어서 양서재(로어학교)에 방해되니 그것을 금지하여 주오" 하고 고발하면 그(최재형)는 별말 없이 그 얼마우재 귀쌈을 후레치면서 "야 이놈아! 너는 조선놈이 아니고 마우재(로씨아인)가 다 된 줄로 알고서 얼마우재 행세를 할 터이냐? 아무리 로씨아에 입적하여서도 조선 민족이니 조선말로 공부하여서 조선 예절, 조선 역사를 알아야 되고, 또는 로씨아에 입적하였으니 러시아 공부도 하여야 되는 것이다. 그러니 다시는 집에 돌아가서 조선 사립학교를 반대하여 불량한 행동을 하지 말라"라고 하여서 얼마우재들을 훈계하였다.

그와 반대로 어느 농촌에서 조선 사립학교 교수로 사업하던 교원이 그 지방 얼마우재들한테서 괄시를 당하고 와서 "자기는 그곳에서 교사 노릇을 할 수 없어 학교 문을 닫고 왔노라"라고 말하면, 그는 또한 그 청년 교사의 뺨을 쥐여 부치고 책망하기를 "너는 소위 애국자노라고 하면서 그만한 난관도 극복하거나 참지 못하고 돌아다니는 처지에 독립을 어찌 할 수 있는가"라고 견책하고 설유하여서 다시 그 지방으로 돌아가서 교수를 계속하게 하였다.

그래서 최도노예는 조선학교를 못하게 방해하는 얼마우재 놈도 때려주고, 학교 교수를 못하겠다는 교사도 때려주어서 "이놈을 치고, 저놈을 쳐서 학교를 유지하였다"는 전설이 당시 유행되어서 조선민족 교육사업에 큰 영향을 주었던 것이다.

그는 열성적으로 조선민족 어간에 교육사업을 장려한 결과에 조선인 후진들에게 애국적 열성자들이 자라나게 되던 사실은 그의 특이한 사실적 업적인 것이었다.

그는 허영심이나 명예를 알려고도 아니하고 조선독립은 다만 무장운동이라야만 실천된다는 것을 절실히 감각하고 희생을 당하는 시기까지 실현하였다. 그것은 아래와 같은 사실이 웅변으로 말하여 준다.

1919년 3·1운동 후에 해외에서 조직되었던 상해 조선 림시정부에서는 최재형을 재무총장으로 선거하였으니 취임하라는 통지를 그에게 보내었었다.

그는 말하기를 "조선해방은 림시정부를 조직하는 데 있는 것이 아니라 조선인 해방군대를 조직·양성하는 데 있는 것이다. 나는 본시 조선의병대에 종사하였고 지금도 종사하고 있다. 만일 상해로 가는 여비가 있다면 나는 그 돈을 총을 사서 우리 독립군대로 보내겠다"라고 하였다. 이 얼마나 가짜 애국자들이 허영에 취해서 상해로, 이르쿠츠크로 들이뛰고 내뛰면서 빨찌산 운동과는 본체만체하는 판국에 진정한 고백이 아닌가 말이다.

그는 국민전쟁 당시에 당시 간도에서 공작하는 그의 전우들인 홍범도, 허재욱 독립군들과 연계를 가졌고, 소황령에 있으면서 김이직, 엄주필 기타 동지들과 연계를 가지고서 비밀리에서 군자금을 모집하여서 빨찌산부대를 후원하며, 선포문을 인쇄하여 산포하며 군중들을 동원하여 3·1운동 기념일에 시위운동을 조직·진행하였다.

"싸리끝에서 싸리가 난다"라고 그가 왜적들에게 희생을 당한 후에 그의 아들 최빠씨는 "독립단"이라고 명칭한 조선 빨찌산부대를 영솔하여 가지고서 이만-하바롭스크 사이 우쑤리 전선에서 악전고투하였다.

그는 관후하고, 인내성 있고도 쾌활한 혁명투사였다. 왜적들이 비록 그의 생명은 앗아 갔지만 그가 진행하던 혁명사업은 계속 전진하고 있다.

필자는 그의 사진을 구하여서 조선 혁명박물관에 전하려고 수년을 두고 심방하였으나 오늘까지 실행치 못하고 있는 것이 유감천만이다.

엄주필

그는 1871년 조선 함경북도 성진에서 출생하였다. 그는 젊어서 조선

군대에서 복무하다가 조선이 일본 군국주의자들[에]게 강점을 당한 후에는 장로교 전도사에 탈을 쓰고 반일운동을 하다가 1914년경에 쏘련 원동 연해주로 피신하여서 오게 되었다.

해삼을 경유하여 소황령(Ворошилов)에 당도하여 김이직, 리갑, 최재형, 리동휘 기타 애국지사들을 만내어서 조국 해방사업을 계속하게 되었다. 소황령 시내에서 장로교 교회에서 집사의 책임으로 일하면서 혼자 어린 아혜들을 데리고 있는 리문숙 모친과 살림하면서 바래미 정거장 방면에서 농사를 지어 생계를 하였다.

1917년 10월혁명 후에는 소황령 시내 조선인민회 회장으로 피선되어서 왜적들에게 희생을 당할 시까지 사업하였다. 당시 민회 서기는 중령 나재거우(나자구) 비밀사관학교 학생이던 리춘갑이었다. 1919년 3·1운동 후에는 오성묵, 한예골(창해) 기타들과 결탁하여서 선포문을 석판으로 한예골네 집에서 인쇄하고,(한에네나 회상) 태극기[를] 만들어서 조선 민중에게 분전하면서 1919년 3월 17일에는 전 시가 조선 주민들을 동원하여 시위운동을 개시하고 조선 만세를 부르고 선포문을 산포하는 등 혁명사업을 진행하는데 주동적 역할을 실행하였다.

지금까지도 필자의 기억에 자세히 남아 있는 것은 당시 소황령에서 발행하던 흰파 소수파들 기관지에는 우리가 독립선언을 하는 것을 비소하여서 "일이보 만만지"[12]라는 제목으로 그 사실을 기재하였고, 유정커우[柳亭口]라는 [러시아농촌의] 러시아 농민들은 "떡과 소금"을 가지고서 우리 독립선언 시위자들을 환영하였던 것이다.

연해도에서와 간도에서 조선인 빨찌산부대들이 공작을 시작하자 엄주필 동지는 시내에서 비밀공작하는 최재형, 김이직 기타 동지들과 같이 군자금을 모집하고, 선포문을 인쇄·분전하는 공작을 적극 진행하였다.

오성묵 회상에 따르면 엄주필 동지는 자주 시내 청도(靑島)공원 버드나무밭 속에서 동지들과 만내서 비밀공작에 대한 설계를 토론하였다고 한다.

그의 의딸[13] 이문숙 웨라(지금 알마-아타에 있는)의 회상에 따르면, 엄주필 동지가 체포되던 사변은 이러하였다. 1920년 4월 5일 아침에 금방 날이 밝게 되자 천만뜻밖에 원세훈이라는 사람이 와서 우리 집 유리창 문을 뚝뚝 두드리며, "형님 전쟁이 났으니 속히 피신하시오" 하고서 그는 종적을 감추었다. 그러자 왜놈 헌병 7~8명이 집 안에 달려들었다가] 방금 변소에 갔다 들어오는 엄주필을 결박하고서 "독립운동을 하기 위하여 민간에서 모집한 돈을 어대에 두었으며 선포문은 어대 두었는가?"라고 문초하면서 온 집안을 모조리 수색하였으나 아무런 증거물도 얻어 보지 못하였다.

당시 원세훈네 집에는 그의 친족 원용건이라는 자가 있었는데, 원용진은 당시 흑룡주(아무르주)에 주둔하고 있던 왜병 용달을 하던 자이었다. 그리고 원용건의 처는 엄주필 본처에서 탄생된 딸이었는데 자기 부친한테 찾아왔다가 엄주필이 말하기를 "만일 그 남편과 이혼을 아니하겠으면 내 집에서 떠나라"라고 하여서 원세훈네 집에 가서 있었다고 한다. 그리고 리문숙이는 말하기를 자기는 당시 어려서 지낸 사변이지만 원세훈이가 자기 집에 와서 문창을 두드리면서 자유스럽게 다니던 사실은 지금에 생각하여도 참 이상하다고 한다. 남은 모두 왜놈들[에]게 재피우던 때인데 하고 의아한다.

원세훈이는 오랫동안 소황령에서 소상업을 하고 있던 사람이고, 문창범 악당들이 조직·발악하던 악명 높은 "대한국민의회" 열성자 가운데 한 사람이었다. 왜병들이 연해도에 주둔할 시에 "국민의회"는 공개적으로 행사하고 있었으며, 예호 정거장에 쏘베트 주권을 반항하던 "토벌대"까지 조직하고 발악하였으니, 당시 4·5정변에 국민의회 간부들이 한 사람도 왜병들에게 희생은 고사하고 체포도 아니 당하였던 괴변은 당연한 괴변인 것이다.

엄주필 동지는 당시 49세였다. 그의 부인은 지금 당년 80으로 자기 손자와 같이 있다. 필자는 엄주필 사진을 얻어 보려고 수년을 두고 탐문하나 목적을 달하지 못하고 이 회상기를 쓰게 되는 것이 유감천만이다.

김이직(김정일)

그는 1870년에 조선 평안남도 용강군 알에골[아랫골]에서 탄생하였다. 그는 이조 말엽에 그 지방에서 학민[14]하는 군수와 관료배들을 반항하여 민요를 일켜서 민란 장도[15]로써 봉건 관리들을 잡아서 처단하고 망명 도주하여 자기 본명 정일(김정일)을 고쳐서 리직이라고 칭하게 되었다.

그는 처음 연해주 해삼 신한촌에 당도하여 평양 사람 김치보(3·1운동 당시 아령 노인단 단장)가 경영하는 "덕창국(德昌局)"이라는 건재 약국에서 사업하면서 생계를 시작하였다.

얼마 후에는 "덕창국" 지점을 소황령 도시에 열고서 김이직 동지가 주임으로 사업하게 되었다. 그곳에서 정치적 망명자들인 리동휘, 장기영,

리갑 기타들을 만내서 조선민족해방운동에 참가하게 되었다. 그리하여 "덕창국"은 표면적으로는 실업기관인 동시에 민족해방투쟁을 준비하는 비밀장소로 되었다.

당시 중·아 양령[16]에서 공작하던 정치망명자들이 서신 연락을 하게나 며칠씩 유숙하는 장소는 "덕창국"이었고, 경제적 방조도 받게 되었다.

덕창국 안에는 조선문으로 출판된 서적을 판매하는 덕창서점이 있어서 조선농촌에 설립된 사립학교들에 교과서를 배급하여서 당시 조선인 교육자들이 집중하는 장소로도 되었다. 약을 지으러 오는 농민들, 서적을 사러 오는 교육자들 어간에는 혁명기관 연락원들도 적지 아니하게 끼어 댄니었다.

국민전쟁 당시, 3·1운동 후에는 덕창국을 중심하고, 최재형, 엄주필 기타들이 빨찌산부대에 식량, 신발, 의복 기타 군수품을 준비·공급하는 사업이 실행되었다.

그의 매부 김달하 동지 회상이나 이전 솔밭관 공산당 류진규,[17] 허성환[18] 군대 대원들 회상에 따르면, 당시 덕창국을 중심하고 빨찌산부대로 전달되던 물재 운반은 극비밀이고서도 깊이 연구하여 작성된 계책이었다. 예하면 식료는 중국 지대에서 운반하여서 소황령 어떤 중국 상점으로 운반하는 모양으로 오다가 중도 무인지경에서 빨찌산부대로 전달되었고, 의복, 신발, 모자 기타는 소황령에서 싣고서 중령 수이푼 구역 중국인 농촌으로 운반하는 모양으로 운반되었는데, 전부 운반대원들은 조선 사람은 볼 수 없고 머리채를 드리우고 다부산재[大布衫. 한족이 입는 옷의 하나로 발끝까지 길게 늘어뜨리는데 옆이 터져 있고 단추로 잠그게 되어 있다)를 입은 중국 사람들이었다.

이것을 보아 그들은 당시 중국인 혁명자들과도 관계를 지어 가지고서 공작하던 것이 사실이다. 김이직 동지가 희생된 후에도 빨찌산부대로 식료와 기타 물질 공급은 계속되었는데 그것은 그의 매부 되는 김달하 동지가 자기네게 있는 재정을 모다 소비하여서 공급하다가 금전이 없이 되니 나중에는 중국 상점 "경발복(慶發福)"에서 천여 원 외상을 져서까지 공급을 계속하였다.

김달하 동지 회상에 따르면, 4월 5일에 왜놈 헌병 10여 명이 덕창국에 들어와서 김이직 동지를 체포하여 손과 발에 쇠로 만든 철갑을 채워서 가지어 갔고, 자기는 결박을 당하여 헌병대로 안내되었으나 자기들이 갇히었던 감옥에는 김이직, 최재형, 엄주필 들은 없었다고 한다.

당시 덕창국에는 함동철이라는 자가 고금[股(本)金]을 같이 내고 약국을 동사[19]하였는데 그 자도 왜놈들한테 체포되었다가 인차 석방되었다고 한다.

필자는 1922년 10월 말에 인민혁명군들과 같이 연해주에 남아 있던 흰파 잔당과 왜군들을 따라 쫓아내고 원동 전체를 해방시킨 후에 당의 지시에 의하여 소황령(당시 니꼴스크-우수리스크, Никольск-Уссурийск)군에서 당 기관과 소비에트 기관들을 조직하는 데 참가하였다.

소황령시에서 김이직 동지의 매부 김달하, 그의 부인 김 마리야(김이직 누이동생) 두 동지를 만내었고 기타 방면으로 김이직 동지가 희생되던 사변들을 오래 두고 사실하고 연구하던 자료들이 지금까지도 내 기억에 남아 있는 것은 이러하다.

덕창국은 당시 니꼴스크-우수리스크(소황령) 도시 알항겔쓰크 거리 10호에 있었다. 그 집 맞은편 집에는 일본의사 노라는 조선놈 현용주가 있었고, 그 집에서 멀지 않는 집에는 왜놈 거류민회 회장 기타 여러 왜놈들이 유하고 있었는데 그들은 모두 왜놈들 정탐배였다.

그리고 덕창국에서 같이 동사하였다는 함동철, 의사 현용주라는 자는 1920년 4월정변 후에 소황령에서 노골적으로 일본 헌병대 지도하에서 조직되었던 "간화회" 간부들이었는데 놈들은 우리가 그 도시를 해방하니 중국 지방으로 도망하고 없었다.

당시 일반 여론은 함가(함동철) 놈이 김이직을 없애고서 덕창국 재정을 잠식하려고 왜놈들[에게 그를 무고하여서 김이직이 희생되었다고 하였다. 그런데 진정한 내막은 사실이 좀 더 복잡하였다. 왜놈들은 당시 덕창국을 근거하고 공작하는 반일기관을 연구하기 위하여서 덕창국 근방에다가 여러 가지 이상에 간단히 지적한 바와 같이 정탐망을 벌여 놓았으나 자세한 사정을 알기 위하여서는 평양에서 많은 금전을 주어서 함가를 덕창국의 주인으로까지 만들었던 것이다. 이와 같이 왜병들은 발광하였던 것이다.

김 마리야 회상에 따르면, 김이직 동지가 왜병들에게 희생되자 그는 왜놈의 헌병대를 찾아가서 자기 오빠 죽인 시체를 내어달라고 강경히 요구하였다. 헌병대장 놈은 시체를 못 내어준다고 거절하였다. 그 후에는 자기 혼자만 가는 것이 아니라 수다한 조선 여자들을 동원하여 가지고서 헌병대에 매일 가서 질문하고 강경히 시체들을 내어놓으라고 강요하였다.

왜놈 헌병 놈은 할 수 없으니 시체는 이미 불에 태웠으니 재가 된 해골밖에 없다고 하였다. 그 말은 들은 김 마리야는 그러면 화장한 곳을 알려달라고 강요하며 여러 날을 계속하여 헌병대에 가서 종일토록 항의하였다.

왜 헌병 놈은 야만적 행동을 하지 말고서 빨리들 물러가라고 호통하자, 김 마리야는 항의하기를 일본은 소위 문명국가라고 당신이 매일 말하면서 자기 조국을 사랑하는 조선 사람들을 학살하니 당신도 만일 일본 애국자이라면 우리 조선 사람들에게 학살을 당하여야 된다고 하며 함성을 치며 대어 들자 수다한 놈들이 달려들어 조선 여자들을 밖으로 밀어내었다.

그 이튿날 다시 헌병대로 가니 어제까지 있던 왜 헌병대장 놈은 없고 다른 놈이 나타났는데 자기는 처음으로 왔으므로 이전에 진행된 사변들은 알지 못하노라고 하여, 이전 있던 헌병 놈은 어디로 가고 없어진 것으로 끝을 맺고 말았다.

그 후에 알려진 것은 당시 김이직, 최재형, 엄주필 기타 지도자들을 소황령 감옥이 있는 데서 멀지 아니한 왕바산재라는 산기슭에서 학살하고 땅에 묻은 후에 종적을 감추기 위하여 평토를 만들었다고 하였다.

김 마리야는 자기 오빠의 복수를 하겠다고 결심하고 어린 아혜를 업고 조선 의복을 하여 입고 집에서 떠났다. 그는 얼마 후에 조선 평남 용강 자기 고향에 있는 자기의 조카 김인성, 김남성 형제(이직의 아들)를 만나서 일화 5000원을 장만하여 가지고서 조선에서 떠나서 합이빈[哈爾濱, 하얼빈]에 당도하자 왜놈 헌병들에게 수색을 당하여서 금전을 압수당하였다.

김 마리야는 조선 평양에 가서 자기 시어머니 있는 데 가서 은신하고 오래 있었다. 몇 달 어간에 김인성, 김남성 형제는 비밀리에서 자기 토지

며칠 갈이 있던 것을 팔아서 가지고 고모 김 마리야에게 전하였다. 그 후에 중국 길림성 동녕현(東寧縣) 산채거우[三岔口]에는 평양에서 고무 신발 수백 켤레를 가지고 고무상점을 하는 여자가 나졌다.[20]

그런 지 불과 한 달도 아니 되어서 합이빈에 가서 상업하고 있던 이전 "덕창국" 주인 함동철이는 밤에 자다가 도끼에 목이 떨어졌다는 소문이 나기 시작하였다.

산채거우에 있는 고무상점은 밤새에 없어졌고, 소황령에는 흥분에 넘친 기세로 김 마리야가 나타났다. 그러나 그가 모험한 사변, 자기 오빠 복수를 한 것은 극비밀이었다. 필자가 오늘 그 사변을 세상에 알리게 된 것은 참말 상상하기 어려운 회상 중 한 토막이다.

김 마리야는 이미 미국 목사 놈을 평양에서 기묘하게 따라 쫓은 여사였다. 그는 평양으로 김달하 동지[에]게로 시집을 와서 야수교 예배당으로 단니기 시작하였다. 그런데 목사의 계집년은 예배당으로 단닐 적에 조선 보교[21]에 앉아서 댄니는 것이 대단 밉쌀스레 배우었다.[22] 그리고 목사가 늘 기도를 드리나 성경을 가지고 설명할 적이면 좋지 아니한 행사(당시 의병운동)를 하지 말고 이 세상에서 순종하다가 죽어서 극락세계로 간다는 설명을 들을 적마다 목사 놈의 흉계를 알아채리고 그 놈을 따라 쫓을 묘책을 강구하였다.

매년 봄철이면 한 번씩 일반 교인들이 모다서 모다 자기 죄를 자백하고 심지어 목사의 죄행까지도 비판하고 그 사실들을 미국 있는 종교 본부에까지 알릴 권리 있다는 사실을 이용하기로 작정하였다.

기대리던 그 교회 기념날이 당도하였다. 김 마리야는 미국 목사에게 질문하기를; 미국에서는 일요일을 당하면 사람은 물론이고 심지어 새나 개도 모다 휴식한다는 것이 사실이며, 교인들 가운데는 모두 평등이라는 것이 사실입니까? 하였다. 남녀 교인들을 모두 침묵에 잠기었다.

미국 목사는 "마리야 누님! 그것은 물론입니다. 미국에서는 매 주일이면 하나님 아버지께서 정해주신 대로 남녀가 모두 주일이면 휴식합니다. 그리고 거역하는 자는 하나님[에]게서 처벌을 받습니다."

마리야는 자리에서 일어서서 정중히 말하기를 "만일 그렇다면 미국 사람들은 조선 사람들을 자기네 개만치도 대지[對持]하는 것이 사실입니다. 어찌 되어서 매 주일마다 목사님 부인은 보교에 앉아서 이 예배당으로 단니고 우리 조선 사람들은 그를 메고 댄닙니까? 그러니 만일 하나님이 처벌을 한다면 당신부터 처벌할 것입니다" 하고 철두철미하게 성토하였다. 그러니 나는 다시는 예수를 아니 믿겠노라고 선언하자, 당황[한] 목사 놈은 자기 잘못을 자백하였고 보교를 마사서[23] 던지었다. 그러나 그 사실은 당시 미국 교회 출판물에 게재되었고, 그 목사는 평양에서 간다 온다는 말도 없이 종적을 감추었다. 김 마리야 여사는 몇 해 전에 세상을 떠났고, 김달하 동지는 지금 치도라고 변명하고 카싸흐공화국 크즐오르다 (Кызылорда)에서 사업하고 있다.

부록2

최재형에 관한 약전들

1. 뒤바보,* 「의병전(義兵傳)」

(≪독립신문≫ 1920년 5월 15일 자 2면)

최재형(崔在亨)은 경원(慶源)인으로서 9세 도강(渡
江)하야 아령(俄領) 연추(烟秋)에 이주(移住)하섯다.
빈궁(貧窮)한 생활 중에서 고학(苦學)하야 불상한 사
람의 정경(情境)을 알만한 각오(覺悟)가 이때에 생기

계봉우

---

* '뒤바보', 즉 '북우(北愚)'는 계봉우(1880~1959)의 호이다. 계봉우는 이 외에도 '사방자(四方子)', '단선(檀仙)' 등의 호를 썼다. 계봉우는 함남 영흥 태생으로 한말 신민회에 가입한 이후 민족운동과 사회주의운동에 참여한 항일혁명가로서 교육자, 역사학자, 언어학자로서도 많은 글과 저서를 남겼다. 이동휘의 의형제로서 노선을 함께했다. 길동기독학당(광성학교) 교사, 대한광복군정부 책임비서를 역임했고 1916년 북간도 하마탕에서 일제 순경에게 체포되어 영종도 유배와 고향 영흥에 거주제한 처분을 받았고, 3·1운동 이후 블라디보스토크로 탈출해 철혈광복단 단장, 상해임시의정원 북간도 대표를 지냈다. 오랜 항일혁명운동 과정에서 이동휘의 한인사회당과 고려공산당(상해파) 핵심 간부로서 기관지인 ≪자유종≫(상해), ≪새사람≫(치타)의 주필을 지냈다. 그의 막내아들인 계학림이 부친의 자료를 독립기념관에 기증해 1996년에『北愚 桂奉瑀 資料集』(전 2권)으로 간행되었다. 계봉우에 대해서는 이 자료집에 대한 조동걸 교수의 해제「北愚 桂奉瑀의 생애와 저술활동」, 그리고 인하대학교 한국학연구소 편『러시아의 한국학과 북우 계봉우』(소명출판, 2013)에 수록된 논문들을 참조하기 바란다.

고 또 아국사정(俄國事情)에 가장 한숙(嫺熟)하야 그 아국관헌(俄國官憲)에게 대신임(大信任)을 박득(博得)하는 동시에 더욱 우리 노동사회에 많은 유익을 주어 강동일대(江東一帶)에는 제일인물(第一人物)이라는 명망(名望)이 유(有)하엿다. 그리고 조국사상(祖國思想)이 더욱 심절(深切)하야 박영효(朴泳孝)와의 심지(心志)가 연통(聯通)하야 일본에 도왕(渡往)하였던 사(事)도 유(有)하섯다.

기원 4242년[24]에 이범윤(李範允)이 의기(義旗)할 시(時)에 그가 총대장(總大將)으로 피임(被任)하야 아경(俄京) 재류(在留)하는 이범진(李範晉)의 송부(送付)한 군자금 삼만원(三萬元)을 가지고 더욱 완전하게 준비를 하게 되엿다. 이에 부서를 정하야 안중근(安重根)은 좌익장(左翊將),[25] 엄인섭(嚴仁燮)은 우익장(右翊將), 그 다음 장봉한(張鳳翰), 최병준(崔丙俊), 강만국(姜晩菊), 조긍식(曹恆植), 백규삼(白圭三), 오하영(吳河泳) 등 제인(諸人)은 그 재능을 따라 각기 중요한 군무(軍務)를 맛기엿다. 동년(同年) 7월에 정군(精軍) 2백여 인을 첫재 동원(動員)으로 하야 도강개전(渡江開戰)하엿다. 제일착수(第一着手)로 경원 신아산(新牙山[26])에서 첩서(捷書)를 주(奏)하고 승승장구(乘勝長驅)하야 회령(會寧) 영산(永山)[27]의 대전(大戰)이 유(有)하섯는대 그 전사(戰事)에 맛참내 실패하고 다 퇴군(退軍)하야 아령으로 반회(反回)한 바 되엿다.

최장군(崔將軍)은 권토중왕(捲土重往)[28]을 날마다 계획하엿스나 시세(時勢)가 불리함에 엇지랴. 그리고 안중근 갓흔 조아인물(爪牙人物)[29]은 합이빈(哈爾賓)에서 이등적(伊藤賊)을 포살(砲殺)하고 그냥 무정(無情)한 형대(刑臺)에 돌아가고 제(際)하야 온갖 방면으로 갱기(更起)할 기회가 업

게 되야 이범윤도 연해풍상(沿海風霜)에 침울(沉鬱)한 생애(生涯)를 하게
되엿다. 그러나 범윤이 일시의 감정으로써 그 중견인물(中堅人物)된 유완
무(柳完茂)를 살해한 그것이 또한 군심수습(軍心收拾)하는 여부(與否)에
막대한 원인이 되엿다.[30]

작년 3월에 독립 선포한 결과로 임시정부(臨時政府)가 설립되는 벽두
(劈頭)에 최장군은 재무총장이 되엿고 지난 4월 4일 소왕영(蘇王營)에서
왜병(倭兵)의 체포한 바 되야 김이직(金理直), 엄주필(嚴柱弼), 황경섭(黃
景燮) 3인과 함께 포형(砲刑)을 당하엿다. 그는 최후의 목적을 수(遂)치 못
하엿스나 사(死)하기는 의(義)로운 죽엄이다. 그러나 우리는 만긍(滿矜)
의 루(淚)를 위하야 금(禁)치 못한다.

2. 박은식,[*] 『한국독립운동지혈사(韓國獨立運動之血史)』에서

[백암박은식선생전집편찬위원회, 『백암 박은식 전집(白巖朴殷
植全集)』 제2권, (동방미디어, 2002), 451쪽]

최재형(崔在亨)은 함경도 경원(慶原) 사람으로 9세
때에 러시아 연추(烟秋)에 옮겨 살았다. 사람됨이 심

박은식

---

[*] 박은식(1859~1925)은 저명한 민족운동가, 언론인, 역사학자로서 한말 ≪황성신문≫과 ≪대한
매일신보≫에 많은 글을 썼고 『한국통사』, 『한국독립운동지혈사』 등 많은 저서를 집필했다. 망
명 후 상해, 연해주 등지에서 민족운동에 종사했으며, 망명 말년에는 상해 대한민국임시정부의
제2대 임시대통령을 지냈다.

착강인하고 날래고 씩씩하여 모험을 감행하였다. 러시아의 문물에 익숙하여 러시아관원의 신임을 얻었으므로, 우리 겨레의 노동자를 매우 많이 비호(庇護)하였었다. 두 번이나 러시아의 수도 페테르부르크에 가서 러시아 황제를 뵙고 훈장을 받았으며, 연추 도헌(都憲)의 관직을 받으니 연봉이 3천원(元)이었다. 이것을 은행에 저축하여 두고 그 이자를 받아 해마다 학생 1명을 러시아의 서울에 보내어 유학하게 하였다. 우리 겨레 학생 중 러시아 유학 출신이 많은 것은 다 그의 힘이었다. 그는 비록 어린 나이로 떠돌아다니어 러시아의 국적을 갖기는 하였으나 조국을 그리워하였으며, 박영효(朴泳孝)를 만나 보기 위하여 일본에 간 일도 있다. 기원 4242(1909)년[31]에 이범윤(李範允)이 창의(倡義)를 모의하고 재형을 대장에 추대하니, 주아공사(駐俄公使) 이범진(李範晉)이 돈 3만원(元)[32]을 자금으로 주었다. 이에 안중근(安重根), 장봉한(張鳳翰), 최병준(崔丙俊), 강만국(姜晚菊), 조항식(曺恒植), 백규삼(白圭三), 오하영(吳河泳) 등이 군무를 분담하여, 그해 7월에 군사를 거느리고 강을 건너 와 경원의 신아산(新牙山)에서 싸워 승리하였다. 전진하여 회령(會寧)의 영산(靈山)에서 크게 전투를 벌였으나 중과부적으로 패전하고, 노령(露領)으로 돌아가서 오랜 후에 군(郡) 자치회의 부회장이 되었으며, 맏아들 운학(雲鶴)[33]은 러시아 군의 장교가 되었다. 4252년(己未) 3월 1일, 우리 국민의 독립운동이 있어서 임시정부를 열었을 때, 그는 재무총장에 임명되었으나 사퇴하고 취임하지 않았다. 이듬해 4월, 일병(日兵)들이 러시아의 신당(新黨)[34]과 싸워 쌍성(雙城)[35]을 습격·파괴하고 수많은 무고한 우리 겨레들을 함부로 체포하였다. 그래서 재형도 김이직(金理直), 황경섭(黃景燮), 엄주필(嚴桂

弼) 등과 함께 모두 창에 찔려 죽었다.

3. 김규면(김백추),* 『노병(老兵) 금규면(金規勉)의 비망록(備忘錄)에서』에서[36]

1. 최재형 П.С.[37]

김규면

북조선 함북 경원군 출생인데 농노의 아달[아들]이다. 8세 시에 자기 부친과 함께 연해주 보세트[포시예트]구역에 망명하여 왔다. 이것은 19세기~60년대이다. 부친과 함께 농업도 하며, 어업도 하며, 부두 건축로동도 하다가, 장성한 후 로씨야 입적민이 되여서, 다른 고려인들과 같이 부락생활 하였다. 점점 고려인 망명 이주민이 증가되여 아즈미[아지미], 씌즈미[시지미], 연추, 바라바스[바라바시], 살랴반쓰크[슬랴방카], 두세 구역에 고려인 촌락이 수천 호이었다. 최재형은 도소회장[38](면장)으로 수십 년 일하는데 신망이 많였고[많았고], 남

---

* 　김규면(金圭冕, 1881~1969)은 함경북도 경흥 태생으로 일제의 한국 강점 후 침례교에 입교해 교사, 목사로 활동하다가 서양 선교사의 대일본타협주의에 반발해 민족적 독립교회로서 '성리교(聖理敎)'를 창립하고 감독에 취임했다. 3·1운동 후 성리교도를 기반으로 항일무력단체인 신민단을 조직하고 이동휘의 한인사회당과 통합해 부위원장으로 활동했다. 신민단 단장, 한인사회당 부위원장으로서 항일무장투쟁과 사회주의운동에 종사했다. 상해임시정부의 교통총장(대리)에 일시 취임하기도 하고 중국 북벌에도 참여했다. 1930년대 전반 모스크바로 이주했고 1960년대에 외국어 번역 일을 하기도 했다. 모스크바 노보데비치 수도원 묘지에 부인과 같이 묻혀 있다. 김규면에 대해서는 반병률, 『성재 이동휘 일대기』(범우사, 1998), 178~187쪽, 그리고 오세호, 「백추 김규면의 독립운동 기반과 대한신민단」, ≪한국근현대사연구≫ 82(2017.9), 223~251쪽을 참조할 것.

도소 개척사업과 교육사업에 로씨야 문화교육에[의] 주창자이고 청년 교양사업과 봉건사회 구습, 풍습을 폐지하고 문명사업에 선진자이었다.

짤[짜르]시대에 원동 고려인 대표로 니꼬라이 제2[2세] 대관식에 참예했고 일본에 망명한 고려혁명자들을 방문하였고, 또는 1906, 7, 8 북선 의병운동에 적극적으로 후원하였고, [19]17년 2월혁명 후 즉시로 연해주 거류 고려족련합총회를 소집하여, 고려족총회를 창립하고 총회장은 최재형이 피선되었다. 그래[그리하여] 붉은주권 밑에서 연해주 고려인민은 통일적 조직적으로 잘 준비하여 진행하는 중에 1918년 말 1919 초의 연해주 북도소 니꼬리쓰크 아편장사 그루빠 거두들이 고려족총회를 점령하고 총회장은 문창범 아편대왕을 선거하고 부회장 기타 주요 임원은 다 투기업 영웅들이었다. 최재형은 김좌두 등과 같이 빨지산 조직운동에 련락, 방조, 후원하고 고려족총회 행동을 조종하지 못하였다.

최재형은 쏘베트와 조선의 애국자이고, 진정한 혁명자이고, 원동 고려인에게 혁명적 선진적 인물이다. 붉은 주권의 적극 지지자이었다. 그래[그리하여] 일본 정탐국은 언제나 비혁명자와 혁명자를 똑바로 점탐하여 아는 것이다. 1920년 4월정변 날의 최재형이를 붙잡아다가 학살하였다. 일본 제국주의자는 악독하고도 령리한 것이다. 아편장사군들은 매수할 수 있지만, 최재형 같은 애국지사들은 매수할 수는 없으니 학살당하는 것이다.

최빠사는 최재형의 둘째 아달이다. 원동 빨지산운동에, 조맹선, 박그리고리와 같이 독립단군대, 령솔하고 빨지산전쟁에 참가하다가 원동해방후로 해군함대 포병대장으로 근무하였다.

최재형 피살 및 추모 관련 신문 기사들

1. 『최재형 씨 외(崔在亨氏外) 삼씨(三氏) 피살被殺) 소왕영(蘇王營) 일병 (日兵)의 폭학(暴虐): 4월 7일 소왕영(蘇王營)에서 적군(敵軍)에게』

(≪독립신문≫ 1920년 5월 15일 자 2면)

사씨(四氏)는 다 다년(多年) 아령(俄領)에 재(在)하야 동포에게 대한 공헌이 심대하다.

잔인하고도 무법한 적병(敵兵)

4월 4일 이래의 일군(日軍)의 해삼위(海蔘威) 폭행(暴行)이 잇슨 후 해삼위 소왕영 부근에 재(在)한 한인은 다수가 피포(被捕)하고 살상됨을 전하엿스나 아직까지 사정이 막연하더니 거(去) 5월 6일에 적지(敵紙)는 최재형, 김이직, 엄주필, 황경섭 사씨(四氏)의 피살함을 보(報)하고 함께 날조(捏造)한 사살의 진상을 발표하다. 해(該)지(地) 재류동포들도 사씨(四氏)가 피포하엿슴을 목견(目見)하엿슬 뿐이오 피포(被捕)후의 사정은 전연 부지(不知)하엿던 바 금(今)에 적지(敵紙)를 보고 비로소 사씨(四氏)의 조변(遭變)은 발서 수십일전의 사(事)이엿슴에 경악(驚愕)하다.

사씨(四氏)의 약력(略曆)

최재형(崔在亨)씨

씨는 함경북도 경원(慶原)인이니 년(年) 금(今)육십이(六十二)라. 민국(民國) 원년(元年)에 재정총장(財政總長)에 피임(被任)하다. 씨의 도아(渡俄)는 씨가 12세 시(時)니 금(今)으로붓터 50년전이라. 씨는 처음 연추에 재(在)하야 ○○회를 조직하고 모종사업을 책(策)하다가 상업을 경영하야 다소의 재(財)를 득(得)한 후 곳 교육의 진흥에 진력하다. 아령(俄領)에 재(在)한 한인의 교육은 처음 씨의 편달(鞭撻)을 밧아 니러난 것이오 씨가 주(住)하는 연추는 아령의 한인거류지 중 제일 먼저 아문(俄文)교육을 밧다. 씨는 10년간을 연추의 도헌(都憲)[아국(我國) 면장(面長)이나 그보다 지역이 광(廣)하고 권한이 대(大)함]으로 잇서 동포에게 공헌한 바가 심대하며 아인(俄人) 간에도 명망이 고(高)하고 이차(二次) 피특보(彼得堡)[39] 에 왕(往)하야 아황(俄皇)에게 견(見)하엿스며 아황이 사(賜)한 훈장(勳章)이 오(五)개라, 씨가 연추 도헌이엿슬 시(時)에 매년 3천원(元)의 봉급은 전부 은행에 맛기고 그 이식(利息)으로 매년 1인식(式) 유학생을 송(送)하엿스며 기외(其外)에는 씨가 학비를 담당하야 피득보 등지에 유학한 자 다(多)하다. 씨는 실로 아령에 재(在)한 한인사회의 개척자라 연추에 거주하는 동포는 더욱 씨의 애호(愛護)를 만히 밧다. 씨의 현직(現職)은 군자치회(郡自治會) 부회장이라. 장자(長子) 운학(雲鶴)씨는 현금(現今) 아군(俄軍) 사관(士官)의 직(職)에 재(在)하고 차자(次子)도 아군(俄軍)중에 재(在)하다(본호(本號) 의병전(義兵傳) 참조).

김이직(金理直)씨

씨는 평양인이니 금(今) 46세라. 13년 전에 도강(渡江)하다. 씨는 소왕령(蘇王領) 한인민단의 제1회 단장이라. 씨의 동포에 대한 공헌은 은연(隱然)히 다(多)하야 간곤(艱困)한 동포에게 밥 먹이며, 의복 입히며, 잠재우며, 노자 주기를 십년(十年) 일일(一日)갓치 하다. 씨가 도아(渡俄)한 지 십여 년에 일분(一分)의 저축이 업슴은 그 소득을 모다 교육 구제 등 자선 사업으로 산(散)한 고(故)라.

엄주필(嚴桂弼)씨

씨는 함북인이라. 10여년 전에 도아(渡俄)하야 상업을 경영하다. 씨는 다년(多年) 일반 청년의 발전을 위하야 진췌(盡瘁)하엿스며 재작년에 제3회 민단장에 선거되다.

황경섭(黃景燮)씨

씨는 9세 시에 도강(渡江)하야 상업을 경영하야 현금(現今) 한인 중의 유일(惟一) 대실업가라. 아인(俄人)의 은행 상업가의 신용이 대(大)하다. 씨는 유시(幼時)붓터 아인(俄人)과 접촉하야 10년 전까지도 국어(國語)를 불해(不解)하며 한인과의 상종(相從)도 드무럿다.

2. [사설] 「최재형 선생 이하 4의사(義士)를 곡(哭)함」

(≪독립신문≫ 1920년 5월 15일 자 1면)

4월초 적군(敵軍)이 서비리아(西比利亞)의 소왕령(蘇王營)을 점령한 시에 다수의 동포가 적에게 생금(生擒)됨은 임의 보도되엿거니와 그 중에서 전재무총장 최재형(崔在亨) 기타 사씨(四氏)는 동월(同月) 중순에 맛참내 무도(無道)한 적에게 포살(砲殺)되도다.

적은 그 포살의 이유로 피등(彼等)은 원래 배일선인(排日鮮人)의 거수(巨魁)로 소왕령 전투의 시(時)에 과격파군(過激派軍)[40]에 가담하야 일군(日軍)을 사격(射擊)하엿스며, 또 헌병대로써 모처(某處)로 호송하는 도중에 도주를 기(企)하고 폭행을 함으로 부득이 포살함이라 하도다.

왜노(倭奴)의 심장(心腸)을 잘 아는 이는 누구나 이 둔사(遁辭)[41]의 허위(虛僞)됨을 추측하려니와 그 인물과 당시의 경우를 보아 더욱 이것이 일(一) 엄이도령(掩耳盜鈴)[42]의 일(一) 교지(狡智)임을 알지라.

보라. 최재형 선생은 임의 육순(六旬)의 노인이오 갓히 액(厄)을 당한 김이직(金理直)씨는 당지에 가족을 두고 상업을 경영하던 역시 노성(老成)한 이며 기타 이(二)씨도 그러하야 졸연(猝然)히 무기를 집(執)하고 전투에 참가할 인물이 아니라. 그네가 다수의 독립군을 규합하야 대사(大事)를 거(擧)할 모의를 하엿다면 용혹무괴(容或無怪)여니와 남의 전사(戰事)에 석겨 직접으로 적(敵)을 사격하엿다 함은 실로 당치 아니한 거짓말이며,

또 호송중에도 사씨(四氏)가 도주를 기(企)하야 적에게 폭행을 가하엿

다하니 이 역시 상상치 못할 일이라. 첫재, 사씨(四氏)가 10여 일간 적(敵)의 헌병대에 구류되엿스니 그동안에 무한한 악형(惡刑)을 사씨(四氏)에게 가하야 거의 동신(動身)이 난(難)하게 되엿슬 터일뿐더러, 또 사씨(四氏)를 호송할 시에는 반다시 수족(手足)을 박(縛)하고 다수의 병정이 호위하엿슬 터인 즉, 도주를 기하기도 극난(極難)한 일이겟곤 하물며 무엇으로 무장(武裝)한 적에게 대하야 폭행을 가할 수 잇스리오. 더욱이 사씨(四氏)는 구차(苟且)히 도주를 기할 그러한 인격자가 아님도 그네를 아는 이의 다 일컷는 바이랴.

생각건대 적은 포박하엿던 3백여의 동포를 처치할 일이 말유(末由)하야 다 방석(放釋)하다가 그 중에서 가장 중요한 인물인 사씨(四氏)에게 대하야 피등(彼等)의 관용수단(慣用手段)인 항복을 권하고, 그대로 듯지 아니하매 마침내 포살의 참형을 가함이로다. 아아 최재형 선생 이하 사위(四位) 의사(義士)는 위무(威武)에도 굴(屈)치 아니하고 의(義)를 위하야 사(死)를 시(視)하기 홍모(鴻毛)와 갓히 하야 용장(勇壯)이 녯날 박제상(朴堤常)[43] 꼿다운 뒤를 따르엇도다.

듯건대 적은 교근(較近)이래로 일종의 신정책을 입(立)하야 독립운동으로 잡힌 동포에게 "잘못하엿스니 차후에는 일본의 신민(臣民)으로 충성을 다하리라"를 다짐을 강청(强請)하야 이에 응하는 자면 방석(放釋)하야 써 감옥의 부족에 대(對)한다 하며, 또 저번 4월초 해삼위(海蔘威) 소왕령 등 서비리아 각지 사변에 잡힌 동포에게 대하여서도 이 정책을 이용하야 일부 박지약행(薄志弱行)의 동포가 적(敵)의 압헤서 조국에 대한 절개(節介)를 실(失)하엿다 하도다. 아아 그러한 중에서 최재형 이하 사위

(四位) 의사는 "내몸을 죽이라, 내조국에 대한 정신은 범(犯)치 못하리라"는 장렬(壯烈)한 의기(義氣)로 천추만세(千秋萬歲)에 국토의 일(一) 모범(模範)을 보이시도다. 아아 구차히 생명을 앗겨 원적(怨敵)의 압해서 조국을 부인하고 영영(營營)히⁴⁴ 잔천(殘喘)⁴⁵을 보존하는 자여, 의(義)의 영전(靈前)에 통곡하고 참회할지어다. 일시의 권도(權道)라고 매양불의(每樣不義)가 되나니 무릇 잠시라도 조국을 모른다 하는 자는 완용(完用) 병준(秉晙)의 류(類)나라.

맛참 전국민이 뜻이 약하여지고 적의 감언(甘言)의 유혹과 폭악한 위압(危壓)에 흔들리기 쉬운 이때를 당하야 사위(四位) 의사(義士)의 순절(殉節)은 실로 전국민에 대한 벽력(霹靂) 갓흔 천성(天聲)의 훈계(訓戒)라 하리니 사위(四位)의 사(死) 또한 그 시(時)를 득(得)함이라 할지라. 의사의 영(靈)은 그 명목(瞑目)하실지어다.

그러나 이 다사(多事)하고 인물이 결핍한 우리 민족으로 이제 또 사위(四位)의 수령(首領)을 실(失)함은 실로 통곡할 손실이로다. 특히 최재형 선생은 비록 임의 재무총장의 직에서 퇴(退)하야 직접 우리 운동의 중심 인물이 아니라 하더라도 선생은 50년래 서비리(西比利) 동포의 지도자요, 신임한 수령이라. 서비리 동포에게 이주(移住)의 편의와 생도(生途)를 지시(指示)하며, 자치체의 조직과 교육을 장려하는 등 선생은 실로 서비리 동포의 대은인(大恩人)이라.

선생과 친숙한 이의 담화를 거(據)하건대 선생은 용의과감(勇毅果敢)의 인(人)이며 기(己)를 희생하야 동족을 구제하랴는 애국적 의협적 열혈이 충일(充溢)하는 인격자요 겸하야 성(誠)으로써 인(人)과 사(事)를 접(接)하야 민중의 신뢰와 존경을 박(博)하던 이라. 선생의 금차(今次)의 사(死)가 비록 선생의 인격을 완성함이라 하더라도 우리는 서비리 50만 동포를 위하야, 밋 우리의 전도(前途)의 대사업을 위하야 선생과 갓흔 대인물을 실(失)하엿슴을 통석(痛惜)하고 아울러 우리 의인(義人)의 생명을 범(犯)한 불의무도잔인야만(不義無道殘忍野蠻)한 왜적(倭敵)에게 한번 더 절치(切齒)의 저주(咀呪)를 보내노라.

아아 대한동포여. 적(敵)은 다시 우리의 의인(義人) 사위(四位)의 피를 흘렷도다. 15년래에 적의 흉도(凶刀)에 흐른 우리 의인의 피가 얼마뇨. 우리 수령과 형제와 자매의 피가 얼마뇨. 반야(半夜)에 귀를 기우릴지어다, 한강의 물과 갓히 많은 의인의 피가 지하에서 애곡(哀哭)함을 들으리라, 규호(叫號)함을 들으리라. 아아 동포여, 제군은 무엇으로 이 애곡(哀哭)하는 의인의 피를 위로하려나뇨.

3. 금상생(錦上生), 「곡사의사(哭四義士)」

(≪독립신문≫ 1920년 5월 27일 자 1면)

독립신문 작지(昨紙)을 거(據)하면 최재형(崔在亨), 김이직(金理直) 등 사씨(四氏)는 적(賊)의 도(刀)에 굴(屈)치 안타가 필경 해(害)를 우(遇)하엿도다. 씨를 위하여 곡(哭)하노라. 2천만 민족의 공분(共憤)을 대(代)하야서 개론(槪論)컨대 씨의 불가사(不可死)할 것이 삼(三)이니, 즉 독립의 목적을 아직 달(達)치 못함이오, 사회에 수인(需人) 정(丁)함이오, 숙지(夙

志)를 취(就)치 못함이라, 황천(黃泉) 하(下)에 민족적 생명을 독립적 사업을 묵우(默佑)하리.

아(我)는 예기(豫期)하노라. 씨의 득기사(得其死)함이 삼(三)이니 인심의 취향(趣向)이 불일(不一)할 시(時)을 정(丁)함이오, 민족의 기분(其憤)을 격(激)하기 위함이오, 국궁(鞠躬)의 의무를 다하기 위함이라. 씨의 일사(一死)가 청천(靑天)의 벽력(霹靂) 갓도다. 독립의 목적을 달(達)하는 날에 씨의 충혼(忠魂)도 도무(蹈舞)하리라 환호하라 하노라. 적(賊)의 도(刀)에 불굴(不屈)함으로 씨의 명성은 익저(益著)하도다. 적(賊)의 도(刀)에 신(身)을 순(殉)함으로 오등(吾等)의 혈분(血憤)은 익렬(益烈)하도다. 서(西)으로 격(隔)하야 천오백리의 빈강(浜江)⁴⁶은 안의사(安義士) 진직(盡職)하던 처(處)이며 서남(西南)으로 상(上)하야 칠백팔 정(程)의 임안(霖安)은 고(古)고구려시대에 건도(建都)인 처(處)이로다. 씨의 사(死)는 기시(其時)를, 그 소(所)를 득(得)하엿다 하리로다. 아 2천만 형제자매가 거겨 잇스니, 유유(粼粼)한 골(骨)이 태산(太山)에 고(高)하야도 도도(滔滔)한 혈(血)이 태평양에 심(深)하야도 씨의 후장(後腸)을 수(酬)하리로다. 씨의 심원(深寃)을 백(白)하리로다. 타일(他日) 옥강(沃江) 상(上)에 독립문을 건축하고 태극기를 수(竪)할 시에 씨의 충혼은 반국(返國)하리다 씨의 위해(偉骸)는 반장(返葬)하리라. 아 이천만 동포여, 씨의 생(生)을 효(效)하라, 아아 이천만 형제자매여 씨의 사(死)를 칙(則)하라.

身而可奪志堅持極 北明星放署暉生也 益時生固樂死能醒 世死猶宜自此鍾南 春萬歲伊今沃水淚 千絲可憐蘇王營上 月遍照槿邦葛藁枝

4. 「상해민단 주최의 고 최재형(崔在亨) 양한묵(梁漢默) 양(兩) 선생 순국 제열(殉國諸烈) 추도회」

(≪독립신문≫ 1920년 5월 27일 자 2면)

상해 거류민단 주최로 고 최재형 양한묵 양선생과 밋 순국 제열사의 추도회가 거(去) 22일 오후 8시에 동단(同團)에서 거행되다. 천(天)도 순국혼을 조(弔)함인지 초하(初夏)의 세우(細雨)가 소소(蕭蕭)히 오는데, 이에 불구하고 참석한 인(人)은 정각까지에 장외(場外)에 일(溢)하는 성황을 정(呈)하다. 3백 내외의 회중 중에는 국무총리 이동휘, 내무총장 이동녕, 재무총장 이시영, 법무총장 신규식, 노동국총판 안창호 등 각 국무위원과 부인석(婦人席)에 고(故) 최재형씨 영양(令孃) 등이 참석하다. 선우혁(鮮于爀)씨 사회 하에 일동이 애국가를 창(唱)한 후 개회사가 유(有)하다. 순서에 의하야

고 최재형 선생의 역사를 이동휘씨가 술(述)하다.

최재형 선생을 역사를 말하자면 한(限)이 업겟소. 선생은 원래 빈한한 집에 생(生)하야 학교에 단닐 때는 설상(雪上)에 맨발로 단닌 일까지 잇소. 선생이 12세 시에 기근으로 인하야 고향인 함경북도 경원(慶原)에서 도아(渡俄)하야 사업에 착수하며 크게 교육에 진력하엿소. 학생에게 학비를 주며 유학생을 연연(年年)히 파견하엿소. 선생은 실로 아령(俄領)의 개척자이엿소. 선생의 일음은 아국인(俄國人)이라도 모르는 자가 업섯소. 또한 당시에 군자치회(郡自治會) 부회장이 되며 다대한 노력이 잇서소.

또한 연전(年前) 한일조약(韓日條約)의 수치를 참지 못하고 안중근 씨

와 합력하야 한 단체를 조직해 가지고, 회뢰[회령] 등지에서 왜적을 토벌한 사실이 잇소. 그리고는 작년 3월 이후에 임시정부 재무총장에 피임이 되엿섯소. 여사(如斯)한 위대한 노력을 하다가 거(去) 4월 5일에 불행히 적(敵에)게 포박되야 적(敵)은 야만적 행동으로 공판(公判)도 업시 씨를 총살하엿소.

선생은 금년 육십이(六十二)의 노년(老年)으로 십(十)남매[47]를 두엇는데, 씨의 장자(長子)는[48] 방금 루시야 니콜리스크에 잇셔서 자기 부친과 민족의 적(敵)을 위하야 준비하고 전투하는 줄 아오.

5. 「최재형(崔在亨)은 여하(如何)한 인(人)?」

(≪동아일보≫ 1920년 5월 9일 자)

지난 사월 사일에 해삼위(海蔘威)에서 로국군대와 일본군대가 교전하게 된 이래로 신한촌(新韓村)에 잇든 일본을 배척하는 조선사람들은 형세가 위태함으로 니코리스크로 몸을 피하야 로서아 과격파와 련락을 하야 가지고 일본군에게 반항하다가 류십칠명이 테포되야 그중에

원[元]상해가정부 재무총장 최재형(崔在亨)외 삼명은 일본군에게 총살을 당하얏다함은 작지에 임의 보도하얏거니와 최재형은 금년 육십삼세의 로인이오 함북경흥(咸北慶興) 태생이니 어려서부터 가세가 매우 곤궁하야 그가 열 살 되얏슬 때에 할 일 업시 그 부모를 따라 멀니 두만강(豆滿江)을 건너 로서아 디방으로 건너 가게 되얏다. 그곳으로 건너간 뒤에

도 몃해 동안은 또한 로국인의 고용이 되야 그 주인에게 충실하게 빗엇습으로 열다섯 살 되는 해 봄에는 주인의 보조를 받아 소학교를 단이게 되얏고,

재학중에도 교장의 사랑을 밧어서 졸업후에는 로국경무텽 통역관이 되얏는대 원래 인격이 잇슴으로 만인이 신망하게 되야 이십오 세에는 수백 호를 거나리는 로야(老爺)라는 벼슬을 [갓]게 되얏고 그는 다시 한 푼 돈이라도 생기기만 하면 공익에 쓰고 사람을 사랑함으로 일반 인민의 신망은 나날이 두터워저서 마츰내 도로야(都老爺)로 승차하게 되[야] 수십만의 인민(로국인이 대부분)을 거나리게 되야 로국에 극동정치(極東政治)에도 손을 내밀어 적지 아니한 권리를 가지고 지냇다. 그리하야 그는 마츰내 로서아에 입적까지 하얏섯고 작년에

과격파의 손에 총살을 당한 니코라스 이세가 대관식(戴冠式)을 거행할 때에 수싯만의 로국인민을 대표하야 상트 페트로그래드에 가서 황제 하사하시는 화려한 레복까지 받은 일이 잇섯스며 리태왕전하께서 을미(乙未)년에 로국령사관으로 파천하신 후 널리 로국국정에 정통한 인재를 가리실새 최씨가 뽑히어서 하로밧비 귀국하야 국사를 도으라시는 조측(詔勅)이 수삼차나 나리섯스나 무슨 생각이 잇섯던지 굿게 움즉이지 아니하얏스며 이래로 그 디방에 잇서서 배일사상을 선전하고 작년에 상해가정부 재무총장까지 되얏섯는데 이번에 총살을 당한 것이오.

엄주필(嚴柱弼)은 함경북도 사람으로 이제로부터 수십년전에 로서아로 건너간 사람인대 죽을 때까지 니콜리스크 조선인민단장(民團長)의 중직을 띄고 일반인민의 신망이 매우 두터웟스니 금년이 사십오세이요 김

리박(金利朴)은 혹 오전[誤傳]인지 모르겟는대 만일 김이직(金理直)이고보면 평양 태생으로 이제롤부터 십삼년전에 로서아로 건너가 니코리스크에 머므러 수십만원의 재산을 가진 사람으로 독립운동에 많은 원조를 한 사람이니 금년이 사십오세요 황경섭(黃景)은 누구인지 자세히 모르겟다더라.

1) 이 글은 이인섭이 1920년 4월 4~5일 4월참변 당시 니콜스크-우수리스크(현재의 우수리스크)에서 일본군에 체포되어 학살된 세 명의 애국지사 최재형, 김이직, 엄주필을 추모하기 위해 40주년이 되는 1960년에 집필한 것이다.

2) 海蔘威. 블라디보스토크.

3) 일반적으로 '시베리아내전'을 러시아에서는 '국민전쟁', '시민전쟁'이라고 부른다.

4) 반혁명세력을 '흰파', '백파' 또는 '백위파'라고 부른다.

5) 소왕영(蘇王營), 쌍성자(雙城子), 송왕령(宋王領) 등 여러 명칭으로 불렸다. 당시 러시아 명칭은 '니콜스크-우수리스크'였으며, 1935년에 '보로실로프'로 개칭되었고, 1957년에 다시 오늘날의 명칭인 '우수리스크'로 바뀌었다.

6) 이인섭은 최재형을 종, 즉 노비 집안에서 태어났고, 그의 아버지인 최흥백이 아닌 어린 나이의 최재형이 가솔들을 이끌고 러시아로 이주한 것으로 서술하고 있다. 이는 최재형의 딸들의 회상과 배치되는 내용이다. 최재형 집안이 정착한 곳은 연추 지방이 아니라 지신허 마을이었다.

7) 이인섭은 최재형을 '최도헌'이라고 불렀던 것을 '최동운'이라고 잘못 기억한 것이다.

8) 도노야(都老爺). '노야'는 마을(촌)의 촌장을 말하는데, 규모가 큰 마을이나 여러 마을을 통괄하는 경우에는 '도노야', 즉 '도헌(都憲)'이라고 했다.

9) 최 파벨 표트로비치(최성학)는 최재형의 둘째 아들로 최 파샤로 불리던 인물이다. 시베리아내전 시기에 항일빨찌산부대인 독립단군대의 지휘자로 활동했고, 이후 소련에서 최초의 해군함대 포병대장이 되었으나, 1938년 스탈린대탄압에 희생되었다.

10) 정확하게는 12인이다.

11) 哈爾濱, 哈爾賓, 哈爾浜. '하얼빈'. 영어식 표기는 'Harbin'.

12) 一二步 晩晚至.

13) 義女. 개가해 온 아내가 데리고 온 딸.

14) 虐民. 백성을 학대함.

15) 민란(民亂) 장두(狀頭).

16) 중아양령(中俄兩領).

17) 류진구(柳震九).

18) 허성완, 허승환으로 표기되기도 한다.

19) 同事. 同業. 공동으로 영업을 경영함. 같이 장사함.

20) '나지다'(잃었던 것이나 보이지 않던 것이 나타나다)의 과거형. 새로 나타났다.

21) 步轎. 사람이 메는 가마의 하나.

22) '보이다'의 함경북도 방언인 '배우다'의 과거형.

23) 부숴서. 망가뜨려서.

24) 4241년(1908년)의 착오이다.

25) 右營將의 착오. 안중근은 우영장, 엄인섭은 좌영장이었다.

26) 新阿山.

27) 靈山.

28) 捲土重來.

29) 매우 쓸모 있는 사람.

30) 유완무(柳完茂)의 호는 백초(白樵)인데 한말 북간도, 훈춘, 연해주에서 교육가로서 저명한 인물이었으나 1909년경 훈춘 일대서 행방불명되어 그의 아들 형제가 부친의 행방을 찾아다녔다. 특히 둘째 아들 유응표가 훈춘 심판청에 고소해 중국 경무국에서 비밀히 조사에 착수했다. 그리하여 피살 후 3~4년 만에 사건의 전모가 드러났는데, 이범윤이 정금석, 정채옥, 이성옥, 김창익 네 명에게 유완무를 포살하라는 지시를 내린 것으로 밝혀졌다. 유완무는 백두산 정계비 문제를 제기해 간도가 우리 영토라는 점을 부각시키는 데 기여한 바 있다.

31) 4241(1908)년의 착오이다.

32) 일본 측 첩보자료에는 1만 루블로 되어 있다.

33) 러시아 이름은 최 표트로 표트로비치이다.

34) 볼셰비키당을 말한다.

35) 니콜스크-우수리스크. 오늘날의 우수리스크를 말한다.

36) 김규면(김백추)의 『老兵 金規勉의 備忘錄에서』는 흐루쇼프의 스탈린 격하운동 이후 고려인들의 복권운동과 역사회복운동이 시작된 1950년대 후반 1960년대 초에 작성되었을 것으로 추정된다. 김규면 자신의 회상록에서 자신 외에 33명의 의병운동(붉은 빨찌산 운동) 참가자들에 대해 간략하고 압축적으로 정리해 놓았는데, 최재형을 첫째로 소개하고 있다. 최 니콜라이, 한운용, 이용, 정재관, 강백우, 박 그리고리, 한창걸, 김경천, 채영, 홍범도, 이범윤, 조맹선, 최계립, 박영, 김홍일, 임표, 박경철, 이중집, 한경세, 신우여, 이승조, 박 일리야, 한무학, 장기선-장철(장해우) 부자, 김태준-김병하 부자, 김립, 이동휘, 김일수, 안무, 김철. 참고로 읽기 어려운 표현은 현대적인 표현으로 바꾸어 [ ] 안에 넣었다.

37) 원문에는 'Ф. С.'로 되어 있어 바로잡았다.

38) 도소(都所)는 러시아 지방행정단위(볼로스치, волость)로, 일제 시기의 행정단위에 비교하면 면(面)에 해당하나 관할지역이 더 넓었다. 촌(마을)에 해당하는 '셀로(село)'와 군(郡)에 해당하는 '우에즈드(уезд)'의 중간 단위로 보면 된다. 도소의 책임자는 우리식으로 '도헌(都憲)'이라고 불렀는데, 최재형은 한인들이 러시아 국적을 취득한 이후 최초로 '연추 도헌'에 임명된 인물이다. 흔히 조선과 러시아의 국경 지역인 연해주 남부의 연추도소를 '남도소(南都所)', 그 북쪽으로 추풍 일대의 '추풍 4사' 등을 비롯한 지역을 관할하는 도소를 '북도소(北都所)'라 칭했다.

39) 상트페테르부르크.

40) 赤軍 또는 赤衛軍, 즉 러시아혁명군을 말함.

41) 관계나 책임을 회피하려고 억지로 꾸며서 하는 말.

42) "제 귀를 막고 방울을 훔친다"라는 뜻으로, 방울소리가 제 귀에 들리지 않으면 남의 귀에도 들리지 않으리라는 어리석은 생각을 빗대어 얕은꾀로 남을 속이려 하나 아무 소용이 없음을 의미한다.

43) 朴堤上.

44) 아득바득 떳떳치 못하게.

45) 아주 끊어지지 아니하고 겨우 붙어 있는 숨. 오래 가지 못할, 거의 죽게 된 목숨.

46) 哈爾濱. 哈爾浜. 하얼빈.

47) 정확하게는 11남매이다.

48) 최 표트르 표트로비치(崔雲鶴)를 의미한다.

찾아보기

반병률

미국 주립 하와이대학교 대학원 역사학과에서 「러시아원동과 북간도 지역에서의 한인민족운동(Korean Nationalist Activities in the Russian Far East and North Chientao, 1905~1921)」을 주제로 박사 학위(역사학)를 받았다. 현재 한국외국어대학교 사학과 교수이다. 전공 분야는 한국 근현대사이고, 부전공으로 러시아사, 중국 근현대사, 일본 근현대사를 연구하고 있다. 세부 전공 분야는 한국독립운동사, 한인이주사, 해외동포사, 한러관계사이다. 저서로는 『성재 이동휘 일대기』, 『만주·러시아지역 항일무장투쟁』, 『국외 3·1운동』(공저), 『망명자의 수기』(편저), 『홍범도 장군: 자서전 홍범도 일지와 항일무장투쟁』, 『The Rise of the Korean Socialist Movement: Nationalist Activities in Russia and China, 1905~1921』, 『여명기 민족운동의 순교자들』, 『통합임시정부와 안창호, 이동휘, 이승만: 삼각정부의 세 지도자』, 『세계사 속의 러시아혁명』(공저), 『항일혁명가 최호림과 러시아지역 독립운동의 역사』 등 다수가 있다.

한울아카데미 2186
한국외대 디지털인문한국학연구소 연구총서 02

러시아 고려인사회의 존경받는 지도자, 최재형
© 반병률, 2020

지은이 ┃ 반병률
펴낸이 ┃ 김종수   펴낸곳 ┃ 한울엠플러스(주)   편집 ┃ 신순남
초판 1쇄 인쇄 ┃ 2020년 8월 5일   초판 1쇄 발행 ┃ 2020년 8월 15일

주소 ┃ 10881 경기도 파주시 광인사길 153 한울시소빌딩 3층   전화 ┃ 031-955-0655
팩스 ┃ 031-955-0656   홈페이지 ┃ www.hanulmplus.kr   등록번호 ┃ 제406-2015-000143호

Printed in Korea.
ISBN   978-89-460-7253-4 93910(양장)
        978-89-460-6937-4 93910(무선)

* 책값은 겉표지에 표시되어 있습니다.

* 이 저서는 2017년 대한민국 교육부와 한국연구재단의 지원을 받아 수행된 연구임.
(NRF-2017S1A5B4055531)